图 3-7 1886 年世界上第一辆汽车的模型——奔驰 1 号

图 3-8 福特汽车模型(1913 年)

图 3-9 劳斯莱斯模型(1925 年) 1:24

图3-10 柏加美国罗斯福总统座驾模型(1934年)

图 3-11 凯迪拉克模型(1949 年) 1:24

图 3-12 福特模型(1957 年) 1:24

图 3-13 邓小平乘坐的红旗检阅车模型——庄重典雅，具有东方神韵

图 3-14 红旗检阅车模型结构示意

图 3-15 中国人民解放军军车模型、火箭炮车模型、工程车模型 1:43

图3-16　德国奔驰600模型(1964年) 1:43

图3-17　奔驰老爷车模型荣获世界最佳车模大奖（深圳万科公司产品）

图3-18　世界名牌工程车模型

图3-19　中国第一辆轿车模型(1958年) 1:18

图3-20　哈利摩托车模型(1957年) 1:10

a)

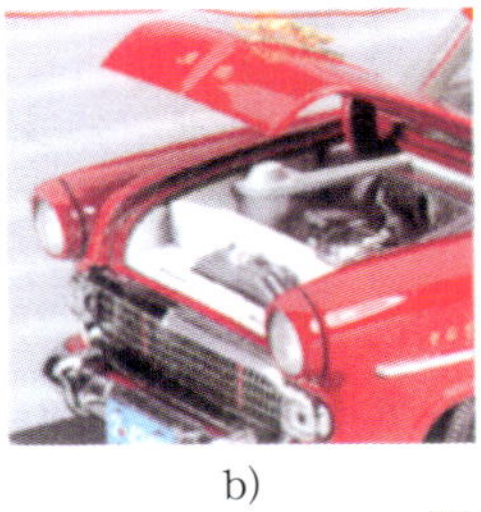

b)

c)

d)

图3-21

a) 车模由300个零件构成，制造工序超过400道。所有的细节都真实再现

b) 掀开车头盖，可看到发动机结构

c) 可打开车门，看到仪表盘，转动转向盘，可带动前轮转动

d) 前门玻璃窗，可上下滑动

图3-22　雪佛兰55模型(1970年) 1:24

图3-23　法拉利F50模型(1995年) 1:18

普通高等教育“十五”规划教材

机电产品市场营销学

第2版

主　编　李元元
副主编　吴春苗　周　霞
参　编　左小德　雷光龙
主　审　李　翀

机械工业出版社

本书是全国机械工程类专业教学指导委员会指定的机械工程类普通高等教育“十五”规划教材

本书以机电产品作为研究对象，在介绍市场营销基本知识的基础上，着重介绍当代国内外市场营销的新观念、新方法、新策略。本书的写作目的是使机电类专业的学生，除了具备从事机电产品的设计、制造能力外，还能掌握机电产品的营销知识，建立起以满足市场要求为核心的现代营销观念，培养学生开拓市场、参与竞争的能力，以适应现代社会对人才具有创新精神和多方面知识与能力的要求。本书的特色是从案例分析着手，使理论与实践相结合。

本书可作为理工类学生所选修的管理类课程教材，也可作为企业管理者及销售人员的参考书。

图书在版编目（CIP）数据

机电产品市场营销学/李元元主编. —2版. —北京：机械工业出版社，2003.9（2025.8重印）
普通高等教育“十五”规划教材
ISBN 978-7-111-07872-2

Ⅰ. 机… Ⅱ. 李… Ⅲ. 机电设备－工业产品－市场营销学－高等学校－教材 Ⅳ. F764.5

中国版本图书馆CIP数据核字（2004）第070190号

机械工业出版社（北京市百万庄大街22号 邮政编码100037）
责任编辑：邓海平 汪光灿 版式设计：霍永明 责任校对：樊钟英
封面设计：张 静 责任印制：单爱军
北京中兴印刷有限公司印刷
2025年8月第2版第24次印刷
184mm×260mm · 10.5印张 · 2插页 · 256千字
标准书号：ISBN 978-7-111-07872-2
定价：29.80元

电话服务 网络服务
客服电话：010-88361066 机 工 官 网：www.cmpbook.com
010-88379833 机 工 官 博：weibo.com/cmp1952
010-68326294 金 书 网：www.golden-book.com
 机工教育服务网：www.cmpedu.com

第 2 版前言

市场营销学是现代化大生产和市场经济的产物。现代市场营销管理是企业在激烈的市场竞争中谋生存、求发展所必须具备的知识。

本书以机电产品作为研究对象，在介绍市场营销基本知识的基础上，着重介绍当代国内外市场营销的新观念、新方法、新策略。其目的在于使机电类专业的学生除了具备从事机电产品的设计、制造能力外，还能掌握机电产品的营销知识，建立起以满足市场需求为核心的现代营销观念，培养学生开拓市场、参与竞争的能力，以适应现代社会对人才具有创新精神和多方面知识与能力的要求。

本教材的特色是从案例分析着手，使理论与实践相结合。同时跟踪学科发展的前沿，使教材的内容新颖，具有时代感，力求反映出近年来先进的理念和先进的营销经验。

本书第 2 版是在由李元元、吴春苗、周霞、左小德、雷光龙编写的第 1 版《机电产品市场营销学》的基础上进行修订的，本书由华南理工大学李元元教授主编，北京师范大学李翀教授主审，华南理工大学吴春苗副教授、周霞副教授为副主编，暨南大学左小德副教授、湖南大学雷光龙博士也参加了本书的编写。在编写过程中，不少著名企业提供了营销方面的第一手资料和成功的经验，在此表示衷心的谢意！相信这些资料与经验能为读者提供一些有益的帮助。

随着这几年营销学理论的发展，本书第 2 版对第 1 版的各章内容进行了修正、更新，同时，对现代营销理论作了更全面深入的阐述，补充了大量的中国企业真实营销案例，从而使本书第 2 版的内容更为丰富。

由于编写水平有限，书中缺点和错误在所难免，欢迎读者批评指正。

编　者

第1版前言

市场营销学是现代化大生产和市场经济的产物。现代市场营销管理是企业在激烈的市场竞争中谋生存、求发展所必须具备的知识。

本书以机电产品作为研究对象，在介绍市场营销基本知识的基础上，着重介绍当代国内外市场营销的新观念、新方法、新策略。目的在于：使机电类专业的学生，除了具备从事机电产品的设计、制造能力外，还能掌握机电产品的营销知识，建立起以满足市场需求为核心的现代营销观念，培养学生开拓市场、参与竞争的能力，以适应现代社会对人才具有创新精神和多方面知识与能力的要求。

本教材的特色是从案例分析着手，使理论与实践相结合。同时跟踪学科发展的前沿，使教材的内容新颖，具有时代感。

本书由华南理工大学李元元教授主编，北京师范大学李翀教授主审。参加编写人员有：华南理工大学吴春苗副教授、周霞副教授，暨南大学左小德副教授，湖南大学雷光龙博士。在编写过程中，不少企业提供了营销方面的第一手资料和成功的经验，在此表示衷心的谢意！

由于编写水平有限，书中缺点和错误在所难免，欢迎读者批评指正。

编　者

2000年1月

目　　录

第一章　绪　　论

市场营销学是研究产品的生产经营和销售规律的科学。现代任何一个企业的生存和发展，甚至是一个国家经济的发展，都离不开企业的市场营销，它是一门哲理性、社会性、技术性、艺术性、实践性互相兼容的应用性学科。其应用已延伸到社会学、政治学、人际关系学等许多领域，远远超过营销学的范畴。本书在介绍市场营销基本知识的基础上，以机电产品作为研究对象，介绍机电产品的营销理论和方法。

第一节　营销学的研究内容

一、营销学研究的对象

营销学是研究市场上买卖双方交换商品或劳务活动规律的科学，它不是一般地研究这种活动，而是以消费者为核心，研究如何按照消费者的需要组织企业的经营活动，从而尽快地把商品和劳务从生产者手中转卖给消费者，使他们现实的和潜在的需要得到满足。

社会再生产过程一般分为生产、分配、交换、消费。从一次社会生产过程来看，生产是起点，消费是终点。从再生产和营销学的观点来说，消费是终点，又是起点。因为社会再生产的根本目的是为了满足人们的消费需要。生产什么，生产多少，如何开展市场营销活动，都必须从消费者的需要出发，满足他们生理、心理的需求，符合经济和社会的要求。因此营销学研究的对象又可以简单地概括为一句话，就是研究如何满足消费者需求。在这里，消费者需求是个核心问题，消费者是市场的主人，顾客具有至高无上的权力。为了满足消费者的需要，营销学不仅要研究消费者的需求，还要研究与之相适应的经营策略，以便吸引更多的顾客，使他们不仅现在来买，而且愿意今后继续购买本企业的产品。

二、营销学研究的内容

营销学研究的内容也是随着营销学作为一门学科的发展而不断丰富的。最初营销学研究的内容仅仅局限于流通领域。近几十年来，营销学研究的内容不断扩大，已经突破了原来的流通领域，上延至生产领域的产前活动，包括市场调查、预测，企业经营决策和商品发展计划；下延至消费领域的售后服务，包括商品的运送、维修，征求消费者对商品或劳务的意见和要求等等。这样，营销学的研究就从消费者开始一直延伸到消费者结束。因此，营销学是以消费者为中心，主要研究以下几个方面的内容：

（1）研究消费者的需求及其变化规律（Need）　营销学研究的核心既然是消费者，就要研究消费者需求的特征，他们的购买动机、购买行为、购买倾向、购买模式以及消费者需求变化的趋势，分析影响消费者需求变化的各种因素，以便企业采取相应的策略，满足消费者的需求，实现生产目的。

（2）研究产品策略(Product)　要满足消费者的需求，首先要生产或提供适合消费者需要的产品，因此，营销学要研究同市场经营活动有关的产品策略。市场的产品策略包括产品的发展计划、设计、生产和创新，产品的生命周期，以及产品的商标命名、包装和装璜设计，产品的标准化、分级等方面的内容，使产品不论在数量、质量、花色、规格，还是在商品命名、商标、包装与装璜等方面，都能受到消费者的欢迎。

(3) 研究商品流通渠道(Place)　产品生产出来以后，应该通过什么流通渠道，经过哪些流通环节，才能及时把商品卖出去，获得较好的经营效果，也是要重点考虑的。为此，营销学要研究市场销售渠道的类型，正确地选择流通渠道，使商品由生产者到达消费者手中经历的环节最少、路程最近、时间最短、费用最省。

(4) 研究定价策略(Price)　价格定得是否恰当，直接影响到消费者的需求，关系到企业经营的成败。价格定得合理，被消费者所接受，商品就能顺利销售，否则，就会造成滞销积压。据此，营销学就要研究国家的物价方针、相关政策，企业成本、定价的原则、方法和策略，使消费者买到物美价廉的商品。

(5) 研究商品促销策略(Promotion)　营销学主要研究如何根据市场情况，恰当运用促进销售的各种手段，包括广告宣传、人员推销和其他推销策略，使企业的经营活动适合市场需要。为了对产品负责，使消费者满意、放心，营销学还要研究各种销售服务活动，如送货上门、设备安装，对产品实行包换、包退、包修等等。这对促进产品顺利和连续销售关系极大。在国外，早已将销售服务作为市场竞争的重要手段之一。

第二节　营销学的发展过程

营销学是英文 Marketing 的意译，它是广泛应用于商品或劳务销售与管理的一门新兴学科。营销学是商品经济高度发展、市场日益扩大的产物。营销学作为一门完整的学科，经历了一个发生、发展和完善的过程，大体上可以分为以下三个阶段。

一、开创时期

营销学最先出现在美国。早在 19 世纪，美国就已经出版了属于营销学研究范畴的，如广告、推销、包装、物质分配等方面的论著。但直到 20 世纪初，美国学者才把上述论述综合起来进行研究。美国大学的讲坛上出现了 Product－Marketing 的授课内容。1905～1910 年克罗西（W·E·Kreusi）和拉尔夫·巴特勒（Ralph Starr Butler）先后在美国宾夕法尼亚大学、威斯康星大学讲授产品营销学和营销学方法等课程。哈佛大学赫杰特齐（J·E·Hagertg）通过走访企业主，了解他们开展销售活动的情况，总结其经验，并在此基础上于 1912 年出版了以《营销学》命名的教科书。这本书被认为是营销学成为独立学科的里程碑。但是，其实际内容仍限于广告宣传、推销技术、产品分配方法等方面，真正具有系统理论和方法的现代营销学还未形成。

二、应用时期

从 20 世纪 20 年代后期起，营销学开始从课堂走向社会，营销学转向应用阶段。1915 年美国成立全国广告协会，1926 年改组为营销学和广告学教师协会。特别是 1929 年到 1933 年爆发了震撼世界的生产过剩的经济危机，工厂、商店纷纷倒闭，工人大量失业，商品销售困难，市场商品供过于求，大量商品积压。在这种情况下，作为研究营销问题的营销学，开始受到社会的广泛重视。于是 1931 年专门成立了讲授和研究营销学的组织，即美国市场营运社（operation society）。1937 年上述两个组织合并组成美国市场营销协会，并先后在全国成立了几十个分会。参加的成员不仅有经济学家和企业主，还吸收了销售、广告、市场研究部门的负责人入会，共同探讨营销学的理论问题和实际运用问题。1960 年，美国的麦卡锡（Jerome Mocarthy）集大成而著《基础营销学》，提出市场营销组合（4P——Product，Price，Place，Promotion，）理论，终于使幼芽破土而出，使营销学成为具有纯市场导向特点的市场营销学。

三、发展时期

第二次世界大战以后，特别是在新兴的科技革命的推动下，劳动生产率大幅度提高，市场商品供应量急剧增加，花色品种日新月异，但随之而来的经济危机也越来越频繁，危机周期越来越短，整个市场形势发生了根本的变化，即从过去供不应求的卖方市场变成了供过于求的买方市场。过去是顾客找商品，现在是商品找顾客，企业就从过去以生产为中心，转变为以市场为中心。不能再生产什么，供应什么；生产多少，供应多少；而只能根据消费者的需要来组织生产和流通。在这种情形下，原来营销学单纯的推销观念已不能适应。正如美国营销学专家奥尔德逊（W.Alderson）和科克斯（R.Cox）指出的"过去的营销学著作向读者提供的只是很少的重要原则和原理……，现有的理论不能满足研究者的需要，因为这些理论未说明，也未分析流通领域的各种现象"。他们在《营销学原理》一书中，对市场赋予了新的概念。他们认为："广义的市场概念，包括生产者和消费者之间实现商品和劳务的潜在交换的任何一种活动。"所谓"潜在交换"，是指生产者和经营者用来交换的产品或劳务应符合消费者潜在的需求和愿望。这就是说，企业不是在产品生产出来以后，再去了解市场，通过市场把商品销售出去，而是在商品生产出来以前，就要了解消费者潜在的需求，通过市场调查、预测，判断消费者的需求趋势，按照消费者需求的欲望和所能支付的能力提供适销对路的产品或劳务。因此，凡是实现潜在交换的一切活动，都是营销学研究的对象。它的研究范围，不再局限于流通领域，而且还扩大到生产领域，从而参与生产企业的经营管理。

1967 年，美国的菲利普·柯特勒（Philip Kotler）出版了《市场营销管理：分析、计划与控制》，促进了幼芽的生长。进入 20 世纪 70 年代，由于社会的普遍重视和应用，理论界的不懈努力，市场营销学的理论与方法日臻完善。1984 年，柯特勒又出版了《营销学纲要》，提出社会市场导向理论，标志着传统的市场营销学走向现代市场营销学。

1985 年，加拿大的兰·戈登（R.Goden）教授提出了战略性竞争理论。次年，《哈佛商业评论》发表了柯特勒教授的"论大市场营销"一文，标志着营销学逐渐走向成熟。进入 20 世纪 90 年代后，由于社会经济的发展与各国学者的探索，使现代营销学的内容不断得到充实和向前发展。

第三节　市场营销观念和营销管理的发展

一、市场营销观念及其发展

市场营销观念属于上层建筑的范畴，是一种意识形态。也就是指以什么样的指导思想、什么样的态度和什么样的思想去从事市场营销活动。因此，市场营销观念是一种观点、态度和思想方法。而市场营销活动是在一定的市场营销观念支配下进行的。为此，在研究各项具体市场营销活动之前，必须对市场营销观念的产生和发展有一定的了解。

市场营销观念是一种指导市场营销活动的基本思想，所以人类自产生市场营销活动以来，便产生了相应的营销思想。不过，在人类社会自产生商品交换以来，由于生产力发展缓慢，直到产业革命前很长一段时间，交换制度都极其简单，交换对象仅限于小量生产的手工业品，市场营销仅处于萌芽阶段。那时，一小群木匠、制鞋匠、裁缝师傅等各种各样的手工业者，只与少数顾客进行了小规模的交易。后来随着产业革命的到来，个体商品生产让位给大工业生产，商业活动也变得更加复杂了，买者与卖者之间的个人对个人的关系已变得少见了。这时市场营销活动才真正向前迈进了一步，市场营销观念才逐步形成，并一直处于发展之中。产业革命以后，从西方社会来说，市场营销观念的发展，可分为三个明显的阶段。

1. 以生产为中心的阶段

这一阶段为19世纪末至20世纪初约20年左右的时间。当时西方各国普遍的情况是国民收入还很低，生产落后，整个社会的产品还不太丰富，工厂只要提高产量、降低生产成本，就可获得巨额利润。

这一以生产为中心的阶段，美国有些营销学教科书又把它区分为先后两种观念，即生产观念（Production Concept）和产品观念（Product Concept）。

所谓生产观念，就是指在上述整个社会产品不太丰富，需求大于供给，消费者购买产品毫无选择余地的情况下，厂商们所持的一种指导市场营销的观点。他们认为，消费者会接受任何买得到且买得起的产品。这种观点立足于两个重要的前提：第一，消费者的注意力只集中在是否买得起及价格便宜与否上；第二，消费者并不了解同类产品还有非价格差异（如质量、花色品种、造型、外观等差异）。因此，他们把市场营销活动的重点放在如何有效利用生产资源及提高劳动效率，以获得最大的产量以及降低生产成本上。至于其他方面，如产品的花色式样就不必考虑了。如汽车大王亨利·福特（Henry Ford）早期的营销观念便是这样的。美国的福特在汽车发明后不久，于1903年自己创办了福特汽车公司，从1914年开始生产T型汽车——一种4个气缸、20马力（相当于14.7kW）的低价汽车。到1921年这种汽车在美国汽车市场上的占有率已上升到了56%。当时福特的经营哲学便是如何使T型汽车生产效率趋于完善，从而降低成本，使更多的人买得起汽车。他曾开玩笑地说，福特公司可供应消费者任何车型汽车，只要他要的是黑色汽车。这种只求产品价廉而不讲究花色式样是生产观点的典型表现。

当福特公司正埋头忙于生产一批又一批的T型黑色福特轿车的时候，那些购买者都已经开始嚷着要购买新的品种了。通用汽车公司抓住机会，立即迎合这种需求，从而赶上了福特公司。时过境迁，当通用公司接连不断地生产大型轿车时，购买者又需要小型轿车了。这回日本人以同样的方式打入了美国市场。再以后，消费者的兴趣又转移到了汽车的质量上，日本公司便生产了质量更好的汽车。

所谓产品观念，就是以消费者会选择价格相同而质量最好的产品的假设为前提，把企业经营管理的重点放在提高产品的质量上。这种观点较前面的观点略前进了一步，但仍然存在许多问题。例如，生产发条式机械钟表的公司认为只要能生产出计时准确的“计时宝”之类的钟表，就不怕顾客不上门。事实上并非如此，因为顾客为了解决计时和掌握时间的问题，会寻找各种解决方法，不一定非“计时宝”不可。解决的方法可能是用比“计时宝”更为方便或有效的产品——电子钟表、石英钟表等等。于是致力于发展此种改良计时产品的公司，不得不再采取其他的积极措施，设法使包装、价格更具有吸引力，并改良分配路线，加强促销工作，以便引起目标市场消费者的注意，同时令他们信服该产品的质量确实较好。

以上是这一阶段先后出现的两种市场营销观念。这两种观念有一个共同点，即厂商和工程师们都认为自己已经尽了最大的努力，为消费者提供了“优良”的产品。但是到了这一阶段的末期，许多工厂开始发掘生产潜力，市场情况开始变化了。有的工厂仍然不断获利，有的已经开始亏损。购买者第一次有了广泛挑选产品的机会，对产品变得挑剔起来了，各个公司和企业，为了继续获利，继续生存下去，开始更多地考虑销售问题了。这导致市场营销观念进入到第二阶段。

2．以销售为中心的阶段

这种以销售为中心的阶段认为消费者是被动的，他们通常反应迟钝且抵制买卖，但好言引诱，他们就会购买。因而，公司和企业应有一套有效的推销和促销办法来刺激消费者大量购买。这种推销观念被大量应用于推销那些“非渴求品”，即消费者通常情况下并不打算购买的商品，如保险、百科全书等。这些行业改进各种推销技巧，凭着产品的益处来寻找目标市场。

强行推销的情况对汽车或其他机电产品等渴求品也时有发生。从顾客步入陈列室起，汽车推销员就开始“心理分析”。如果有一位顾客喜欢某种式样的汽车，推销员马上就会告诉他，另一个顾客正好也打算买这辆汽车，因此要当机立断。如果顾客因为价格而犹豫不决，推销员马上又会提出他可以找经理去特批降价。结果是推销员满面春风地回到正在等待的顾客面前说经理不愿意，但我说服了他，这样做的目的就是为了激发顾客立即购买的意愿。

这一阶段约在20世纪的30年代和40年代。由于当时已从生产不足开始进入到生产过剩，竞争差不多席卷了所有的工业部门，竞争迫使那些过去实际享有垄断地位的企业现在必须去“推销”他们的产品了。一个厂商再不能只是单纯地生产商品，他同时必须保证这些商品会为人所买。现在市场上的竞争对消费者稍微有利了，即商品供应已经超过了需求。大多数厂商在生产能力过剩时采用以销售为中心的观念，目的是推销他们制造的商品而不是市场需要的产品。在这种情况下，厂商们便形成了一种新的观念——推销观念（Selling Concept)。这种观念认为，除非公司大力开展销售和宣传推广活动，否则消费者将不会购买自己的产品，或是仅购买公司少量的产品。在这种思想指导下，厂商们都纷纷在推销上下功夫，以便从大量的推销上获得大量的利润。于是形成了一种所谓“高压式”的“硬卖”风气活动，把商品推销给消费者。大多数厂商们收罗了大批的所谓推销专家，组成强大的推销队伍，并大做广告宣传，夸大产品的种种性能，使人们到处都能看到这种产品的形象，迫使人们不得不购买。因此，这一时期的企业管理工作，全为销售工作所淹没和代替。这是第二阶段。

3．以消费者为中心的阶段

这一阶段是从20世纪50年代开始的，也就是真正的市场营销阶段，或整体市场营销阶段的开始。这个时候由于科学技术的迅速发展，生产力水平大大提高，产品数量急剧增加，商品供过于求的矛盾更加严重地困扰着企业。在这种形势下，建立在卖方市场基础上以研究商品推销术为主体的旧的市场营销学就很难适应企业的需要。而激烈推销竞争的结果，使企业意识到，要保证获得高额利润，使企业有良好的声誉，提高商品销量，不能再单纯依靠“硬卖”的办法搞以销售为中心的方式，而必须转到以消费者为中心的轨道上来，即必须把高压式的“硬卖”转变为诱发式的“软卖”，将整个市场营销活动建立在如何满足消费者需要的基础上。这就形成了一种最新的经营观念——市场观念（Marketing Concept)。这种观念认为，要达到公司的目标，关键在于探明和断定目标市场的需求，然后调整整体市场的营销组织，使公司能比竞争者更有效地满足消费者的需求。

基于如上理念，美国营销学学者麦卡锡教授提出了著名的“4P”营销组合策略。“4P”是市场营销组合中的四大基本要素，即产品（Product）、价格（Price）、渠道（Place）和促销（Promotion）。他认为一次成功和完整的市场营销活动，意味着以适当的产品、适当的价格、适当的销售渠道和适当的促销手段，将企业的产品与服务投放到特定的市场。“4P”的提出，对现代市场营销理论与实践产生了深刻的影响。至今，它仍然是人们思考营销问题的基本模式。后来，菲利普·柯特勒在此基础上，围绕如何更好地满足市场需求的核心思想，又补充提出了能使市场营销策略这四大要素得到有效实施的战略性“4P”，即市场调研（Probe）、市场细分（Partition）、目标市场选择（Priority）和市场定位（Position），从而丰富和完善了市场营销“满足顾客需要”的基本功能。

以销售为中心的出发点是卖方需要，而以消费者为中心的出发点是买方需要。前者销售的宗旨是如何将卖方的产品换成现金，而后者的观点则是通过产品和一切与制造、传送和消费有关的活动来满足顾客的需要。

在这种新观念下的市场营销活动，不仅包括了销售，同时包括了市场调查、新产品开发、广告活动以及售后服务等等，并且都是站在消费者的立场上来考虑所有的这些活动，以消费者的要求为出发点，围绕着消费者开展一切营销活动。

20 世纪 90 年代以后，市场环境出现了新的变化，科技进步威力无穷，从产品的角度来看，制造手段普遍高度自动化，制造的速度敏捷，竞争者在产品及技术方面同质化，生产成本几乎相近，使得价格的差异不大，即使企业只是处于测试产品的阶段，竞争对手都能破解你的配方，并很快推出性能接近的产品，且无论是产品还是价格，几乎都模仿得相差无异。在销售渠道方面，竞争者相互模仿，在同一销售网点，同行的同类产品挤上同一货架，营销中的售前、售中、售后服务更是如出一辙。在这种情况下，企业如何才能赢得更多顾客？传统的营销策略越来越不适合现代市场经济发展的客观要求。主要表现在：4P（产品、价格、渠道、促销）为核心的营销框架，重视的是产品导向而非真正的消费者导向。制造商决定制造某一产品后，设计一个能够收回成本且达到一定目标利润的价格，经过制造商为主控的销售渠道，然后对产品进行相当程度的促销。可以说 4P 是一种由内向外的营销，制造商的经营哲学就是“消费者请注意”。

面对 20 世纪 90 年代市场环境的新变化，以美国西北大学教授舒尔兹等为代表的专家学者提出了整合营销理论。整合营销就是把整合思想运用到营销和管理决策中的过程。营销的终极战场是顾客的心智，一切营销活动必须从顾客需求出发，并为创造最大顾客价值整合所有有关的活动和要素。整合营销就是从顾客需求出发，以业务流程为中心，在满足需求的同时，最大程度地实现企业目标的双赢营销模式。

1990 年，美国学者劳特朋教授提出了与传统营销的 4P 相对应的整合营销的 4C 理论：

1）消费者的需求与欲望（Consumer needs and wants），即不要卖你所能制造的产品，而是卖那些顾客想购买的产品，真正重视消费者。

2）消费者愿意付出的成本（Cost），即以了解顾客的目标定价为中心而不是以确定定价策略为中心。

3）购买商品的便利（Convenience），即忘掉通路策略，思考如何给消费者方便以购得商品。

4）沟通（Communication），即加强双方的了解，彼此就价值、价格、需求等达成一致。

4C 理论的提出引起了营销传播界及工商界的极大反响，它成为整合营销理论的核心。

菲利普·柯特勒认为：企业所有部门为服务于顾客利益而共同工作时，其结果就是整合营销。整合营销发生在两个层次：一是不同的营销功能——销售力量、广告、产品管理、市场研究等——必须共同工作；二是营销部门必须和企业的其他部门相协调。整合营销观念改变了把营销活动作为企业经营管理的一项职能的观点，要求所有活动都整合和协调起来，努力为顾客的利益服务。整合营销沟通（Integrated Marketing Communications，IMC）也称整合营销传播的中心思想，是通过企业与消费者的沟通，以满足消费者需要的价值为取向重组企业行为和市场行为，综合协调各种形式的传播方式，发挥不同传播工具的优势，以统一的目标和统一的传播形象，传递一致的产品信息，实现与消费者的双向沟通，建立产品品牌与消费者长期密切的关系。

相对于“4P”，“4C”在追求顾客满意方面取得了很大的进展，但在建立企业与顾客之间长期关系方面仍显不足，因此该营销思想还需要更进一步地发展和完善。当代营销者的任务不仅是创造顾客，更重要的是要竭尽全力地维系顾客。因为，进攻性的营销成本往往大大地高于防守性的营销成本，吸引一个新顾客的花费可能是维系一个老顾客的几倍。近年来，保持顾客、建立顾客忠诚已逐渐演化为企业市场营销的新理念。留住顾客的关键是建立关系营销。企业对顾客进行关系营销，就是将一个潜在顾客最后演变为主动性顾客和合伙人的过程。它可以通过为老主顾提供更大的让渡价值（如折扣、奖励、免费赠送等销售策略）来建立顾客关系；也可以在了解顾客需求和愿望的基础上通过对顾客实行个性化服务来建立关系；还可以通过向老顾客提供各种附加利益和潜在附加利益建立关系。当然，不是所有的顾客最终都能变成合伙人，企业可以根据其经营产品特点和顾客特点来决定顾客关系营销建设的水平。“4R”营销策略基本上以“关系营销”为核心而设立。它阐述了四个全新的营销组合要素，即关联（Relation）、反应（Reaction）、关系（Relationship）和回应（Reciprocation）。“4R”营销策略强调：

1）企业与顾客在市场变化的动态中应建立长久互动的联系，以防止顾客流失，赢得长期而稳定的市场。

2）面对迅速变化的顾客需求，企业应学会倾听顾客的意见，及时寻找、发现和挖掘顾客的渴望与不满，及其可能发生的变化，同时建立快速反应机制以对市场变化迅速作出反应。

3）企业与顾客之间应建立长期而稳定的朋友关系，从实现销售转变为实现对顾客的责任和承诺，以维持顾客再次购买和顾客忠诚。

4）企业应追求市场回应与回报，并将市场的回应与回报当作企业进一步发展和保持与市场建立关系的动力和源泉。“4R”营销策略在一个全新的层面上描述了市场营销的构架，与“4P”和“4C”相比，其主要的特点是动态性、互动性、可持续性和互利性。因此，它引起了市场营销前沿企业的高度注视。

与“4R”营销策略相类似的，还有“后营销”的概念。“后营销”管理是指企业在销售产品和服务后，以维持现有顾客为目标并扩展市场的一系列营销活动。它的基本特征是“维持性”（retention），即以维持现有市场为出发点，把营销侧重点放在现有顾客身上，通过了解和满足现有顾客要求，培养一批对企业服务高度满意、对企业产品高度忠诚的长期顾客和终身顾客，从而达到低营销成本、高营销效率地扩大市场的目的。之所以企业有必要重视并实施“后营销”管理，是因为现有顾客是企业的财富，是企业的现在以及未来的利润源泉。对企业而言，现有顾客是非常重要的。后营销管理的核心是现有顾客，即以现有顾客为中心而展开各种活动，向其提供高水准的服务，令现有顾客满意和培养其顾客忠诚。

“后营销”理论认为，企业应该执行以“5A”（Acquainting、Acknowleding、Appreciating、Analyzing、Acting）为主要内容的后营销活动，“5A”是指以下五个方面的内容：

1）了解顾客（Acquainting），即企业通过认识顾客，熟悉他们，并了解他们的购买行为和需要，逐步认定和挽留住具有较高价值的顾客群。

2）感谢顾客（Acknowleding），即企业通过电话、电子邮件和信函等方式向顾客致谢。顾客会认为企业对他们是重视的，“顾客是上帝”不是空话，从而对企业产生好感，乐意继续购买企业的产品和服务。

3）欣赏顾客（Appreciating），即由于在买方市场全面形成的情况下，除了极少数政策性垄断行业之外，几乎所有的行业都有众多的竞争者。顾客在如此多的产品、服务供应商中选择了本企业，企业应该为顾客给予自己机会予以欣赏和感激。

4）分析顾客（Analyzing），在沟通和交流活动中提供的信息，即通过对顾客意见和感受的深入分析，企业可以为自己未来的经营活动确定方向。

5）为顾客满意而行动（Acting），即顾客满意是一种人的感觉状态的水平，它来源于对一件产品所设想的绩效和产出与人们的期望所进行的比较。也就是说，当顾客从产品或服务中得到的效用低于其购买前的期望值时，顾客就会产生不满。顾客对企业产生不满的原因虽然多种多样，但集中在售后服务延迟、产品缺陷，或员工怠慢、服务态度不佳、对顾客的抑怨未能及时予以处理等等。企业必须经常和顾客保持沟通，向顾客学习，倾听顾客的心声，分析顾客不满的原因，对顾客的抱怨要及时采取补救措施。企业只有通过实际行动努力改善营销，改进自身的产品和服务，才能更好地提高顾客对企业及企业产品的满意程度。

后营销管理策略包括：

1）建立顾客数据库。

2）分析顾客对产品和服务的反馈信息。

3）定期或不定期开展顾客满意度的调查。

4）建立抱怨与建议系统，提供有效的与顾客沟通的机会。

5）以现有顾客为目标，建立以顾客高度满意为目的的策略。

近10年来，人们逐渐怀疑，在今天这样一个环境不断遭到破坏、资源日趋短缺、人口爆炸性增长、通货膨胀席卷全球、各国普遍忽视社会服务的年代里，单纯的市场营销观念是否还是一种合适的经营思想。换句话说，能觉察个别消费者需求，并能提供产品满足其需求的厂商，是否总能符合消费者及社会的长远利益呢？单纯的市场营销观念回避了消费者需要与消费者长远利益的冲突。

正是由于这种认识，所以近年来社会上要求树立另一种超越于营销观念的经营哲学。当然，对这一新的经营思想，人们提出了各种各样的称谓，如有的主张叫“人类观念”（The Human Concept），有的主张叫“理智消费观念”（The Intelligent Consumption Concept）、“生态主宰观念”（The Ecological Imperative Concept）等等，但美国一本比较畅销的营销学教科书的作者柯特勒（Philip Kotler）建议采用“社会性营销观念”（Societal Marketing Concept），这一叫法现在已经为大多数人所接受。

这种社会性营销观念的基本前提是：

1）消费者的需要与消费者本身或社会的长远利益并非总是一致的。

2）关心是否满足消费者需求以及消费者长远利益和社会长远利益的公司，将会越来越受到消费者的欢迎。

3）公司能否吸引并保住大量的顾客，其关键不仅在于满足消费者的眼前需求，而且还应顾及个人及社会的长远利益。

以上三个阶段不同的经营观念，总起来说，就是新旧两种观念。前两个阶段为旧观念，后一阶段为新观念。

一个公司和企业在新旧不同观念的支配下，它的重点、手段、目标是很不相同的。有着很大的区别，如表 1-1 所示。

表 1-1　新、旧观念对比的区别

	重　点	手　段	目　标
旧观念	产品	销售及推广	通过销售来创造利润
新观念	消费者需要	整体市场营销	通过满足消费者需求来创造利润

在旧观念下，公司的重点是企业产品的本身；方法是生产自认为“优良”的产品，并大力推销这些产品；目标是增加销售量获取利润。而在新观念下，公司的重点是满足消费者的需要，方法是采用一套完整的市场营销方案，目标是通过满足消费者目前及长远的需要而获得利润。

从上述的比较中可以看出，现代市场营销观念的最大特点，就是企业不再以产品为中心，而是以市场为中心，即以顾客为中心。在这种新的观念下，现代企业奉行以下几项原则：

1）把争取顾客作为公司的最高目标。

2）爱自己的顾客胜过自己的产品。

3）公司不再寻求生产方面的特权，转而重视发挥市场方面的优势。

4）经常从顾客的立场来指导和检查公司的经营方针和策略。

5）生产那些顾客愿意购买的东西，而不是那些容易生产的东西。

6）制造能够销售出去的产品，而不是推销所生产的产品。

4．新世纪企业营销观念得到创新

（1）全球营销观念　企业适应经济全球化、市场一体化大趋势，突破传统市场的时空界限，从偏狭的国内市场转向全球化的营销，这是新世纪初企业营销首先要发展和创新的观念。经济全球化是一个历史过程，进入新世纪以来，随着网络技术、高新技术的发展与应用，这一过程得到明显加速，也带来了经济的迅猛增长，世界各国和地区的经济日益联结成一个紧密的、统一的、相互依存的体系。网络条件的世界必将造就一个“全球超市”。

（2）战略营销观念　面对新世纪开放、竞争、合作、发展同时并存的市场，企业要把握现代市场竞争的新特点，全方位谋划企业营销战略，谋取企业的长期生存和发展。

（3）个性营销观念　世界著名营销学家菲利普·柯特勒在《想象未来的市场》一文中指出：“未来市场营销者将把注意力从集中于大的群体转移到寻找特殊的、合适的目标，在这些目标所在，会有财富存在。”市场进一步细分化和个性化是新世纪市场发展总的趋势。由于消费者需求的个性化增强，不同消费者在消费结构、时空、品质等方面的差异自然会衍生出“特殊的、合适的目标市场”，这些市场虽然规模缩小，但其购买力旺盛。目标市场特殊性的强化预示着消费者行为的复杂化和消费者的成熟。新型消费群体日益具有良好的教育背景和个性化的价值观念，使得他们虽然在总体上还倾向于和大众保持同质化的产品或服务消费，但期望在送货、付款、功能和售后服务等方面，营销者能满足其特别的需求。因此，针对新型消费者与众不同的个性化需求来实现高度的顾客满意将是新世纪营销观念的又一特色。市场营销个性化是以产品最终满足单个消费者需求为归宿的。坚持这一创新观念，企业要整合市场营销，调整营销策略，区别于传统工业社会将消费群体相近的需求等同看待的营销运作，走日益细分化发展之路。此外，要根据消费者需求设计、开发非常具有个性化特点的产品或服务，开展诸如异质化营销、定制化营销，走“您来设计，我来实现”的个性营销之道。要将知识不断融入营销过程，使为满足个性化需求而进行小批量生产的成本尽可能接近或等同大批量生产成本。事实上，走个性化营销道路不仅更加能赢得顾客，而且能为企业赢得更多利润。

（4）服务营销的观念　目前，不同企业生产的同类产品，在品质、规格、功能、价格等方面都相差无几，顾客之所以购买某企业的产品，一定程度上取决于企业能否提供更优质的服务。而服务观念首先要求企业的全体员工具备整体的服务意识，即企业的生产经营过程，就是满足顾客需要的过程，也就是为顾客提供服务的过程。企业只有真心实意地为顾客提供服务，顾客才能对企业和产品产生信赖，从而销售出更多的产品。企业只有结合自身特点，采用不同的形式进行生产和销售，才能更好地为顾客提供服务。IBM 享有“世界上最讲求以服务为中心的公司”这一荣誉。正如 IBM 有一句广告语：“IBM 就是最佳服务的象征”。

（5）包装营销的观念　包装被誉为“无声的推销员”，尤其当人们对某产品不太熟悉时，人们的第一印象就是产品的包装。在超级市场，人们往往根据包装来选购商品。精美的包装会使产品身价倍增，消费者愿意付出高价购买。包装的完善不仅扩大了销售，还减少了商品损耗，提高了经济效益。在包装决策中，首先要决定产品包装的主要功能，比如保护商品使用价值，宣传商品、美化商品，给消费者带来的附加利益，增加商品价值等；其次，再根据实现这些功能的特定要求，决定实施采用何种包装策略，采用何种包装材料、颜色、形状、尺寸等等。

（6）网络营销的观念　网络营销不是单纯的网络技术，而是市场营销；网络营销也不单纯是网上销售，而是企业现有营销体系的有利补充。简言之，它是利用国际互联网开展的营销活动，是整合营销的必然产物。网络营销中首先表现为市场营销中 Internet 代替了报刊、邮件、电视等中介媒体。但就其实质而言，它只是利用 Internet 对产品售前、售中、售后各环节进行跟踪服务，自始至终贯穿于企业经营的全过程，包括寻找新客户和服务老客户，最大限度地满足客户需要，以达到开拓市场，增加盈利的目的。

（7）文化营销　注重产品打文化牌，以产品的文化特色去吸引消费者，促进营销规模的扩大。在产品空前丰富、品牌日益繁荣的市场上，消费者已无法真正根据理性的比较来选择所谓最佳的产品。企业仅靠传统的品牌策略开展营销活动越来越难以奏效。正因为如此，许多企业打产品文化牌，使产品成为一种看得见、摸得着、体会得到的形象文化，将消费者对产品熟悉和信赖的“忠诚度”建立在产品文化基础上，以此来赢得消费者，占领市场，促进营销规模的扩大。

（8）知识导向营销　进入20世纪90年代以来，无论是发达国家还是发展中国家，普遍意识到21世纪是知识经济的时代。知识经济是建立在知识和信息的生产、分配和使用之上的经济，它以智力资源为主要的配置要求，是以科学知识和科学技术为核心，以高科技产业为支柱的经济。以高新技术、信息技术为主要内涵的知识经济的出现和发展，改变了传统经济增长的方式，知识与智能成为增长的核心要素，决定着竞争力的高低。在知识经济条件下，无论是企业或营销者，还是以现代传媒和物流为主要内容的营销手段，甚至是知识程度日益提高的消费者，都是知识的化身。企业营销的成功与否，取决于是否拥有更多的高新技术与信息流量、更快的知识更新速度、更现代化的管理水平、更多掌握这些知识的人才以及由这些要素决定的营销创新能力。

以上所介绍的这些西方市场营销观念的演变，对端正企业的经营思想是有参考价值的。长期以来，我国由于多数机电产品供不应求，或某些产品虽然不是那么畅销，但是由于有全国的商业部门包购包销，产品只要能生产出来，也就不愁销售，因此，许多企业长期以来不太重视市场问题。现在由于经济体制改革的逐步深入，那种旧的营销观念的危害已经暴露出来，许多企业都已经感受到不能安于现状，不能再只问生产不问市场了，也感到要讲究新的市场营销观念了。

二、市场营销管理的发展

市场营销管理的发展过程与市场营销观念的发展过程是并行的、一致的。因为“市场营销管理”实质上就是“市场营销观念”的应用，将市场营销观念付诸实施，也就是市场营销管理。

具体来说，市场营销管理就是公司和企业为了达到生产经营的目标，通过分析、计划、执行、控制等职能，用以创造、建立和维持与目标市场间互利的交易关系。依据对目标市场的需要、欲望、感觉与偏好的分析来制定产品的计划，提供有效的产品设计、定价、沟通和分配程序，去激发和服务目标市场。

由于市场营销管理是市场营销观念在企业营销活动中的应用与实施，市场营销管理也就随着市场营销观念的演变而产生一个历史进程，这个进程相应地经历了几个不同的发展阶段。随着20世纪30年代以来各国生产力的普遍提高，工业企业将与日俱增的过剩产品大量投入高度竞争的市场，市场营销的作用也变得越来越重要了，从而导致市场营销组织管理的改善，以及市场营销经理在公司整个业务经营中地位的提高。市场营销管理从发展不完全、比较不重要的地位发展到今天极其重要的地位，经历了四个演变的阶段。

（1）注重产品的阶段　19世纪末到20世纪初这一段时间内，由于整个社会产品不太丰富，生产企业处于卖方市场，即市场对产品的需求远远超过其生产能力，产品的销售和分配毫无问题，公司的管理工作基本上都放在开发产品、扩大生产和提高生产效率上，因此，公司市场营销部门的组织非常简单。

公司只设有一个营业单位或销售部门，由一个销售经理或营业主任主管，主要是负责销售人员的销货工作，而对其他的市场活动，如市场计划、广告活动及市场研究等，却从未考虑过。至于产品计划及预算等，则由其他部门负责。因此，这时还没有一个可以称得上是“市场营销”的部门。

（2）注重销售的阶段　到20世纪30年代，由于工业生产的急剧增长，卖方市场已经转为买方市场。这时，市场上的产品大大超过了消费者的需求，竞争变得越来越尖锐，销售已显得与生产同样重要了。

这表现在销售经理已与其他部门的经理平起平坐了。但值得注意的是，这时的市场营销负责人称为销售经理，他除了负责销售以外，其他市场营销的职能概不承担。

（3）市场计划阶段　到 20 世纪 50 年代，营销管理进展到一个新的阶段。由于市场竞争的进一步加剧，各企业为增强自己的竞争地位，都纷纷开发较复杂的产品，推出各式各样具有全新性能的产品。而要使这些产品早日进入市场并获得成功，就要求全面地了解市场，有些企业已经逐渐采取市场营销观念，并通过市场营销管理部门，将这种市场销售观念加以具体应用。

市场营销部门的职能与任务进一步加强和扩大了。市场营销部门的职责已不仅仅局限于销售，许多传统上属于生产、财务或其他部门主管的活动，已有部分移交给市场营销部门管理了。如销售训练、产品服务、销售分析等，都开始移交给营销部门，并增添了广告活动、市场研究等活动。这时，公司市场营销部门的主管已由“销售经理”改称为“市场营销经理”，其地位已提高到与生产经理同等重要的位置，而且无论是生产、财务或工程部门的主管，都要求接受“市场营销”的观念，只不过是还没有把这些部门的活动直接纳入市场营销部门之内。

（4）市场控制阶段　第四阶段的市场管理，公司不仅接受了“市场营销”的观念，而且市场营销部门已成为公司最重要的部门，负责控制和指导公司的全部工作，包括生产和财务这些非市场营销领域的工作。图 1-1 表明的是以市场营销为导向的公司组织结构情况，这类公司具有一个十分综合、完整的市场营销部门，市场营销经理直接负责整个市场营销活动的控制和执行。实际上这一阶段整个公司都变成了一个“市场营销”组织，公司的一切活动都以“市场营销”为出发点。正如美国的布鲁斯公司（Burruoghs Corporation）董事长所说：“任何公司无非是一个市场营销组织而已”。

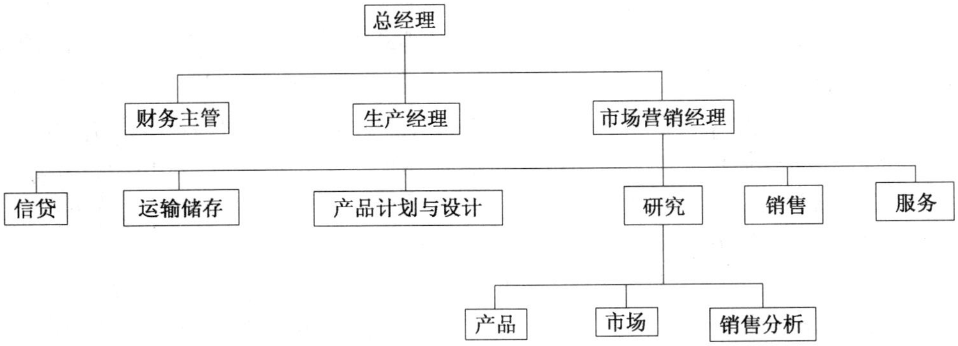

图 1-1　具有整体市场营销部门的公司组织结构图

第四节　营销学的研究方法

营销学的研究方法实际上是指从什么角度来研究市场营销的问题。从西方营销学研究的历史来看，在市场营销发展过程的不同阶段，曾经出现过按照各种不同角度来研究市场营销的问题，即迄今为止，对市场营销的研究共有过四种不同的途径。

（1）从个别产品的角度来研究　按照这一观点，市场营销就是研究各类特定的产品及其生产，以及如何将这些产品分配、销售到最终消费者手中的问题。例如如果按照这种观点，机电产品的营销学就是具体研究机电产品的生产和消费特点，影响消费的因素，购买者的行为以及有关商品的分配路线等问题。

（2）从市场体制来研究　按照这一观点，市场营销就是研究营销体系中各种机构的本质、演变及功能。具体对象是生产者、批发商、零售商以及各种辅助机构，如仓库、运输机构等。

例如研究机电产品的营销问题时，就是要研究各级销售、流通渠道的演变过程及其未来的发展方向等等。这一方法的优点是可以利用各类或按每一具体机构的统计资料，以及其成本、利润及销售趋势来进行分析，从而有助于对市场营销各因素的控制和管理。

（3）从市场发挥的功能来研究　第一，交换功能，即研究如何通过购销活动把商品从生产者转卖给消费者。第二，供给功能，即通过商品的调拨、运输、储存，保证商品货源不断地得到供应。第三，便利功能，指为保证交换和供应顺利进行所必需的各种便利手段。如资金融通（商品的预购或赊销）、保险、市场信息、商品的检验、分级等各种服务。

（4）从整体系统的观点来研究　即从市场环境和企业自身条件来研究，包括产品、包装价格、渠道、推销、广告、服务以及各种促销手段，从而使企业以适当的产品、适当的价格、适当的地点、适当的方法销售给消费者，来满足他们的需求，并达到企业的目标。

第二章　机电产品市场分析

第一节　制造业与机电产品

机械制造业永远是人类物质生产的基础行业,它在不断创造和吸收新技术的过程中,其巨大的能量促进了社会生产力的飞速发展,日新月异的产品也为人类带来了新的享受和满足。

一、制造业现状及发展趋势

制造业是国家的命脉，是国民经济的支柱产业和经济增长的发动机，体现了社会生产力的发展水平。

制造业，特别是装备制造业的整体能力和水平，决定了国家的经济实力、国防实力、综合国力和参与全球经济竞争与合作的能力。

由于制造业是一个最基础、最关键的产业，承担着为国民经济中各个行业提供装备的任务。因此，制造业的技术水平直接影响到相关行业产品的生产技术水平。20 世纪兴起的信息技术、生物医学技术、空间技术、新材料等高新技术与现代文明，首先要依赖材料及加工成形、制造技术的发展，才能转化为生产力，成为产品，如计算机、手机、电视、智能机器人、移动通信设备、互联网、芯片、生物反应器、汽车、飞机、卫星、航天飞机、悬磁浮列车的产生等，从而使人类的生产方式、生活方式、思维方式都发生了深刻的变化。

目前，我国的制造业创造了国民生产总值的 1/3；为国家财政提供 1/3 以上的收入；并且为社会提供了巨大的就业机会，其就业人数占全国从业人数的 11.1%（2001 年）；出口创汇 2398 亿美元，占全国外贸出口总额的 90%（2001 年）；为我国工业化、现代化打下良好的基础。

1. 现状

制造业是指对采掘的自然物质资源和工农业生产的原材料进行加工和再加工，为国民经济其他部门提供生产资料，为全社会提供日用消费品的生产制造业的总称。

按 2001 年我国统计划分，制造业由 29 个行业组成，主要归为三类：

1）轻工纺织制造业：占 30.58%。

2）原材料和能源加工工业：占 33.93%。

3）机械电子制造业：占 34.16%。

从中可见，机械电子制造业所占的比重为 1/3。

而在发达国家，机械电子制造业所占的比重更大，以 1996 年为例：

1）美国：41.9%。

2）日本：43.63%。

3）德国：46.4%。

4）法国：39.63%。

5）英国：37.33%。

6）韩国：45.3%。

美国、德国、日本的制造业是世界上最发达、最先进的，因此在国际市场上竞争力也最强，在很多主导制造领域已成为世界的龙头。

目前，我国机械电子制造业与发达国家相比仍有较大差距，主要表现为：

1）自主开发能力和技术创新能力比较薄弱，主要机械产品技术57%来自国外，电子及通信产品的核心技术依赖进口，国外广泛采用的新技术在国内还没普及。

2）新产品开发周期长。对我国2000种机械新产品进行调查，产品开发平均周期为18个月，而美国在1990年就实现了新产品开发周期仅为3个星期、试制周期为3个月的速度。

2. 趋势

当今世界制造业的发展趋势是：全球化、信息化、绿色化、服务化。

发达国家制造业正在向发展中国家梯度转移。我国拥有的市场潜力、劳动力价格优势、人才资源的优势使我国在生产环节方面是世界上最具竞争力的国家之一，这也将使我国成为世界制造中心之一。

以信息技术为代表的高新技术的迅速发展为企业改造与提升提供了机遇；经济发展和产业升级为制造业提供了巨大的市场需求；国际产业结构调整转移，为制造业提供了广阔的发展空间。

目前我国制造业总体生产规模已居世界第四位，机电产品中的集装箱、摩托车、农用车、自行车、拖拉机、小型柴油机、电视机、空调机、冰箱、微波炉、洗衣机、热水器、程控交换机、电话机、VCD机等产量已居世界第一位。在珠江三角洲、长江三角洲有很多“世界工厂”，使我国制造的产品走向世界。

我国的制造业发展目标是成为“制造强国”。而成为制造强国的标志是：具备强大的产品自主开发能力和技术创新能力，拥有众多国际知名品牌，且在产品的设计、研究开发、制造加工、装配、系统集成、销售、服务及产品报废后回收利用全生命周期过程中，实现绿色制造 。

随着我国加入世界贸易组织（WTO），我国的经济将逐步融入全球一体化的世界经济中，这将给我国的制造业带来空前的发展机遇，也将使我国成为制造强国。

二、机电产品的市场

重大技术装备的设计、开发和生产制造能力，标志着一个国家的基础实力。我国机械工业产值在全国工业比重中占23%左右。自改革开放以来，机械工业是工业生产中发展最快的行业，这个行业的产品为国内建设提供了所必需的基础装备，它与国民经济各个重要行业及人民生活的各个方面息息相关。其他行业的技术水平、发展规模、发展速度，在很大程度上取决于机械制造业的发展水平及它所提供的技术装备水平。

机械制造业面向的是一个巨大的装备市场，不管哪个行业，只要有生产线，就需要配置相关的机电产品，因此机电产品是作为投资品、消费品进入市场；面向生产企业，也面向家庭生活。

市场需要全方位、多层次、多样化的机电产品，去进行各种生产活动，去为建设一个经济强国和提高人民生活水平服务。这个大市场的优势在于有一个相当持续的市场需求，也就给机械制造业带来了广阔的发展前景和机遇。目前，机械制造业正从侧重于生产资料的生产，向广阔的消费领域拓展，成为国民经济的技术装备部和人民生活服务部。

三、机电产品的范围

机电产品是指机械和电子产品的总称，这是一个非常宽广的范畴，门类多，品种复杂，型号规格多，功能各异，有技术知识密集型产品和劳动密集型产品。用途涉及到各个领域、各行各业，从大型成套设备、生产线到各种单机、单一零部件；从大型钢厂到家庭生活都离不开机电产品。

机电一体化产品更是将机械装置与电子设备及软件有机结合而组成最佳系统，以实现生产过程机械化、自动化、柔性化和智能化。例如，它应用于生物工程、新能源产业、超导工程中，正促使社会生产和各种产品向着高速度、高效率、高质量、低能耗的方向发展，带来了“工业革命的新时代”。

机电产品的类别如下：

(1) 重大技术装备　它主要有大型火力、水力、核发电设备；以及为钢铁、冶金、石油、化工、交通运输、港口、矿山、建筑工程、国防工业等配套的重大技术装备、成套设备及生产线。

(2) 工作母机及基础机械　指加工中心、数控机床、车床、铣床、钻床、磨床、电火花加工技术、线切割机等；以及铸造、锻压、焊接、热处理等生产设备，主要是满足于各种金属零件的成形、加工、产品制造的需求。

(3) 动力机械　指各种动力设备、电机、内燃机、汽轮机、水轮机、锅炉等。

(4) 电工及电子机械　指生产各种电子元器件的机械与设备等。

(5) 通用机械　指泵、风机、压缩机、阀门与管件、换热器、干燥器等。

(6) 仪器仪表　指测量仪、传感器、测温仪等。

(7) 搬运机械　指起重机、运输机械、吊车、输送设备、集装箱等。

(8) 专用机械

1) 拖拉机、农业机械、农产品加工机械、林业机械、畜牧机械、渔业机械等。

2) 工程建筑机械、矿山机械、冶金机械、石油化工机械等。

3) 汽车、船舶、飞机、火车、摩托车等。

4) 制浆造纸机械、食品饮料机械、橡胶塑料加工机械、印刷机械、包装机械、环保机械、医疗机械等。

5) 纺织机械、服装机械、文化办公机械、制冷空调设备、燃气用具等。

(9) 基础零件　指液压元件、气动元件、密封件、轴承、螺母螺钉、刀具、量具、工具、齿轮、蜗轮、五金件等。

机械工业是在产品用途和性质上，在技术经济特点上相互有共同性的机器制造业、零部件制造业的总和，其产品满足了各行各业的生产线、生产设备的需要。机电产品与各个行业有着广泛的关联度，各个行业的技术装备从主机、辅机、单机到零部件，无一不以机电产品为基础。美国认为：68%的财富来源于制造业。世界上70%～80%以上的产品是创造出来的，因此，发展机电产品具有战略意义。

机电产品的市场营销基本上分为生产资料营销与消费资料营销两大类。用户对机电产品的需求，总体上有以下几方面：

1) 功能：产品的性能、效率。

2) 质量：符合技术标准、质量标准，安全可靠。

3）服务：售前售后服务、交货期、付款方式、购买方便性、企业及产品声誉。

4）价格：价格与产品的功能和提供的服务有关，用户通过确认能从产品中得到的满意程度来衡量价格，功能与价格能否平衡，是用户决定是否购买的重要依据。

四、机电产品的基本功能、特性和结构

（一）基本功能

1）提供动力或提供完成某一个方面工作的能力。

例：电动机：提供功率；风机：提供风量；空调机：提供制冷及供热。

2）加工、制造各种材质的零件。能够快速、准确、经济地制造出满足各种不同需求的产品，如各种机床。

3）由单机、辅机、主机组合成生产线，从事某一方面制造。如冰箱生产线、快食面生产线。

4）满足人们生活中的需要。如洗衣机、空调器、电饭锅、缝纫机等各种生活消费品。

（二）基本特性

由于机电产品多作为一种基础产品、先导产品，应用面广泛，具有极强的再造工程能力，需满足各种各样的需求，这就决定了机电产品的适应性、复杂性、严密性、精确性、可靠性。技术上要先进、使用中要可靠、经济上要合理、适应性要强。

（三）基本结构

机电产品一般都是由很多零部件构成，有机械、液压、气动、电器、数控等各个系统组成，而每一个系统又由许多零件组成，系统内部和系统之间必须匹配并有严格的精度要求，以保证产品的工作能力、准确性、精度、灵敏度、使用效果和工作寿命。

五、机电产品的技术、生产、市场特征

（一）技术特征

（1）品种规格繁多、标准化要求高　由于应用机电产品的行业极多，又要满足各自不同的需求，因而每一种机电产品都有很多的品种和规格。为了有利于组织生产经营活动，提高生产的经济效益，科学地进行生产，在机电产品中必须实现标准化。主要形式有：①简化；②统一化；③系列化；④通用化；⑤组合化。针对不同的标准化任务，达到不同的标准化目的。设计制造一系列通用性较强的单元，根据需求组成不同用途的产品；选择具有功能互换性或尺寸互换性的单元，可以很容易进行零部件的更换组合，以适应各种需求。

（2）机电产品加工工艺繁多、流程长、要求高　机电产品一般由很多零件构成，而每一个零件加工，基本上都要经过毛坯制造、零件加工、装配等三个基本阶段，而每一个基本阶段，又划分为很多个工序，每一个工序又有更细的操作规程。例如汽车发动机，第一阶段是各个零件的毛坯铸造，要经过型砂配制、造型和造芯、合金熔炼、浇注、清理，才得到缸体等各个零部件的毛坯；第二阶段，毛坯经过车床、刨床、钻床、磨床、铣末等各种切削加工及热处理才成为零件；第三阶段，把缸体、缸盖、进排气管、活塞、曲轴等很多零件组装成发动机。由于生产过程的复杂性，决定了机电产品生产过程技术要求高，每一工序的质量，都会影响到最终产品的质量。

（二）生产特征

（1）零件制造专业化　现代机器的产品结构复杂，构成零件多，每一个零件又有各自的加工工艺及技术标准，而每一种加工工艺又有自身的一套生产设备及工艺装备。如汽车上零

件，缸体是铸造厂生产的，化油器是压铸厂生产的，连杆是锻压厂锻造出来的，车门是冲压厂冲压出来的，而汽车制造厂主要负责汽车装配和主要部件的生产，提供配套汽车零件的厂家可达几百家。一辆汽车需要1～2万个零件组成。

零件专业化生产，是生产社会化的产物，是现代大生产的客观要求。由于零件在不同的专业厂生产，产品成套组织工作、相应的协作工作较复杂，在技术上、时间上、数量上都要按主机要求组织零件生产，严格地相互协调和配合、相互适应，生产过程要相互衔接，才能把成千上万个零件最终装配成一台主机。

（2）机电产品耗用的原材料多　机电产品在生产过程中需要使用和消耗大量原材料、辅助材料和燃料，这些原材料费用在机电产品成本构成中一般要占60%左右。一般的中型机械厂需用到上万种物质，主要有金属材料，其中又包括有钢、铁、锌、铝、铜等；油料，其中又有柴油、汽油、润滑油等；还有燃料、木材、型砂、塑料、橡胶……；各种原材料的成分和质量又直接影响机电产品的质量。

（三）市场特征

机电产品主要用作生产资料，销售对象主要为基本建设单位和生产企业，购买从属生产的需求，集团购买决策，程序复杂。

机电产品市场是由那些需购买机电产品、又有购买能力的单位构成，购买单位越多，市场规模越大。购买力是构成市场和影响市场规模大小的一个重要因素，而这种购买力又受到各种经济因素和社会环境的影响。这些因素是：

1）受国家发展国民经济总方针、总政策的影响。当基本建设投资增长，规模扩大，对大型成套设备需求将增长，与之配套的各种机电产品需求也将增长；而国民经济处于调整期，基本建设投资减慢，对机电产品需求也减少。

2）与各个行业发展有关。当这些行业加快产品更新换代，加大技术改造力度，更新设备及生产线时，必然需要更先进的装备。自20世纪80年代开始，机械工业从为重工业服务转移到为农业、能源、交通、轻工、城建、生活等方面服务，这就为机电产品的发展提供了更多的机会和市场。

3）机电产品本身技术水平的提高。性能更先进，品种规格的多样化，能从各方面满足用户的需求时，市场对机电产品需求也会大大增加。

4）利率、资本效用、货款效用，都会影响购买者的意愿和投资的大小。

5）机电产品市场属于专业市场。在这个市场上，不论是购买者、经营者、生产者，都需具有专门的技术水平和专业知识，了解熟悉其产品的性能、技术指标、价格、使用操作等。由于机电产品的技术特性，使具备专业知识的人，在市场营销中能发挥更大作用，而用户在购买机电产品时，不仅对产品性能、规格、型号、价格、交货期有严格的要求，还要求提供设备的安装、调试、维修、培训、配件供应等多项服务，这一切都只有专业技术人员才能做到。

6）机电产品市场活动的理智性。机电产品作为生产资料，用于生产中，用户对产品的购买，尤其是大型设备，极为慎重，一般都作预先的计划，有严格的标准，考察过实际使用效果后才会购买。这些都是基于理性动机，有异于消费市场较多出于情感色彩，多利用广告和形象吸引顾客。相反，生产企业更注重从技术创新上吸引用户。如日本东洋公司在推销其压铸机时，经常举办压铸新技术讲座，以周到的服务来吸引用户对其产品的注意，而用户在接受了这一方面的最新技术后，也会对其产品产生购买的欲望。

六、机电产品购买过程

用户购买机电产品主要是为了生产和再生产的需求，以提高效益为目的。购买行为有如下特点：

1）理性、谨慎的购买原则。以预算和生产需求为依据，在选择产品时更多考虑的是质量、价格、服务，体现了充分的理性。

2）购买准备时间长。由于购回的生产设备会直接影响到产品的质量和企业的经济效益，用户会反复比较选择筛选，对大型设备购买过程需反复多次协商谈判才会决定购买。

3）购买受多方面的影响。作为生产资料，一般多是集团购买，往往各个部门、各级人员都会参与决策，从决策人直到使用人、采购员都会起到影响作用。

4）机电产品技术专业性强，一般要求产销双方直接见面洽谈交易，购买行为具有直接性，强调技术保证，售前、售后技术服务完善，使用安全可靠。

5）一种特殊的方式——租赁。购买的费用通过出租收费的形式逐步收回。租赁可使用户节约大量的投资，及时获得所需的设备和最新的产品。

机电产品购买过程如下图所示：

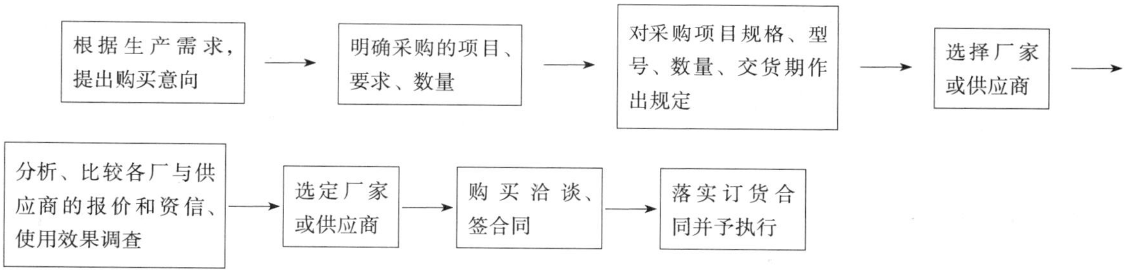

七、机电产品市场前景

人类将走进知识经济时代，传统的机械制造业也面临巨大的机遇和挑战，最重要的是用高新技术装备机械工业，把电子、通信、计算机、网络技术充分应用到机电产品上。例如日本将 internet 网用于机床，利用电脑互联网技术使机床业做到跨行业、跨国界的服务。德国西铁城公司在 NC 自动机床内装上个人电脑，在用户生产现场装备摄像机、麦克风，当机床出现故障时，用户通过电话与公司联系，经过公司网点，利用简洁直观的 windows 界面和多媒体功能，西铁城公司能够对现场故障作出诊断、检查、工具交换等。

高新技术的应用，将使机电产品个性化，求新、求异，更快、更好地满足各个领域、各个层次用户的需求，也使生产组织和生产条件更加高效、灵活、适用、先进。产品将转向知识密集型。例如按传统工艺加工一把刀具需用到车床、铣床、钻床、滚齿机、磨床等工序才能完成，而欧洲最新开发出 6 轴联动 CNC 工具磨，它应用复杂的软件，在一台磨床上完成了各种复杂的加工，这样，一台磨床代替了传统的几台机床才能进行的加工。

在激烈的市场竞争中，机械产品的市场前景，在于以市场为中心，以用户为中心，快速响应市场的需求，快速地满足用户的需要。以最短的产品开发时间（Time）；最优的产品质量（Quality）；最低的成本（Cost）；最合理的价格（Price）；最佳的服务（Service），即“TQCPS”，去赢得用户，占领市场。为了做到这五个方面，精益生产、敏捷制造、智能制造、虚拟制造等新的生产组织方式、新的生产模式，大大加快了机电新产品的开发应用。因为制造过程与研究开发和市场开拓是紧密相连的，新技术的应用，产品的创新，正是为了提高产品在市场上的竞争力。

随着整个社会经济的发展，人们的生活水平日益改善和提高，消费心理需求也呈现出多元化的趋势。因此体现出高技术、高品位、高品牌、高附加值的消费品，将引导消费潮流。而人们的每一个需求、求异求新的心态，注重享受和品位，都会是一个市场，可以说机电产品面对着广阔的市场前景。

第二节　机电产品市场营销环境

一、营销环境构成

市场营销环境是指对企业的营销活动产生重要影响的全部因素。按照这些因素对企业营销活动的影响不同，营销环境可分为微观环境和宏观环境（图 2-1）。由于营销环境是客观存在的，有的是不可控制的因素，它的变化一定会引起市场需求的变化。所以企业只能适应客观规律，分析、研究市场营销环境，把握有利条件和制约因素，明确风险和机遇，不断调整其市场营销组合策略，在大环境下创造自己的“小气候”。

（一）市场营销微观环境

（1）企业内部环境　主要指以下几种：

1）组织能力：领导水平、政策水平、价值观、质量保证体系等。

2）生产能力：设备技术水平、效率、成本、利率、交货期、产品开发等。

3）资金能力：银行信用、流动资金等。

4）营销能力：产品知名度、品牌、广告、推销策略等。

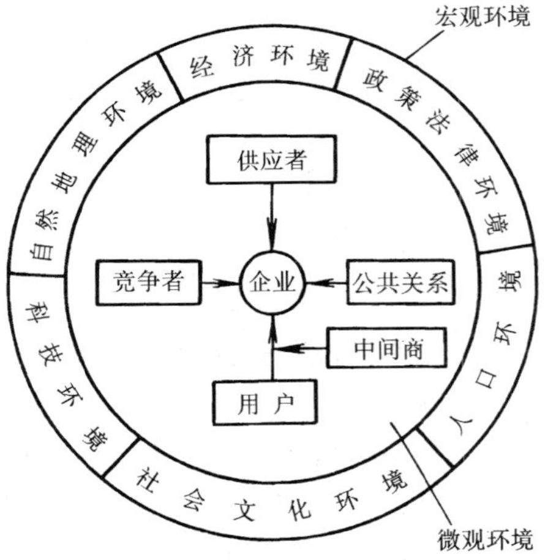

图 2-1　企业市场营销环境构成

（2）供应者　供应者向企业提供生产所需要的资源、能源、原辅材料、设备、配件、协作件等等，直接关系到企业产品的质量、数量、成本。企业对供应者采取“货比三家、择优选用”的政策，既与生产供应者保持较稳定的配套协作关系，在利益上共享，提出严格要求，并让供应者之间形成适度的竞争关系，从而保证本企业产品质量与成本的相对稳定性，这对企业的生产经营活动具有较好的效果。

（3）中间商(分销商)　企业希望产品市场覆盖面大，除了自销部分产品外，还需依靠中间商帮助推销产品，企业与中间商建立良好的贸易伙伴关系，利益共同分享。中间商起着连接生产者和用户的桥梁和媒介作用，特别是配件、工具、易耗品销售要使用户能随时买到，更需大量的销售网点，充分发挥中间商的作用。建立健全的销售和售后服务网络，有利于企业产品市场流通，提高营销效率，加速资金周转，减少经营风险。

（4）用户　用户是企业赖以生存和发展的“衣食父母”。企业市场营销的一切活动都是为了满足用户的需求，而机电产品用户更是带着专业的眼光去挑剔产品。在“以用户为中心”和“生态学营销”的观念中，企业提供产品及服务，不仅要满足消费者的欲望和需求，而且要符合消费者和社会的最大长期利益。

(5) 竞争者　任何一个企业产品都会受到同样产品生产企业的挑战，特别是在供过于求的状况下，企业要特别关注竞争对手的规模、生产能力、产品方向、技术水平、销售潜量的变化趋势，以及同样产品在外观、性能、品质、新产品开发等发展趋势，从而制定自己的发展策略。市场竞争服从于优胜劣汰的规律，市场竞争的较量有你死我活的一面，也有相互促进的一面，企业应立足于采用正当竞争手段，去占领市场。

(6) 公共关系　公众是指对企业营销活动有实际潜在利害关系和影响力的团体和个人。公共关系以公众为对象，以传播为手段，以美誉为目的，以真诚为信条，以长远为方针，以公众最能接受的传播效果，传送企业产品信息，沟通与公众的情感，影响他们的态度，以达到推销产品的目的，在这过程中树立起企业良好的形象。

(二) 市场营销宏观环境

企业所处的微观环境中各种因素，都受到宏观环境控制，这些宏观力量及其变化发展给企业的市场营销提供机会，同时也会造成威胁。如 1997 年爆发的“亚洲金融风暴”，使一些以产品出口东南亚国家的工厂受到威胁，产品销售不出去，造成停工，失去既得的市场。但同时由于东南亚一些企业破产，原向他们进口产品的国家又转向从中国进口，这样就给中国这些产品生产企业带来了新的市场机遇。

(1) 经济环境　经济环境主要指经济制度、经济发展阶段或国民经济发展水平、工农业生产情况、基本建设投资规模及投资结构、社会集团购买力、物价水平与物价变动等情况。

机电产品作为生产资料，主要是社会集团购买，企业生产单位购买，其购买力大小主要受国民经济运行速度、投资规模、信贷规模、财政支出及预算外收入等因素的影响。当国民经济运行速度高，社会固定资产更新改造投资和基本建设投资加大时，工业生产指数上升，社会集团购买力加大，有利于机电产品营销。而信贷规模大，就为生产企业创造更有利的金融环境，有利于经济活动和效益。当大的工程项目上马，就会带来对机电设备的大量需求。如房地产行业兴旺，就会带来了建筑机械，电梯需求大增。

(2) 科技环境　科技环境指科学技术发展的现状和趋势，以及新技术、新工艺、新材料的应用、推广情况。科学技术是第一生产力，大批新技术在生产中的应用，提高了产品的性能、质量和降低了成本，使产品更具竞争力。依靠科技进步，不断改造传统产业，带来新兴产业的建立和发展，使产业的结构趋向尖端化、信息化、知识密集化。科技进步也促进了市场经营手段的现代化，企业市场营销信息系统、营销环境监测系统均会大大提高企业把握市场变化的能力，提高企业市场营销的效率和效益。

(3) 政策环境　政策环境是指对机电产品营销活动产生影响的政府有关方针政策。我国正处于市场经济体制的建立时期，国民经济保持 8%～9% 的平均增长率，基础产业加快发展，作为国民经济装备的机械工业的地位不断提高，产业结构不断优化。国家的发展规划、产业政策、重点项目都为机械工业发展提供了机遇和挑战。

(4) 法律环境　法律环境是指企业必须在有关法律、法规、标准和商业惯例的约束下，正确地开展营销活动。市场经济就是法制经济，国家制订的规范企业各种经济行为的法律、法规不断完善，国家执法部门的执行也越来越严格，消费者的权益保护不断增加，新闻舆论监督力量日益提高，这些都对企业营销活动产生影响，为企业创造了一个公平竞争的环境。

产品的技术标准和技术法规也对机电产品的安全性、污染控制作出规定。

法律对企业营销活动具有促进作用，也有制约作用。例如《中华人民共和国商标法》、《中华人民共和国专利法》对商标享用者和专利拥有者带来利益，而对其他人则构成约束。

（5）人口与收入　人口的数量和市场的容量有密切的关系。收入水平高低，表现在市场上就是实际购买力。特别是面向消费领域的产品，如空调机、洗衣机受这些因素影响更大。人口密度及增长速度、地理位置、文化教育程度，都会影响销售状况。

二、企业与环境的相互作用

企业一方面被动地接受各种环境因素的作用和影响，另一方面又积极地反作用于各种环境，相互作用过程使企业不断适应于环境的变化，而谋求营销活动更大的空间。如不断开发新产品来创造需求，形成新的潮流；通过有效的广告宣传，引导消费者购买本企业的产品。

企业与环境的相互作用中，环境变化带给企业的可能是威胁，也可能是机遇，企业要善于识别机会与威胁，因循守旧就会对机会视而不见，惧怕失败也会把机会当作风险，有创造性精神和勇于开拓的精神才能果断抓住机会去谋求发展。

环境对企业的作用大于企业对环境的反作用。建立适应环境的柔性系统是企业经营和市场活动的基本目标。

第三节　机电产品市场调研与预测

决定企业获利的因素是市场上对其产品的需求。面对不断快速变化和竞争的市场，对未来需求的预测成了企业计划活动的关键。为了作出准确的预测，需进行市场调研，收集市场营销方面的信息资料，并对相关信息进行系统、客观分析，去掌握市场的现状及发展趋势，即现实的需要量到潜在的需要量。当确定了市场的需要量后，才能决定生产和销售产品的具体数量，为企业制定经营决策提供科学的依据。对未来市场有了比较客观、科学的了解，才能使目标、任务具体，制定的计划比较切实可行。企业越能准确地估计其产品的需求情况，它就越能准确地确定其利润最大化的产量和价格。调研目的最终是了解市场，掌握市场，快速满足市场需要。

一、市场信息

1. 企业需要什么信息

我们正处在一个知识经济和信息时代，信息将成为市场营销的主导。充分、及时、准确的信息，将为企业带来高效率的运作，是对营销活动策划、计划、执行和控制的依据。

企业需要的信息，是指本行业新技术发展的信息、产品信息、价格信息、竞争对手信息、市场环境信息、需求信息等。

2. 如何获取信息

可以多渠道收集信息，如政府发布国民经济运行信息；传媒、电视、报纸、广告发布的信息；从展览、会议、参观及专业杂志中了解技术发展动向；从市场中获取信息；从经营者动向、资产状态、会计数据、营业状态中获取企业信息；从调查研究中了解消费者需求；从沟通洽谈中套取情报等。所收集情报的准确、权威，将影响到决策项目的成败。

3. 如何整理信息

面对着收集回来的众多信息，需要建立一个有效的营销信息系统，这个系统包含以下子系统及功能：

1）内部报告功能：订单、发货、财务处理等。

2）营销情报系统：营销环境各种因素变化情报等。

3）营销调研系统：对市场、产品投放、销售预测、广告效益等调研。

4）营销分析系统：统计库、模型库、数据分析及决策等。

把从各种渠道收集的信息，经过营销信息系统整理、分析，运用有效信息，从而作出营销活动决策。

二、对市场调研员的要求

1）具有基本的市场知识（理论的和感性的），具有灵敏的市场触觉，才能敏锐地从市场中发现变化，收集到对企业有价值的信息。

2）具备清晰的整理能力，准确的分析能力。现在科技发达，可以通过各种渠道获取大量的信息、资料。不仅仅有获取信息的能力，更要有分析、加工、运用信息的综合能力。

3）具有专业知识。机电行业是为各行业服务的行业，所以不仅要了解本行业市场发展的现状，还需对其他行业有深刻的了解，因为许多行业是互相影响的，企业新产品的开发特别需要了解这个产品所面向行业的发展情况，从而预测产品的市场前景。

4）具有诚信、勤奋进取、开拓精神与良好的个人品德，这是赢得客户信任的条件。

三、市场调研内容

市场经营管理的核心是计划周密，计划的前提是准确的信息。商业情报是一种无形的财富，凡是直接或间接影响市场营销的信息资料都属收集之列。在信息收集方面，国家统计部门、信息机构、新闻机构都会提供一些数据，但更细化、及时的建议性数据则需要企业自行去调研或通过专业的调研公司进行调研。

（一）向用户调研

了解用户具体特征，生产哪一类产品、技术水平、设备现状、经济状况、发展潜力，掌握用户对产品需求的变化规律，用户对现有产品的意见，用户对新产品的要求，用户购买心理与购买行为分析。

（二）市场需求调研

调查现有市场对产品需求量和销售量，潜在需求量，产品在市场的最大容量，用户吸纳这些产品能力有多大。本企业产品在市场上的占有率，同行竞争情况，本企业产品的目标市场是什么，如何进行产品定位。并应对未来的具体情况做认证和核查。

（三）产品调研

企业现有产品的生命周期，应采用的营销策略。产品对市场的适应程度，与同类型产品进行的比较和分析；如何改进及开发出新产品升级换代；如何提高产品的竞争力和适应能力。注重收集产品现时的表现及有价值的改进意见。

（四）销售调研

只有把产品卖出去，企业才有效益，才有资金进行再生产。销售调查，实际上是对产品销路、产品价格、产品的竞争力、竞争对手、市场占有率、销售渠道、售前售后服务等方面调查，寻求商业问题的解决方法。

四、市场调研的步骤及方法

（一）调研步骤

1）初步分析情况，确定需要调研的项目，明确目标。

2）制定调研计划、调研方案、调研程序，选择调研对象。

3）进行实际调研，收集信息资料。

4）综合数据分析、整理，提出调研报告及结果。

（二）调研方法

市场调研涉及到市场营销的各个方面，应用经济学、统计学的方法，制定计划、收集信息、整理统计、分析归类，最后得出结论。

调研方法可以有各种形式，其中有：

（1）通过用户座谈会、产品鉴定会调查　广泛听取和收集用户意见，可了解到用户对产品的需求及对产品不断改进的意见，这也是产销见面的好形式。此外，还可以通过参加交流会、展览会进行调研。

（2）重点调查法与典型调查法　在对被调查对象进行全面分析的基础上，有目的地选择有代表性企业，作系统周密的调查，通过典型调查达到对全部用户需求的基本认识，了解市场的大体趋势。例如：轮毂生产厂，专门深入到各大汽车制造厂了解汽车产量，可预测其对轮毂的需求量。

（3）实验调查法　在对某一个新产品大批量投产之前，先试产一小批投放市场，进行销售实验，观察市场接受程度，收集用户反映，看新产品在质量、品种、规格、外观是否受欢迎，产品价格是否被用户接受。

（4）抽样调查法　根据一定的原则，从抽查对象的总体中，抽出一部分对象（样本）进行调查，从而分析推断总体的状况。

抽样调查好处在于，以最短时间、最小费用，获得最多最准确的市场调查资料，供企业决策用。

随机抽样方法有：①纯随机抽样法；②机械抽样法；③分层抽样法。非随机抽样方法有：①判断抽样法；②任意抽样法；③配额抽样法。总之，根据调查目的和要求抽取样本。

根据市场调研的目的和功能，可进行探索性调研，把一个大而模糊的问题表达为小而精确的子问题。有效的营销活动需搞清楚五个“W”，一个“H”。“了解”（what），即用户知道什么，购买什么；“谁”（who），即购买者是谁；“哪里”（where），即用户在哪里购买、哪里使用；“何时”（when），即用户在什么时候购买；“为何”（why），即用户怎样购买、如何使用；“为什么”（how），即用户购买的动机和行为。通过调查用户的需要、态度、行为、意见来识别市场潜量。市场调研是市场和产品开拓的基石。

五、市场预测

（一）预测的意义

科学的营销决策，要以市场调研为基础，以市场预测为依据，在充分的市场调查研究、分析的基础上，获得大量的最新资料信息后，运用科学的方法，对市场产品需求的发展趋势，作出符合客观规律的科学估计和预测，回答现实的问题，回答未来的问题，根据一定的理论，采用系统科学的方法，得出比较可靠的答案。

市场预测包括：市场需求预测、市场供给预测、市场潜量预测、产品价格预测、技术发展预测、竞争形势预测、销售潜量预测、国际市场预测等，最主要是市场需求预测，宏观上是分析研究产品的社会需求量及其变化；微观上则是要解决企业本身产品的销售问题。

（二）特点

1）实际调研资料是预测的依据。充分利用现有资料可提供的各方面信息，通过信息去指导，通过认识、比较各方面信息而预测。

2）经济理论是预测的基础。根据事物发展总有其内在的规律；事物各因素之间的相互联系和相互制约的关系，从过去、现在预测其发展。

3）数学模型是预测的手段。运用预测技术，就是预测中的数学模型，具体表现为各种数学方程式。模型就是模拟的意思，运用某种适当的数学方程式，模拟一个资料的一般变动结构，作为预测的模式。

（三）分类和内容

市场的需求是具体的，总是表现为一定的产品、一定地区、一定时间的需求，这样时间层次、空间层次、产品层次成为预测分类的条件和基础。见表2-1。

表2-1　市场预测分类表

分类依据	内　　容	适用范围
按时间层次划分	长期预测	五年以上，企业制定总体开发计划的科学依据
	中期预测	二至五年内，企业生产周期较长的商品及计划协调
	短期预测	企业安排年度内市场营销计划的预测
	近期预测	二周至一、二个月的营销计划预测
按空间划分	全国性市场	从宏观经济角度考察整个国内市场需求的变化
	地区性市场	以经济区为单位的市场预测
	当地市场	企业所在地市场预测
按产品层次划分	行业情况预测	整个行业的产与销等现状与发展预测，如机械行业
	产品群预测	同一种类产品的产与销的预测，如机床类
	个别产品预测	某个具体产品的产与销前景预测，如某型号车床
按预测表现形式划分	定性预测	不要求准确数字来表达未来情景的预测
	定量预测	用数字模型和统计方法进行估算，要求准确的预测结果

（四）步骤和方法

1．步骤

1）确定预测的具体目的。预测要解决什么问题，根据所要解决的问题，去确定预测的对象、预测的项目、预测的内容，编制计划、组织实施。

2）搜集信息资料。通过实际调查的资料，来自社会和经济部门历史和现实的资料，这些资料应尽可能系统、完整、准确。

3）选择预测方法。根据预测的目的，所掌握的资料数据，进行定量预测要建立数学模型；进行定性预测可建立设想的逻辑思维模型，进行预测计算。

4）对各预测结果进行综合、分析、判断、跟踪观察，分析预测误差，进行必要的修正。企业根据预测的结果相应制定市场营销计划。

2．方法

1）定性预测。以调研形式和经验判断为主，定性地估计某一事物的发展趋势、优劣程度、发生的概率，其准确度取决于预测者的知识和经验。常用的定性预测方法有：

德尔菲法：由美国兰德公司20世纪40年代首创并使用至今，是国内外广为应用的预测方法，可用于技术预测、经济预测、短期预测、长期预测。其方法是将需要预测的问题一一列出，由专家填写自己的预测看法，汇总归纳后将相差较大的问题抽出，并将典型的专家意见再请专家进行第二轮预测。经过几轮预测后，专家意见便趋向一致，以此作为预测结果。

这种方法使参加预测的专家背靠背地充分发表意见，不受权威人士的态度影响，保证其民主性和科学性。

企业经理（厂长）预测法：由厂长召集计划、销售、生产、财务等各方面的负责人和业务人员，根据所掌握的资料对市场现状、问题、发展前景充分发表意见，再综合归纳、分析判断，作出预测方案，并从每一个人的预测方案到确定综合预测值。

此外还有：社会（用户）调查法：即向社会公众及用户调查；小组讨论法：即以座谈会形式展开；单独预测集中法：即由预测专家独立提出预测看法，再由预测人员综合作出；领先指标法：即利用与预测对象关系密切的某个指标来预测，例如对房地产投资规模的监控来预测建筑机械设备的需求量；主观概率法：预测人员对预测对象未来变化的各种情况作出主观概率估计。随着社会经济及科学技术发展，预测方法将不断发展、完善。

2）定量预测。依据必要的统计资料，应用数理统计方法，通过建立数学模型，对预测对象的未来在数量上的表现进行预测。

时间序列预测法：从分析某些经济变量随时间演变规律着手，进行外推。将历史资料按时间顺序加以排列，构成一组统计的时间序列，然后向外延伸，预测市场未来发展趋势。这种方法是利用过去资料找出一定的发展规律，将未来的趋势与过去的变化相类似地进行预测。

因果预测法：即演绎推论法，利用经济现象之间的内在联系和相互关系来推算未来变化。它用数学模型来表达预测因素与其他因素之间的关系，是一种比较复杂的预测技术，理论性较强，预测结果比较可靠，需从资料中找出某种因果关系，需要历史资料较多。根据历史资料的变化趋势配合直线或曲线，用来代表相关现象之间的一般数量关系的分析方法。

市场细分预测法：对产品使用对象按其具有同类性进行细化分类，确定出若干细分市场——子目标，然后对各个子目标根据主要影响因素，建立需求预测模型。

如对我国轿车市场预测可按下述结构进行细分预测。见表 2-2。

表 2-2　我国轿车市场预测表

市场划分	主要影响因素	需求预测模型
县级以上企事业单位	单位配车比	(单位数)×(配车比)
县级以下企事业单位	单位配车比	(单位数)×(配车比)
乡镇企业	经济发展速度	需求量 = f(乡镇企业产值)
出租旅游业	城市规模及旅游业发展	Σ(各类城市人口数)×(各类城市每人配车比)
家庭私人	人均国民收入	需求弹性分析

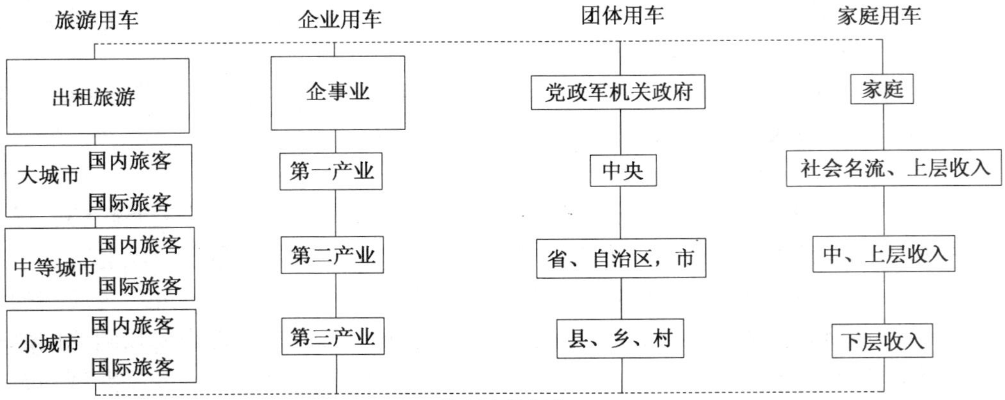

汽车市场细分

按国际通行的说法，人均 GDP 超过 4000 美元时，轿车将大规模进入家庭。现在，广州、深圳等城市早就超过了这一标准。中国的汽车工业正迅猛发展，从 1992 年年产 100 万，2000 年突破了 200 万辆，2002 年达到 325 万辆，2003 年超过 400 万辆。私人购车开始成为主流，汽车销售将高速增长。

第四节　机电产品的目标市场营销

现代策略营销，核心可称为 STP 营销，即细分市场（Segmentation）、选择目标市场（Targeting）、产品定位（Positioning）。企业无法在整个市场上为所有用户服务，应该在市场细分的基础上选择对本企业最有吸引力并能有效占领的那部分市场为目标，并制定相应的产品计划和营销计划为其服务，这样企业就可以把有限的资源、人力、财力用到能产生最大效益的地方上，使企业的经营目标建立在比较可靠的基础上。实行市场细分有利于企业发现市场机会，确定目标市场。市场机会是指客观上没被满足的需求，企业可以了解用户的需求来识别新的市场机会，选择那些与企业任务、目标、资源条件等一致，与竞争者相比本身有较大优势，能产生最大利益的细分市场作为企业的目标市场。

一、市场细分

市场细分，就是企业根据市场需求的多样性和用户购买的差异性，把整个市场划分为若干具有相似特征的用户群（即细分市场）。企业选择其中一个或若干个作为目标。例：水泵市场可以细分为：工矿企业用，农村排灌用，轮船用的三个市场，根据不同市场的不同要求，提供不同的水泵。

形成市场需求差异性的因素可以作为市场细分的依据。对于机电产品来说，可以依据地理区域位置及经济发展程度细分；可按最终用户细分；可按用户规模细分；可按用户购买行为特点细分等等。企业可根据各自的特点和需要，选择适当的划分标准。

细分市场是否成功，其衡量条件是：①细分后市场客观上必须存在明确的差异；②能够预测出现有的和潜在的需求规模或购买力；③企业必须有能力进入细分市场，为之服务，并占领一定的份额；④企业在细分市场上能够获取预期的利益；⑤细分市场必须具有一定的稳定性，利于企业来实施其营销策略。

企业在市场细分时，实际上是用一系列变数来进行细分。现以一家压铸机制造厂为例加以说明：

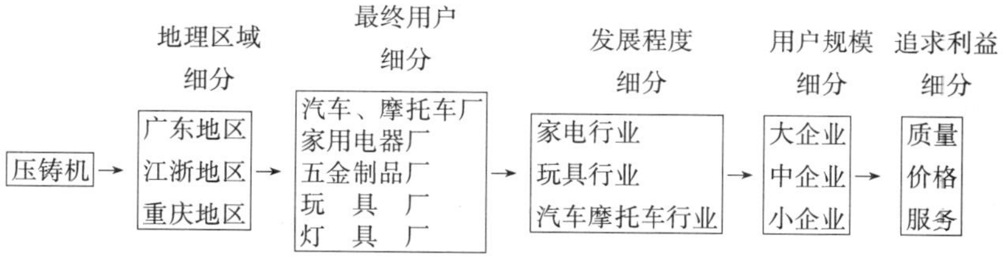

宏观细分：

1）按区域细分，广东压铸业最发达，年产区铸件二十多万吨，产品去向覆盖世界各地及国内市场。

2）按最终用户细分，把压铸机市场细分为玩具厂、五金制品厂、家用电器厂、灯具厂、汽车摩托车厂等。

3）按发展程度细分，选择家电行业，玩具行业。目前广东已成为世界玩具业的生产基地；成为全国家电产品生产基地。

4）从用户规模细分，家电行业是中型企业发展潜力大，对压铸机需求量增加。对玩具行业则是大型企业发展快，因其产品主要面向世界市场，发展规模也不断扩大，对压铸机需求也不断增加。

微观细分：

在家电行业中，对产品质量要求可靠、安全，以质量第一。在玩具行业中，对产品的价格更为关注。

经过以上一系列细分，压铸机厂的目标市场就明确具体，以广东地区、家电行业及玩具业为目标市场，从而制定相适宜的营销策略。

二、目标市场营销

市场细分为企业展现多处营销机会，接着要对这些细分市场进行评估，相应确定准备为哪些细分市场服务。

（一）评估目标市场

（1）细分市场的规模和发展　对潜在的市场是否具有适度规模和发展进行评估。

（2）细分市场吸引力评估　吸引力指的是企业在目标市场上长期获利能力的大小，主要取决于5个群体：同行业竞争者、潜在的新参加的竞争者、替代产品、购买者、原材料供应商（见下图）。这五种力量具有威胁性，需采取相应防卫方法：

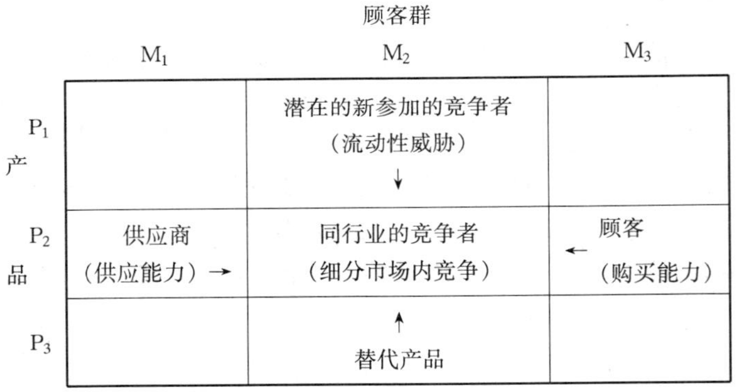

对供应商：建立良好关系和开拓多种供应渠道。

对顾客：提供无法拒绝的优质产品。

对同行竞争者：惟有不断推出新产品。

对替代产品：需密切注意其价格趋势。

对新参加的竞争者：使其不易进入，进入壁垒高。

（3）企业本身的目标和资源　如某个细分市场具有一定规模和发展特征，其组织结构也有吸引力，企业还必须对该市场是否符合企业的长远目标，是否具备获胜能力以及是否具有充足的资源等情况进行评估。

企业对目标市场进行科学评估后，当决定进入时，还必须制定目标市场的营销战略。

（二）制定目标市场营销战略

（1）整体市场营销战略　这种战略就是要面对整个市场，为满足各个细分市场上不同的需要，分别为之设计不同的产品，采取不同的市场营销方案，分别向各个细分市场提供各种不同品种的产品，并以所有的细分市场为目标的营销战略。

（2）密集性市场营销战略　这种战略是选择一个或少数几个细分市场作为目标市场，制定一套营销方案，集中力量为这一二个目标市场服务，争取在目标市场上占有大量份额。由于目标集中，产品更加适销对路，专业化经营，生产成本和营销费用可降低。但这种战略也有风险，一旦市场发生变化，由于产品集中此市场，会使企业亏损。

这两种营销战略都是以市场细分为前提，属于差异性营销战略。企业在选择营销战略时，必须考虑到企业的实力；产品的差异性及所处生命周期阶段；市场的差异及市场规模；竞争对手的营销战略。企业应以自身的优势选择营销战略。

三、市场定位

当企业选定一个目标市场后，同行的竞争对手也在争夺这一目标市场。如果大家都向这个市场推出同类产品，消费者就会向价格最低的公司购买，最终大家都降价，没有什么利益可得。惟一的办法是使自己的产品与竞争者的产品有差别，有计划地树立自己的产品有某种与众不同的理想形象，有效地使自己的产品差异化，去获得差别利益。

产品定位是现代市场营销学中的一个重要概念，是市场细分化的直接后果。企业根据用户对所生产产品的需求程度，根据市场上同类产品竞争状况，为本企业产品规划一定的市场地位，即为自己的产品树立特定的形象，使之与众不同。

产品市场定位的实质是为了使企业的产品具有某些特色，并在目标顾客心目中占据一个独特的、有价值的地位。

例如：压铸机作为一种先进的精密零件制造设备，应用越来越广，国内外压铸机制造商都十分注重产品市场定位，精心为其产品赋予鲜明的个性，并迅速准确地传递给用户，使用户对企业及其产品形成良好的印象。如瑞士布勒压铸机以“品质第一”闻名，因而价格最贵；日本东洋压铸机以“技术服务周到”闻名，价格适中；深圳力劲压铸机以“好用、经济”闻名，大众买得起，成为全球热室压铸机制造的最大生产企业。准确的市场定位有利于企业脱颖而出。

第三章　机电产品发展策略

第一节　产品整体概念

一、产品整体概念

产品整体概念体现出以用户为中心的现代市场营销观念。

传统的产品概念是指有形的实物。现代的产品概念不仅包含有形的实物，还包括无形的信息、知识、版权、服务、企业声誉等等。产品整体概念包括了三个层次的内容，如图 3-1 所示。

（1）核心产品　是满足用户使用产品所获得的效用、功能、利益，例如机床就是满足进行机械零件加工的需要。因此核心层次是产品的实质。

（2）有形产品　由产品本身的结构形式、质量水平、款式、品牌、商标等内容构成，用户能从外观上识别产品及生产厂家。

（3）附加产品　用户在购买产品时所得到的附加利益及服务，包括价格、交货期、送货上门、安装调试、维修服务、人员培训等。特别是当同类产品性能、价格相近时，产品的竞争力往往取决于这一个层次。

产品的整体概念并不是以生产者的观点来看待，而是用市场或用户的观点来看待，扩大了企业的视野，企业推销的不仅仅是产品的本身及价格，更重要的是品牌和服务；而用户是购买产品所具有的功能和对产品的满足、及对厂家的信任。这是研究机电产品策略的出发点。

二、产品决策

任何一个自主经营的企业，都会把产品生产、产品组合、产品决策作为企业生命线。

产品决策包括了产品的开发、投产；现有产品的改进与更新换代；对现有产品进行最优组合、整顿和淘汰。合理利用企业的人力、物力、财力，有选择、有目的进行分配，力求达到最大的经济效益，向市场和用户提供适销对路的产品。

如图 3-2 所示，产品是企业一切经济活动的中心，产品决策是一项十分复杂的工作，与

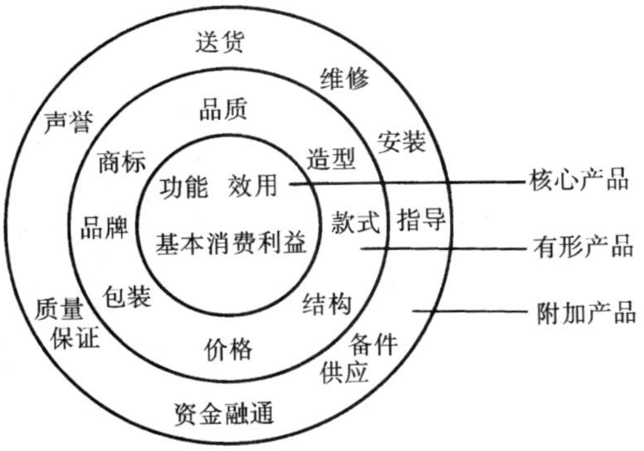

图 3-1　产品层次图

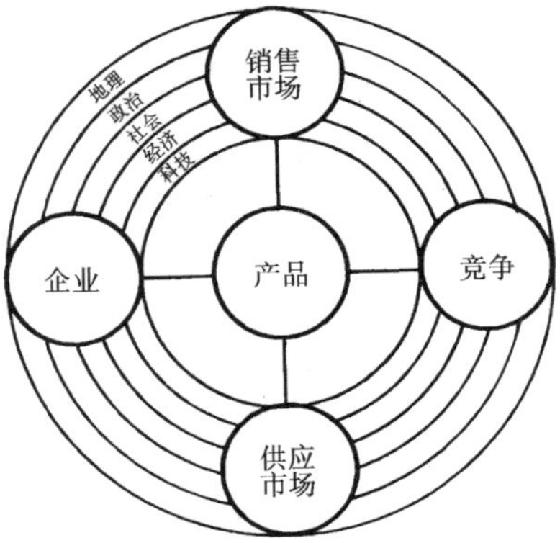

图 3-2　从市场观点来看产品系统

企业的经济技术条件和市场环境密切相关，需从经营管理和生产技术两方面考虑，完成从产品构思到商品化全过程。

产品开发和市场开拓的组合方式有以下几种：

1）市场渗透策略：在产品不变、市场不变的情况下，扩大销售量。

2）市场开拓策略：产品不变，设法去寻找新市场、新用户。

3）产品开发策略：通过产品的更新换代、改进该产品来满足现在市场的需求。

4）多边开发策略：把开拓新市场和开发新产品结合起来，采用多元化发展策略。

企业根据产品发展与市场发展两个方面来研究其策略，目的在于以何种规格、性能、质量的产品去满足目标市场的需求，使企业不断发展、开拓新市场。

第二节　机电产品的生命周期与营销策略

一、生命周期

随着科学技术发展，新产品不断涌现，任何一项产品都会经历从开发期经过商品化进入市场，为市场所接受，经过成长、成熟、衰退这样的发展演变过程，这叫产品的生命周期。它主要取决于产品上市后，用户采用这个产品在时间上的规律性和市场上产品更新换代程度。

产品的生命周期与产品的使用寿命是两个不同的概念：产品的生命周期是从产品价值和使用价值相统一的角度出发，去说明产品价值观念的变化，是从市场形态上研究产品的变化，是一种社会经济寿命，是抽象的、无形的。而产品的使用寿命是具体的，有形的，它指产品耐用时间，即从投入使用到损坏报废所经历的时间，表示具体物质形态的消耗和磨损，如有的机电产品其生命周期只有 5 年，可它的使用寿命可长达 15 年。

在科学技术高速发展的今天，产品的生命周期越来越短，用户要求购买产品的性能/价格比不断提高，企业要快速响应用户要求，唯有不断创新自己的产品和制造过程，以具有特色和性能过硬的产品去占领市场。

一般认为，产品生命周期可分为五个阶段（见图 3-3）：

1）产品开发期：产品生命的培育阶段，始于新产品的构思、设计、制造。企业需投入研究开发经费。产品销售为零。

2）市场导入期：产品开始批量生产并投入市场，此阶段特征是销量低，用户从试用到接受再扩散要经过一段时间，企业需投入较大的宣传费用去提高产品的知名度。

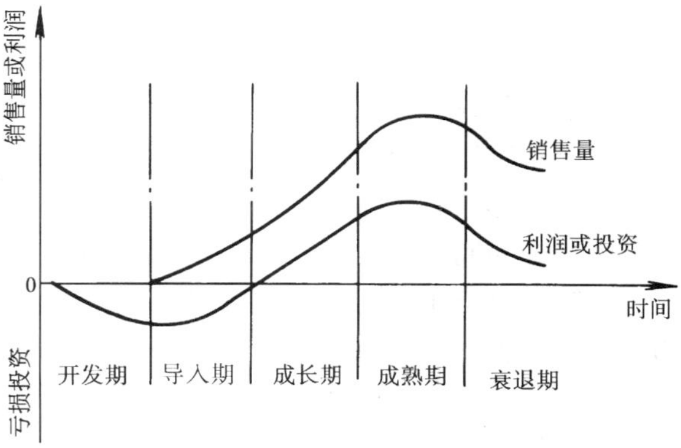

图 3-3　产品生命周期形态

3）快速成长期：随着产品知名度提高，初试用户由于使用满意也会扩大对这种产品的宣传影响，机电产品的购买者往往在决定买某一种产品时会到已购买了这种产品的厂家去看看实际的使用效果，好产品的声誉是很容易从用户中传开，交叉影响能使新产品迅速向市场扩散。这一阶段中，销售量迅速增长，利润显著增长。竞争者的类似产品也可能出现。

4）平衡成熟期：产品开始大量生产和销售，在市场基本饱和，销售量和利润达到高峰后开始下降，市场竞争日益激烈。产品成本和价格趋于下降。

5）衰退期：替代新产品出现，原有产品销售量明显下降，利润减少。

生命周期判断：

$$P=\frac{\Delta s}{\Delta t}$$

式中，P 为销售量随时间的变化率；Δs 为销售量的增长率；Δt 为时间增量（年）。

① 当$\frac{\Delta s}{\Delta t}<10\%$时，属投入阶段；②当$\frac{\Delta s}{\Delta t}>10\%$，属成长阶段和成熟阶段；③当$\frac{\Delta s}{\Delta t}$在$0.1\%\sim10\%$之间时，属饱和阶段；④当$\frac{\Delta s}{\Delta t}<0$时，产品进入衰退阶段。

以上仅从销售量去衡量。但当市场形态还不完全成熟时，产品的一时滞销可能由于国民经济低迷运行期所致，并不一定是产品到了衰退期；相反经济发展过热时，产品一时畅销，也不一定意味着产品处于成长期，所以对产品的畅销、滞销应加以综合分析、判断其生命周期才更为科学。

产品生命周期的规律是客观存在的，产品所处的各个不同的生命周期阶段，具有的市场特征都不同。研究产品生命周期规律的意义在于，指导企业的微观经济活动，针对不同阶段的特点，实施不同的营销策略。

二、营销策略

（一）导入期营销策略

以准确的市场定位和营销组合，建立新产品的知名度，企业需广泛宣传，大力促销，刺激需求。产品分销系统的建立及产品价格定位，对市场和吸引用户购买起了重要的影响，分销商多，产品市场覆盖面广，至于产品一开头是以高价促销或低价促销，必须根据具体产品及其目标购买者而定，如奔驰汽车从来以高价促销，因面向的是高贵身份的人群；而有的轿车面向的是大众，必须低价促销。市场对价格非常敏感。

（二）成长期营销策略

新产品通过导入期试销能适合市场需求后，即进入成长期，销售量呈线性增长，这阶段的营销策略重点是：①扩大分销点、建立良好的分销渠道、扩大市场渗透，争取用户；②努力提高产品质量，增加新的功能、特色，促销重点从“产品”转向本企业品牌。

（二）成熟期营销策略

产品进入成熟期的标志是销售增长减慢，市场基本饱和，由于竞争激烈，特别是价格竞争，使产品差异化加剧和市场更加细分。这一阶段的营销策略是稳定市场占有份额，寻找新的细分市场和营销机会；改进产品、改善产品性能，增加功能，以扩大用户选择余地，使用户得到更多的效用，调整营销组合，采用灵活的价格促销方法来扩大产品的销售。加紧研制新一代产品，为升级换代作准备。

（四）衰退期营销策略

当产品销量减少而成本回升进入衰退期时，应判断清楚产品的前途，否则维持下去代价更大。营销策略应有计划地逐步转向新产品，及对老产品降价处理，减少积压的损失，此阶段中企业对原产品的售后服务、配件供应应继续做好，以维护企业的声誉。

产品生命周期各阶段的营销策略见表 3-1。

表 3-1 产品生命周期各阶段的营销策略

项目＼阶段	开发期	导入期	成长期	成熟期	衰退期
销售额	无	低	迅速上升	达到顶峰	下降
单位成本	高	高	平均水平	低	低
利润	无	无	上升	高	下降
营销策略	尽快上市	建立知名度	提高市场占有率	争取利润最大化	实现产品更新换代

第三节　机电产品组合

为了适应市场的变化和提高经济效益，现代企业要走专业化生产的道路，以分工细、规模大来提高劳动生产率和简化经营管理；另一方面又要发展多品种生产来适应市场需求的多样化，因此优化企业的产品组合是产品决策的重要任务之一。

一、产品组合的概念

产品组合也叫产品结构，指企业提供市场的全部产品线和产品项目在深度、宽度与关联性方面所采用的组合方式。

1）产品项目：企业所生产的每一项产品，即列入生产和销售目录中的任何产品。

2）产品线：具有相关功能，但型号、规格不同的一组产品项目。

3）产品组合宽度：指企业有多少条产品线，即有多少产品大类。

4）产品组合深度：每一条产品线中有多少个品种、规格。

5）产品组合长度：产品组合中所包含的产品项目的总数。

6）产品组合关联性：指企业的各个产品大类在最终使用、生产条件、销售渠道等方面的密切相关程度。

例：如表 3-2 所示，广东中山长青集团是全国及东南亚规模最大、品种最多的燃气具阀门生产基地，十多年来为国内外名牌燃气具提供“心脏”，在这个行业内名声显赫，是国内第一家通过英国 AOOC 公司 ISO 9002 国际标准认证的中国燃气具企业。企业在产品发展策略中，充分利用本身的技术、设备、工艺、材料、市场销售网点，从制造阀门，到热水器，在进行多品种经营活动中不断发展壮大。凭借长青品牌的优势和市场影响，开发适销对路的五金、家电产品，延伸现有产品线，从而合理调整现有资源配置，发挥潜在能力，占领市场。

表 3-2 产 品 组 合

		产品大类	产品深度——品种（型号、规咯）
产品宽度	产品线 1	阀　门	单喷嘴阀　双喷嘴阀　三喷嘴阀　减压阀（共 48 个型号）
	产品线 2	热水器	6L　6.5L　8L　9L
	产品线 3	微波炉	WC850DB　WD850JB　W850DA　W850JA
	产品线 4	吸油烟机	968A　968B　968E　968F　968C　968D
	产品线 5	电开水瓶	CDK-969B　CDK-900A　CDK-30A
	产品线 6	燃气饭锅	集体饭堂用

该公司的产品组合宽度为6，最大深度为48，产品组合长度为65。企业通过不断拓宽产品，以创新求发展，从而不断有新产品推出市场。

二、产品组合结构分析

产品组合的宽度、长度、深度及关联性在市场营销战略上有重要意义。增加产品组合的宽度，扩大经营范围，企业产品面宽，接触市场面大，适应性越强，可减少单一产品经营的风险，可平衡产品线的盈亏，大大提高企业的经济效益。增加产品组合的深度，即可提供更多的品种、型号、规格来满足用户不同的需求。增加产品组合的长度，可使企业产品丰富，以适应市场多变的需求，提高产品市场的占有率。增加产品组合的关联性，则提高企业在某一地区和行业中的声誉。企业根据自身的特长和市场的需求，做好产品线与产品项目的决策，谋取更大的发展空间，以减少企业投资的风险，去获取更大的利润。

三、产品组合的优化

对于多种经营的企业，需要明确哪些产品需要企业提供大量资金，是企业的支柱；哪些产品最具有发展潜力，是企业未来的希望，应投入资金大力扶持；哪些产品应暂时维持现状；哪些产品应淘汰，有计划调整产品组合，实现最优组合。如图3-4所示，企业产品全部分布在Ⅰ、Ⅱ、Ⅳ象限内，即风险产品，名牌产品、厚利产品。可以由厚利产品的盈利来扶持风险产品，风险产品以扩大市场占有率为目标；利用名牌产品和厚利产品为企业创造近期利润；利用风险产品和名牌产品的进一步发展，为企业创造远期的利润。这种产品组合使企业眼前利益和长远利益相结合，从而实现企业营销活动的良性循环。

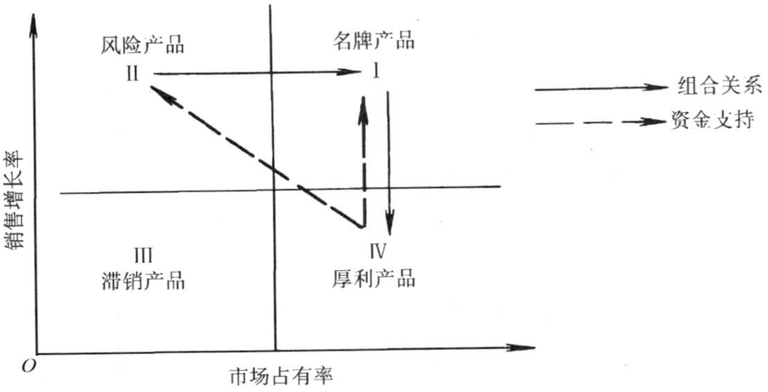

图3-4 产品组合优化

第四节 机电产品的品牌、商标与包装

一、品牌经营

1. 品牌的定义

品牌是一种名称、一个符号或一个设计，或者是它们间的组合，用以识别企业的产品与其他竞争者的产品。

品牌——浓缩了一个企业向公众社会所传递的一切要素。

品牌——企业的无形资产。

品牌——价值的承诺，例如一提到索尼，人们就知道是世界上最好的产品之一。

2. 品牌的特征

1）有特别的名字、读音。

2）有特别的标记或图案组合。

3）经过注册成为商标，从而受到法律的保护。

3．品牌的功能

1）识别产品。随着科学与技术的进步，导致了产品的同质化，即产品的功能、品质、价格之间没有多大的差别，这时企业间的竞争就是品牌竞争。当消费者认可了某一品牌，也就减少了选择产品时花去的时间和精力。

2）创造一种时尚，引导消费潮流。强盛的品牌可以指点市场，带动起消费者的心理欲望，获得满足。

3）维护企业和消费者的权益。企业产品取得商标使用权，可防止其他企业的侵权，保护企业的利益。消费者也减少了购买劣质产品的风险。

4．品牌的内容

1）属性：区别与同类产品最本质的特征（功能、质量、价格等）。

2）利益：给消费者带来实惠，是质量的保证。

3）价值：给消费者带来实用价值，享受价值（精神价值）。

4）文化：品牌的文化内涵，企业的形象。

5）个性：品牌所具有的人格特征来满足不同层次人群的需求。而消费者也会借助品牌来显示自身的个性、品味和社会地位。

6）目标：为谁购买和使用。

5．品牌的形成

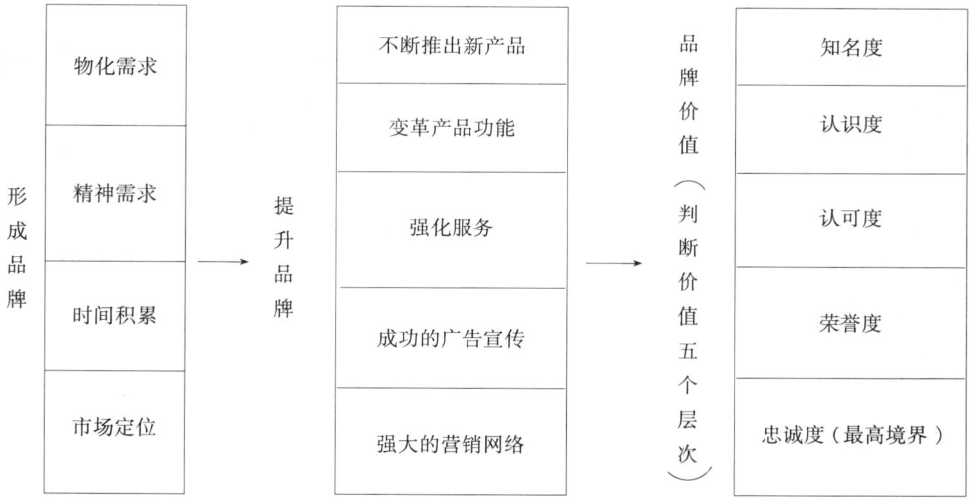

成熟的市场培养了成熟的消费者。消费者对产品的需求已超越了简单的使用功能，从而上升到对品牌在内综合价值的追求。如人们买一台冰箱、空调，不仅是需要制冷，还需要美观、漂亮、静音、省电。

6．品牌营销

（1）制定品牌的战略规划、设计、创建、传播、管理、维护　品牌决策是企业整个产品战略的一个方面。创建品牌的过程，也是促使企业产业结构调整和升级、提高企业实力的过程。品牌的建立，需要以优质的产品和良好的服务为基础。品牌的推广，需要有一个强大的销售网络支撑。而成就品牌需要时间，需要以 5 年、10 年为单位进行计算，才能根植于广大消费者心理。

（2）品牌的设计

1）有时代感和新潮感，标新立异，使人容易识别，便于记忆。有利于消费者熟悉、准确理解。

2）表达产品的属性与效用。品牌最好能反映出产品的基本用途和产品的类别。例如一提起“奔驰”，大家知道是汽车。

3）适用地域广。企业的产品要卖到国内、外市场，品牌的设计从图案、颜色、文字都要考虑到不同国家的背景、民族习惯、宗教信仰、生活方式、消费习惯的差异。

7．品牌策略

品牌策略有：多品牌策略、单一品牌策略、家族品牌策略、混合品牌策略。

（1）多品牌策略　对产品中不同质量、不同档次的产品，用不同的品牌更利于产品的定位和宣传，也利于迎合各个层次的消费者。各个品牌各有竞争优势，当一个品牌市场占有率达到一定程度时，可用另一个品牌去占领市场。但多品牌难以统一形象，宣传费用高。

当一个企业有了很好的品牌声誉，就可以充分利用品牌价值存量资产寻求新的经济增长点。

在中国加入世界贸易组织（WTO）之后，众多优秀企业加快了走向国际化的步伐。如广东美的集团作为国内著名的家电产品制造企业，2002 年家电销售收入达到 150 亿元。随着美的集团的飞速发展，产品家族不断壮大，市场地位的提升和品牌国际化，美的集团启用了新的企业形象识别（CIS）系统。在新的品牌设计中，“美的”品牌明确定位为“创新领导者”，新标志由旋转的圆与“M”相连（如图 3-5 所示），表达美的致力创新、缔结完美和谐生活的理念，反映出美的集团本质特征、价值观念、文化内涵。企业实现了从“生产导向”到“市场导向”，从“产品经营”到“品牌经营”，迈向国际化的经营战略。

图 3-5　美的集团标志

（2）单一品牌策略　企业所有的产品使用同一品牌，有利于企业利用原有品牌的声誉，使新产品顺利进入市场，节省品牌宣传等费用。但是如果某一个产品营销失败，则会连累品牌的声誉。单一品牌策略有一定的风险性。

8．品牌保护

1）商标法。

2）专利法。

3）舆论监督，社会监督。

二、商标

商标是企业为标示自己的产品，所设计的一种特定图案和文字记号。产品商标是产品的有机组成部分，在政府有关部门注册后受到法律保护，表示着产品独特性质，本身也具有信誉价值。在发达的商品经济条件下，商标本身也商品化，是一种无形的资产，成为广告宣传、推销产品、争夺市场、与对手竞争的一种工具。

商标是产品的脸谱，使人容易识别某个企业的某种产品。商标凝结了产品的特征和质量，广告使消费者对这种商标的产品有了好印象，可激起购买的欲望，引导消费。

企业的产品有自己的商标后，还要不断在质量上、性能上、价格上提高商标的声誉，为广大用户所承认。当成为名牌产品后，企业所生产同一系列其他型号产品更容易进入市场并为用户所接受，这就是品牌效应。

商标的设计，是一种特殊的实用工艺美术，要令人耳目一新，过目不忘，容易识别和记忆。用字母、曲线、图形、文字等表达出产品的意念，简单明了，具有时代感，标新立异。一个好的商标会为企业树起一个好的形象，并带来更大的利益。

作为知识产权，商标是一种思维劳动成果。作为工业产权，商标是一种物质财富。作为企业形象，商标就代表了企业。成为驰名商标，所体现出的是企业的竞争力、实力、经济地位。

好的商标设计应具有强烈的视觉冲击力和充满现代气息的图案与色泽，体现出企业的气势。

如广东科龙集团推出“科龙”商标（见图 3-6），“科龙”这个寓意科学巨龙的名字，预示着科龙将走向世界，走向未来，创立世界级的企业。其标志设计以 KELON 首写字母“K”为设计定位，由富于节奏的向前渐变发射型的“K”与抽象几何型的“K”巧妙结合成一起，以鲜明的红黑色构成一幅极具现代感的图案，成为知名度极高的商标。

图 3-6　科龙商标

三、包装

在现代市场营销中，除了讲究产品内在质量，还讲究产品外在质量，包括包装。

包装的主要功能：

1）保护功能。保证产品从出厂到运输、装卸、存放等过程中不致损坏，以保证产品的安全和完整。

2）便利功能。便于运输、储存、计数，便于消费者使用。

3）销售功能。通过包装，印上本企业商标，为用户识别，传递商品信息，吸引用户购买。也便于和别的企业同类产品区别。

4）美化商品，提高价值。好的包装将进一步增加商品的价值，特别是出口产品。

在设计产品包装时，主要考虑流通环境、包装材料、包装方法及操作工艺、包装成本等因素。根据消费者喜好来设计包装，使产品安全地送到用户手中，以促进产品的销售和宣传。

教学案例一

把握市场机会，占领市场

单　位：广东增城运豪机铸有限公司

产　品：锌合金仿真汽车模型

年产值：1997 年 1.5 亿，1998 年 2 亿

市　场：产品主要出口美国、欧洲，其中精品汽车模型占了美国市场的 30％份额，并获美国三好（好品质、好价格、好服务）评价。

美国著名经济学者迈克尔·彼特认为：竞争优势有两种基本类型，即成本领先和别具

一格，表现在产品竞争力上就是价格、质量、水平、效率、新颖等几个方面，以自身的优势去开辟市场、导向市场、刺激市场、创造市场。

人们购买一个好产品，除了质量好外，也购买了一种超越产品本身之外的一种概念和一种感觉，从知道、购买到认同它，产品的知名度、美誉度越广，这个产品就有长远的发展前景。

一、企业开发、创新的能力

压铸是机械制造业中一种先进的精密零件制造技术，仿真汽车模型主要是采用锌合金压铸技术，工厂拥有最先进的中央熔炼炉，23 台全自动热室压铸机，以及注塑机、真空电镀设备、静电喷涂线、移印机、装配生产线、高科技货仓等。采用了最先进的生产技术，设备及工艺，使企业具备了大规模生产高品质产品的条件，并具有较强的创新、开发新产品的能力。

二、企业精神

以勤为本，以厂为家，以质取胜，以效创利。

企业精神是一种群体意识，它对群体的行为起着支配作用，它把员工的个人命运与企业发展连在一起，企业实施以人为中心的管理，培养积极进取的企业价值观，构成企业的动力、生命力，因而使企业充满生机。

三、市场机会

运豪公司 1989 年年产值仅 1000 万元，到了 1997 年达 1.5 亿元，仅仅经过几年的努力，就从一个小工厂发展成为一个现代大企业，企业能够快速成长，正是把握住市场机会，在市场对仿真车模需求量大时，实现了规模生产。

拥有世界上各式各样的名车，是许多人梦寐以求的愿望，但即使有钱人也不可能什么车型都买下来，于是很多职明人用一种特别的方式实现拥有很多车型的梦，即欣赏、收藏世界名车模型。这些仿真汽车模型是严格按比例把真车缩小制成，不仅外观、形状、质感、颜色与真车一样，其内部结构，如发动机、底盘、仪表盘、大小灯等都仿制出来，转向盘可带动轮子转动，车门可打开。这些汽车模型采用了先进的压铸技术做出零件，一个精品汽车模型，可用到 300 多个零件组成，极为逼真。每一款经典名车都汇集了历史、社会、文化、科学技术于一体，令人陶醉在一种新的都市时尚——汽车文化中，去触摸汽车工业飞速发展的脉博，产品具有极高的工艺美术价值，欣赏中更获得美的享受，乐趣多多。就是这样一种产品，在世界市场上极受欢迎，吸引越来越多的人玩汽车模型，而车模品种越来越多。从世界上第一辆汽车的模型到 21 世纪新车型，老爷车带给人怀旧的情调，新车型带给人明天的新概念，车模是一百多年汽车工业飞速发展的见证，层出不穷，这就为厂家提供了广阔市场机会。在欧美、日本、中国香港等发达国家和地区，仿真车模市场非常之大。在中国，富裕起来的人们也在开始追求更高品味的生活，一种新的都市时尚正流行起来，也带来了车模市场前景。

四、目标市场·产品市场定位

（1）目标市场　车迷、车模爱好者、玩车一族，使车模市场存在需求量和相应购买力、有充分的发展潜力。可使企业规模生产、销售，以达到预期利润目标。而运豪公司本身又具备规模生产能力、竞争的优势，保证企业能进入这一目标市场，并占领这一市场。

（2）产品市场定位　当汽车模型已成为世界玩具厂商的宠儿，以这一类顾客为目标市场的生产厂家极多，竞争中，要使自己的产品与众不同，惟有有计划地树立自己的产品有与众不同的理想形象，有效地使自己的产品差异化，别具一格，从而超过竞争对手。“定位”的实质，是为了使本企业产品具有某些特色，并在目标顾客心中占据一个独特的，有价值的地位，如“更精致”。

例如：同样是价格为100元的一个车模，别人用50个零件构成，运豪公司则用60个零件构成，连更细致的部位都表现出来，这样在同样的价格下，运豪的车模比别人更精细，自然更加吸引顾客购买。

（3）价格定位　产品的价格是产品竞争力的主要内容，它影响顾客的购买力，也影响产品的形象，因此产品价格是企业市场营销最重要的策略。

例如：同一款1:18车模，如放在玩具商城、超级市场当玩具销售，售价是19美元，销量大。如放在精品店销售，售价是29美元，销量小。在玩具市场，价格低，给人一种儿童玩具的感觉；而在精品店，价格高，作为一种欣赏品，给人以上乘产品、气派的感觉。考虑到产品的档次、产品的价值、所面对的目标顾客，运豪公司的车模主要在精品店销售。实践证明，其价格策略是对的，使运豪公司精品汽车模型成了美国市场的主导。

（4）创造市场　企业最基本的两个功能：贯彻市场观念和创新。面对日益激烈的市场竞争和不断变化的市场需求，企业惟有创新才能立足。层出不穷的创新产品不仅满足顾客的需求，同时也会带动这一类产品整体水平的提高。

美国是世界上经济最发达的国家，过去美国人的心态总是认为，美国制造的东西才是最好的，包括对车模的看法也是这样。而运豪公司以先进的制造技术，不断把车模制造水平提高，把产品质量提高。由于产品不断创新，档次高，更精美，更完善，也就带动了车模市场产品整体水平的提高，使在中国制造的车模在美国市场上极受欢迎，并占了绝大部分的市场份额，使美国人把原来在美国本土上生产的汽车模型，终因成本太高，而把订单转由运豪公司生产，运豪公司终于以自己的质量、价格、服务创造了美国市场。

五、营销策略

（1）选车型　现代市场的营销观念是：市场导向。这种观念要求生产企业必须十分了解市场，企业的生存和发展取决于生产经营活动中是否及时发现并满足用户的需求，“用户是上帝”，就是这一观念的体现。

作为一个车模生产企业，开发一种新车模投入市场，如果车型选对了，就赢得了市场，如果车型选不对，则无人买。作为一种带欣赏性的产品，更多的是凭感觉决定车型选择，这就是根据产品的去向，主要面向的国家和地区，了解当地人的感觉，选出车型。例如：一种名为“老虎狗”的车型，非常丑怪，一般人都不会喜欢，可恰恰是在世界上很多地区都深受欢迎。美国人对“甲壳虫”、古典老爷车模最欢迎；欧洲人喜欢“奔驰”、“宝马”、“劳斯莱斯”车模。人们的感觉成了企业推出新车模的依据。

（2）多渠道分销——建立庞大的销售网络　产品从生产者到消费者的流通过程，两者之间存在着时间、空间、数量、集散等方面的矛盾，这就需要建立一套既发挥产品优势，又能适应市场变化的销售渠道。运豪公司在美国的分销商超过200多个，分销商不仅推销运豪公司的产品，实质上与运豪公司结成贸易伙伴关系，使之利害相关，成败与共，双方在发展中、利益上都有密切的关系。因为运豪公司每生产某一种汽车模型，必须获得这家汽车生产厂的授权准许证才能生产，正如要生产“红旗”车模，必须得到中国一汽集团的准许证，单靠运豪公司自己去争取，很难拿到那么多的厂家准许证，而这些长期经营车模销售的分销商手中，都有一家或几家公司的准许证，运豪公司与分销商建立起良好的合作伙伴关系，就可以从分销商中获得生产各种车模的准许证，从某种意义上来说，分销商给运豪公司准许证、订单，并推销运豪的产品，而运豪公司以好品质、好价格、好服务使分销商从推销车模中获利。这些分销商分布在美国各地，对当地市场需要变化极为敏感，信息反馈快。有的分销商直接面对顾客，也有的分销商下面还有更小的分销商，各有各自的销售网络，正是依靠这庞大的销售网络，使运豪公司的精品车模在美国市场上占了很大的份额。

六、推广产品也在推广一种理念和生活方式

创新精神应用在市场开发上，也就产生了价值转移现象。不仅仅是推销汽车模型这个产品，实际上也是在推广这个产品的过程中，推广了一种理念和生活方式、一种文化——汽车文化，丰富了人们的精神文化生活，与时代同步，不断享受到新技术的成果。只要世界上汽车工业不断发展，不断有新车型推出，则新的汽车模型也跟着马上推出。人类对流行的喜好，也促使汽车模型制造永无止境，而且越来越精致，也预示着这个市场广阔的前景。只要企业能把握这个市场机会，必定有发展的空间。

七、产品欣赏

让我们分享汽车走过的光辉岁月！

没有哪一个机械产品，会像仿真汽车模型这样，蕴含了丰富的内涵，从中可以看到人类科学技术与制造业发展的历程。

这些汽车模型是采用先进的压铸技术制造。今天全世界市场上90%以上的压铸合金仿真汽车模型产自中国，主要在广东。广东每年出口玩具40亿美元，其中很大部分是汽车模型。(见彩图3-7～彩图3-23)。

这是在世界市场上享有很高声誉的产品。

教学案例二

生意在哪里？在创造需求中

单　　位：广州珠江机床公司

经营范围：销售各种机床、机械加工设备

一、生意在哪里？

处于信息时代，必须重视看报纸、新闻，了解国家发展形势，分析经济发展走向，判断产品市场。一般来说同人民生活戚戚相关的产品最有市场前途，而生产这些产品所需要的设备就有生意可做。

不断寻找客户，寻找机会，开辟市场。见到金属加工厂、机械厂、制造厂都去拜访，了解工厂出什么产品，现在用什么设备，估计其发展，灌输新技术、新工艺、新设备，引导其配套、完善。与客户进行有效的信息沟通，将适合该客户的产品用途、性能、技术指标、价格等信息及时传递给客户，引导其购买的欲望。

诚心待人，提供完善的服务，从客户利益出发，为客户当好参谋，以赢得客户的信任，树立企业的形象，生意才会越做越大。

二、需求是创造出来的

“需求是创造出来的”，这是日本丰田汽车公司的经营之道，需求是可以诱发的。现代市场营销活动提出“创需开发”新概念，指通过营销人员的主观努力去创造需求，这是市场开发的高超技艺，通过有效的宣传，将潜在需求变为现实的需求，把微弱的愿望变成强烈的欲望。

行为决定动机，动机来源于需要，但并不是有某种需要就一定产生动机，去实现某种购买行为。对潜在的需要，必须刺激起来，对于营销人员来说，设法激起客户潜在的需要，从而引发购买的动机并变成行动。

该公司曾从卖出一台折弯机开始，激发起客户最终购买了几十台设备，这是一个最成功的销售案例。广州某电器厂主要生产电器产品，1997 年公司购买了一台折弯机，公司人员到厂里调查时，发现其现有设备只能生产小件产品，而这个厂资金充足，产品市场前景好，于是觉得应唤起客户潜在的需求，激发客户实现扩大生产规模的动机，建议工厂再买一台 3.2m 剪板机，这样可以生产大件产品，扩大产品的种类和生产规模。工厂采纳了这个意见，购买了一台大型剪板机，使产量大大提高。公司人员又提出新建议，产量提高了，质量也应相应提高，针对工厂现时打磨工序是采用人工打磨，因而效率低，产品档次低，提议购买打磨机，打磨机打磨出来的产品表面光滑，产品档次高，这样又诱导工厂购买了打磨机。用机械打磨代替了手工打磨，效率提高，产量大幅度增加。但这个时候前一工序原有的冲压设备又跟不上生产的需求，于是再诱导客户购买了 40 台冲床，实现了规模生产。当生产效率产量大幅度增加时，这时对模具需求量增大，组建一个模具车间又被提到日程上来。在公司人员不断的诱导、建议下，1998 年工厂又投资了 160 万元向该公司购买了模具车间的各种机床设备。就这样在一年多的时间里，公司从售出第一台折弯机开始，诱导工厂购买了几十台设备，价值几百万元。

这个成功的销售例子，其经验在于：设身处地为客户发展生产着想，激发起客户潜在的需求。而营销人员丰富的专业知识是成功的关键，能提出旧工艺的改进，新设备的应用，生产效率提高的可行办法，并使其不断完善、配套，能预期其发展和收益。而客户确实从中感受到好处，相互间的信任感，使营销人员的建议一步步被客户采纳，从而推销出大批设备。此例证实了“需求是创造出来的”这一观点。好的启发、好的诱导、好的效果创造了需求，也创造了效益，从而达到推销大量产品的目的。

三、优秀的营销人员需要丰富的专业知识

作为机电产品的营销人员，一是对市场要有基本认识（理性的和感性的），对市场变化、需求敏感，才能找到市场机会；二是要有较广的机电方面的专业知识，才能给客户参谋，能替客户选择最合适的生产工艺，选择最合适的设备，并替客户省钱，客户才会不断购买你的产品。

有一个客户拿了一个特殊工件问公司人员如何加工，由于这个工件很复杂，并带有锥度，需要采用线切割机才能加工，一个工件的加工费需 7000 元，而这个客户当时需要加工 100 个工件。公司人员在告诉客户加工工艺时，同时也给他建议：如果 100 个工件给别人加工，加工费需要 70 万元，如果买线切割机自己加工，一台线切割机是 7 万元，刚好是 10 个工件的加工费。这样一算经济账，客户采纳了这个合理化建议，向公司购买了二台线切割机。这笔生意之所以做成，在于营销人员非常熟悉机械加工工艺及加工费用，因而能提出中肯的意见，替客户算好经济账。

有一客户要买一台行程为6mm的冲床，需3.4万元。公司人员问他冲多厚的板材，客户说是2mm厚，就建议他买一台行程为4mm的冲床，这种冲床完全可以满足要求，而花费仅为2.8万元，可节省6000元。客户非常高兴，以后再买设备都来找公司。诚心待人，站在客户的角度上替客户着想，能使客户对企业及所推销的产品产生好感，从而培养和提高客户的忠诚度，想买设备就会来找你。当形成了稳定的用户群，建立起长期的合作关系，公司的营销也会随着客户生产发展，生意不断发展。

教学案例三

准确的市场定位令企业脱颖而出

单位：深圳力劲科技集团

产品：压铸机、注塑机

规模：国内最大的压铸机生产企业

成果：国家“十五”科技攻关重大专项《镁合金开发应用及产业化》项目

一、压铸机市场发展趋势

中国香港的玩具在世界市场上极受欢迎，占世界出口量第一。现在这些玩具生产厂大多建在广东，单是一项锌合金仿真汽车模型，年产值超过亿元的就有很多家。有的厂仅压铸机就有40台，产值10个亿，可见生产规模之巨大。这些厂生产的世界名车模型风行全球，可以说玩具行业是压铸机、注塑机的大市场。

随着人民生活水平的提高，灯饰、建筑装饰纷纷进入家庭，而这些金属装饰零件很多是采用压铸机生产出来，五金件、装饰件也是压铸机的大市场。

再加上汽车、摩托车中的压铸件，家用电器零件、锁具、金属扣、拉链头，很多是用压铸机生产的，应用压铸机的行业很多。随着新兴行业的出现，新产品的开发，作为一种精密零件制造技术的压铸机，市场前景看好。

二、竞争形势

市场对压铸机的需求不断增加，压铸机生产厂家就越来越多，国外著名的压铸机生产厂也纷纷进入中国市场推销压铸机，使压铸机市场竞争形势非常激烈，处于供大于求的状况。

三、市场定位

当大家都在争夺压铸机市场时，为了获得差别利益，惟一的方法就是有计划地树立自己的产品具有某种与众不同的理想形象，使自己产品的特色，在用户心目中占据一个独特的、有价值的地位。

力劲公司生产的压铸机、注塑机市场定位为：“先进、高效、可靠、经济、好用、易修”，即性能先进、用户买得起，容易操作。准确的市场定位，为自己的产品树立了良好的形象，而用户在购买压铸机使用后，真实地感受到企业所宣扬的特点，订单会不断而来。当市场占有份额越来越大时，公司的生产规模也越来越大，仅是压铸机，1995 年年产 200 台，1996 年年产 300 台，1997 年生产 400 台、8 种型号，每年以平均 40% 的速度递增。到了 1998 年，年产 720 台、25 种机型，2002 年产量 1000 多台，合模力从 120kN 至 20000kN。冷室机、热室机都生产，全方位进军压铸机市场。

四、公司的发展导向

为了做到市场定位提出的特色，公司的发展导向是向高科技发展。不断引进海内外先进技术，采用了现代化流水式作业生产线，配备多台日本生产的大型加工中心，引进先进的软件设计，产品标准化、系列化。使企业具备了先进的生产制造能力和极强的新产品开发能力，市场上需要什么机型，就马上开发出所需要的机型。例如，市场的不断变化，顾客要求压铸机能适应小批量、高质量、高效率的生产，力劲公司马上开发出新型 Vision Series，以灵巧快捷的锁模油路，高速度的射料系统，简易的换模装置，压铸一个循环只需要 2.1s，具备高效、优质、低成本、耗电小、设备占地小的优点，满足了小型压铸件的生产要求。

五、营销策略

1. 主动出击，服务在前

营销是企业成功的关键因素，“营销”不仅仅是销售，更重要的是：“满足顾客需求”。当力劲公司了解到某集团公司为广东第二大玩具制造商，拥有各类注塑机近千台，该集团成立已有 8 年历史，预测该集团注塑机的更换率为每年 6%～10%，即每年需新购入注塑机 60～100 台，为争取到这一笔生意，力劲公司制定出“主动出击，服务在前”的营销策略，先提供服务：①为用户培训注塑机操作维修人员 30 名；②举办“玩具行业对注塑机性能特殊要求”研讨会，以听取用户对目前使用中的注塑机的意见和要求，去设计制造满足用户要求的新机型。5 月 20 日才开了研讨会，6 月份即拿出根据用户要求的新机型设计，7 月份制造出新款 PT130 机型，8 月份通过欧洲安全标准 CE 认证。该集团公司立即派人来力劲公司参观样机，详细了解机器性能后，兴奋地说：“这就是我们所需要的机型”，一周后，一张购买 42 台注塑机的订单落到力劲公司。

2. 新市场攻占法——挟天子以令诸侯

在新市场拓展过程中，有一些保护意识极强的区域市场。在该市场中，本公司品牌占有率几乎为零，完全被另一本地品牌所占据。目标客户已完全接受该品牌，且本公司产品除质量外，在价格、付款方式、售后服务等竞争项目上均无优势可言。在这种不利条件下，要想进入该区域市场。“挟天子以令诸侯”法是一个较好的方法。“客户就是上帝”，这句名言可谓人尽皆知。我们视客户为上帝，客户也视其客户为上帝。我们在说服目标客户时困难较大，不如去说服目标客户的客户，利用其反过来去说服我们的客户，事半功倍，这便是“挟天子以令诸侯”的方法。

深圳市西乡镇是钟表业加工的集散地，约有钟表企业近 300 家，生产的钟表总量约占全球重量的 40%。压铸机是其表坯、表链加工的必需设备。但这一市场长期被另一压铸机品牌所占据，其服务、付款方式均非常灵活，客户关系维持较好，价格比力劲品牌低 25% 左右，质量上基本能满足生产需要。营销人员很难说服客户多花几万元去试用力劲品牌。针对这种情况，力劲营销人员加紧了与目标客户的客户——钟表公司的联系，耐心向其讲解现在钟表生产工艺过程中因压铸上存在的种种缺陷而影响手表品质、档次，并带其参观由力劲品牌压铸机生产出来的高品质压铸件，建议协同说服其加工商——力劲的目标客户转而使用力劲的压铸机，以保证制造出更高品质的钟表。经过一段时间的努力，终于有一两家较大的压铸厂选用力劲品牌，形成了模范效应，其他的钟表采购商也相应对其加工商提出要求，最后竟发展成为不买力劲压铸机便接不到好订单的绝好市场形式。使力劲品牌最终一举占领西乡市场。

3. 模拟经营法策略

在“做小不做大，做熟不做生”的传统投资经营理念影响下，一些未跨入压铸行业或刚处于起步阶段的小型投资者，在选择压铸机时往往首选二手机或价格较低的杂牌机，经营成功后再改用品质较好的品牌机，如力劲压铸机。这种个体经营或潜在客户群体非常庞大。对于像力劲这样高市场占有率的压铸机厂家，如果放弃这一客户群体，无疑将其拱手让给竞争对手。那么，如何说服这些客户选择价位比国内其他品牌高出三分之一甚至超过一倍的力劲机呢？经过几年的摸索，运用模拟经营策略方法，利用力劲公司在压铸行业丰富的经验，对客户投资或生产的产品进行切实的细致的成本分析，将整个生产经营过程专业地展示、分析给他看，让客户直观地感觉到力劲压铸机可带给他高品质、低成本、高回报率，给他们一个选择力劲压铸机的充分理由。这便是“模拟经营法策略”。

广东省汕尾市甲子镇面临甲子港，以前是一个小渔村。村民利用运输优势接了一些家具五金配件如拉手、锁扣等订单从事锌、铝合金加工。经过 10 余年的发展，竟也成行成市，发展成为了广东地区家具五金配件重要供应地之一。由于其产品质量要求不高，且以家庭个体经营为主，故所用设备均为三、四十年代老式的压铸机和二手机，现代全自动、昂贵的压铸机很难令其接受。针对这一情况，力劲公司派遣以经验丰富的销售员，机械、模具工程师组成的攻关小组进驻甲子镇，对有购机意向的几家客户进行了详细的经营成本分析，以其适用的机型为例，通过对每日电、油、人工、脱模剂、原材料的消耗以及模具制作成本等进行详细核算，再对其产品质量要求以及每日生产量、合格率、加工单价作了中肯的计算，甚至将其设备折旧，旧机的市场价位也作了切实分析，通过这些科学分析结果，让这些个体经营者明白购买力劲压铸机比购买二手机，在降低经营成本、提高利润率、保证交货期、产品品质、接收加工单价较高的加工订单优势等方面，都具备不可比拟的好处。切实、科学的数据令客户连连赞叹，因为这些客户自己从未如此认真地分析过自己的生产成本是多少，每个订单能赚多少钱。结果，几家欲购机的客户全部购买了力劲压铸机，且很多客户向其亲戚、朋友大力推荐，使力劲机械成了甲子镇市场新购买压铸机的首选品牌。

4. 引导行业新产品发展潮流

作为国内压铸机龙头企业，力劲在普通冷室机取得了不菲的成绩，占据了国内市场的35%的份额。作为民族企业的佼佼者，力劲并不满足这些成绩，随着国际市场镁合金压铸的兴起和发展，力劲开始着眼于镁合金压铸机的研发和市场拓展，积极介入镁合金压铸市场。镁合金压铸机作为高端产品，一直为国外品牌所垄断。由于镁合金压铸机具有较高的技术含量，国外厂家在镁合金压铸方面已具二三十年的开发历史，这方面也是外国品牌固守的阵地。

针对以上形势，力劲采取以下措施首先进入镁合金压铸机市场：

1）开发立足于高起点、高质量，向国际先进水平看齐。主要附属设备选配国外名厂产品，同国外压铸机选配的标准一致，使产品整体质量达到国际先进水平。

2）以优质的服务赢得客户。力劲在提供高性能压铸机的同时，更是提供全方位的服务从售前的市场风险分析、厂房规划，到设备的安装、调试，对客户提供完备的技术培训和技术支援，使客户全面掌握镁合金压铸的要领，力促客户项目成功，实行交钥匙工程，和客户一起成长。

3）与国内一流的高校和研究机构合作，研发镁合金压铸核心技术和全部设备，以及工艺技术，投入1000万元与清华大学建立力劲压铸高新技术研究中心，在压铸机的热作件开发以及附属设备的国产化方面取得了显著的成果。

如今，力劲的努力也得到了回报，自力劲开发第一台镁合金压铸机至今短短5年，力劲已先后为一汽、东风汽车、重庆镁业、长安汽车等国内知名企业建立了镁合金压铸生产线，并在镁合金压铸设备的招标中，战胜许多国外名厂，在国内市场占有率达50%以上。

六、技术领先、步步领先

在现代企业竞争中，想远远地甩开竞争对手，必须不断加高自身的门槛，让对手难以超越，这是现代市场营销中竞争策略之一。不断加高门槛，主要是指必须在本领域核心技术、服务等方面不断创新，从而领先竞争对手。当镁合金压铸件将会作为一种新型轻质材料，广泛应用于IT工业的手提电脑、掌上电脑、手机等电信产品以及汽车行业产品中，力劲公司马上把握机会，预见到镁合金压铸的发展，研究开发出镁合金压铸机，成了国内第一家生产镁合金压铸机的厂家，从而也引导了镁合金压铸的潮流。

七、振兴民族工业，争创世界名牌

为了走向国际市场，力劲公司确立了“振兴民族工业，成就国际品牌”的奋斗目标。1999年11月1日在美国俄亥俄州、克利夫兰国际展览中心，举行第二十届北美压铸机械展览会，这是世界上最具权威的压铸机展览，世界上著名的压铸机制造厂商隆重登场，有瑞士布勒、德国富来、日本宇部、意大利意特等等。各个厂家都在展示自己的最新技术成果。力劲公司作为惟一一家中国参展商，同世界知名企业，同场竞技。力劲公司参展的DC88热室压铸机，以其先进的性能、精心独特的设计赢得了同行业及客户的赞扬，很快销售完全部展品，创下展览会最快的售机纪录，并签下大量的海外订单，使各参展商惊叹不已。

为中国民族工业赢得了荣誉，也标志着力劲公司通过自己的实力以不断创新的产品迈向国际市场。

第四章　机电新产品的开发

在知识经济时代，创新是一个民族进步的灵魂，是国家兴旺发达所取之不竭的动力。知识经济是以不断创新的知识和对这种知识创造性应用为主要基础发展起来的。科学技术的迅速发展，全球化市场的形成，使国内外市场竞争日益加剧。而物质财富的丰富，对产品多样化的需求日益突出，这就对机械制造业提出更高的要求。要赢得竞争，提高市场占有率必须具备：①时间竞争能力：新产品上市快、生产周期短、交货及时；②质量竞争能力：产品质量可靠、性能先进；③价格竞争能力：产品生产成本低、销售价格适中；④创新竞争能力：产品多元化、个性化、有特色、适应性广。传统制造技术在不断吸收计算机、信息自动化、新材料和现代系统管理技术，并将其综合应用，为加快新产品的开发，提供了新的技术手段。例如：柔性制造系统 FMS、计算机集成制造系统 CIMS、敏捷制造系统 AMS、并行工程 CE、精良制造 LP、智能制造系统 IMS、生物制造系统 BMS、虚拟制造系统 VMS、独立制造岛、全能制造系统、全球制造系统、绿色制造等等。所有这些新方法、新观念、新思想，使传统的制造技术发展到现代制造技术，都是为了适应这个时代对新产品开发的需求。这些变革，将会给整个机械制造业带来十分巨大的影响，从而也会大大改变世界的生产和经济形式，步入一个经营和制造活动的全球化时代。

第一节　机电产品发展的趋势

现代市场已经由过去的卖方市场转变为买方市场,用户对产品要求精益求精是永恒的主题，与人类的物质文明与精神文明发展提高相适应。用户对产品要求也日益向多元化、个性化方向发展,而传统的机械产品难以满足要求。因此,机电一体化产品是21世纪发展的趋势。

作为机电一体化的产品,主要由三大部分构成:①机械部分:是整个产品的母体,包括动力部分,具体实现人们需要的各种功能;②信息处理部分:包括控制系统和计算机,是产品的神经部分;③传感器部分:包括各种物理量传感器,是产品的感官部分。从硬件到软件把传统的机械产品提高到一个新水平,使其结构或功能发生质的变化。如数控机床就集中了自动车床的高效率、精密车床的高精度、万能机床的灵活性于一体,从而比传统的机床有更大的优越性。

通过将机械学科与信息学科等进行融合与交叉，形成基于信息的机械系统，以实现机械系统的自动化、智能化、柔性化，节能和利于环保。机电一体化技术的应用，成为现代机电产品发展的方向。广州某机械公司研制开发的高压水射流切割机，是集机械、电子、计算机、自动控制技术于一体的新型“冷加工”高新技术产品，一道只有 1mm 的水柱以 2 倍音速从喷嘴中射出，就可以把 5cm 厚的钢板切割下来。可切割各种金属、非金属、石材、陶瓷等材料，无尘、无味、无污染。机电产品开发在应用了多学科多功能的优化设计后，可使机电产品的动静态热特性、效率、精度、可靠性、低能耗、制造成本与使用寿命得到最佳的组合，成为智能化机械产品。

从资源经济走向知识经济,对机电制造业的影响表现为:强调人和社会与技术的和谐发展;对产品和消费观念的改变,是在物质形态中注入更多的知识形态,保证在产品的整个生命周期中让用户满意,产品的知识含量将会成为核心竞争力;产品的设计和制造过程中数字化和智能化,经营和制造活动的全球化,促使企业提高对动态多变市场的适应能力和竞争能力。

第二节　新产品开发的基本要求

新产品是一个相对的概念，是与老产品在技术指标、性能、结构、材质、用途和使用方式上具有本质不同或明显差异的产品，可以是应用了最新科研成果、最新技术开发出来的最新产品，它以全新的功能原理和结构形式满足某方面的需要。也可以是在老产品基础上通过技术改造，使其性能或其他方面有一定提高的新产品。

一、新产品分类

可以从新产品的制造技术、性能特点、市场营销观念等方面进行分类。

（1）发明性新产品　采用了新原理、新结构、新技术、新材料，第一次发明的新产品，往往是科学技术上某种突破的产物。

特点：1）具有独特的科学原理和技术功能。

2）应用了最新的科研成果，以最新的技术形态出现。

3）开辟了最新的应用领域，对社会经济技术发展产生巨大影响。

（2）更新换代新产品　采用了新技术、新材料、新工艺开发出来新一代产品，这一类新产品有了局部质的变化。

特点：1）继承原产品的原理、结构、用途。

2）与原产品相比，技术上上了一个档次，功能更新、更优越。

3）能取代原产品，适应性更广，市场前景，效益更为显著。

（3）改进的新产品　通过新设计或技术革新，对原产品的外形、性能、结构、用途、品种等某些方面作了重要改进，使其有一定提高的新产品，但仍属于同一档次技术水平。这一类新产品有量的渐进变化。

特点：1）与原产品相比，有明显的差异性和优越性。

2）在原产品的基础上，开发出新的功能或改进性能。

3）不断改进、开发，可形成新的品种系列。

以上三类新产品的划分，并没有绝对的界限，它们之间相互联系、相互影响，许多产品经过不断的改进，不断更新换代，也会带来一些新发明产品问世，而新发明产品问世后，也会不断地改进或更新换代，形成系列，去满足社会的、用户的需求。

归纳起来：

- 新产品
  - 按地域范围
    - 国际新产品
    - 国家新产品
    - 省市新产品
  - 按创新程度
    - 全新新产品
    - 换代新产品
    - 改进新产品
  - 按技术开发方式
    - 自行研制新产品
    - 技术引进新产品
    - 自行研制和技术引进新产品

二、新产品的基本特性要求

(1) 创新性　创新是新产品的一种本质特征，这种新的特征，可以是应用了新的原理、新的结构、新的材料、新的技术，从而扩展了老产品的功能、使用方式。例如：传统的压铸机，如果采用了先进的电脑控制系统，就可以提高机械系统的自动化程度，使人在更舒适的环境中工作，可以从靠人工操作到实现无人操作的全自动生产过程，整个生产过程靠程序操作，不再需要靠人去观察、控制等，生产效率更高。如汽车零件材料从铝合金改用镁合金，汽车重量可大大减轻，还可减少能源消耗，提高车速和汽车性能。用先进的产品代替落后的产品是社会发展的客观规律，创新可贯穿于制造全过程，从产品创新、生产工艺过程创新、生产手段创新，到管理创新、组织创新及市场创新。

(2) 效益性　在市场经济中，从生产者到使用者都在讲究经济效益，如果一种产品在技术性能上非常先进，但生产成本巨大，资源消耗巨大，则生产者做不起，用户买不起，那么这样的新产品，尽管是新，但却没有市场，所以开发一个新产品必须与整个国民经济水平、消费水平相符合。一个新产品只有比老产品有更优越的性能，而生产成本和售价都降低了，具有明显的效益性，才会有市场前景。

(3) 实用性及可靠性　由于机电产品主要用于生产制造过程及各种装备，更注重其实用性、可靠性，使用起来安全、方便、维修容易。因此开发的新产品要求好用、耐用、效率高、适应性要宽。特别是机电产品是由很多零部件构成的，构成产品的零部件通用化、标准化程度越高，用户使用起来，维修就很方便。

随着高科技的发展，机电设备、系统的高参数、大容量和复杂化，在使用过程中正常运行，完全有赖于产品和系统的可靠性和安全性，才能充分发挥效能。

(4) 环保及社会效益　环境、资源是当今人类社会面临的主要问题，机械制造业量大面广，对环境总体影响很大，机械制造业在将资源转变为机电产品的制造过程中，会产生大量废弃物；而机电产品使用过程中同样产生废气、烟雾、噪声等，造成对环境的污染。所以在新产品开发时需要充分考虑到对环境的影响和资源效率。现代绿色制造，其目标是从产品设计、制造、使用到报废处理整个生命周期中，提高资源利用率、减少废弃物、减少能耗，把对环境的污染降到最低，同时也会使产品成本降低。

新产品并不是可以随意开发的，它要成为社会和消费者接受的新产品，必须符合以上最基本的特性要求。并遵循下述原则：

1) 技术先进性与适用性的统一：产品技术的先进性必须和开发这个产品的投资能力、使用能力、生产能力、配套能力相适应，即综合考虑技术、资金、资源、劳力之间的相互关系来决定新产品开发。

2) 使用效益与投资能力的统一：开发新产品最终是为了给企业带来效益，但前提是企业必须先付出开发资金，往往是发展新技术的需要性与迫切性，却受到现有经济能力的制约，解决这一矛盾，需衡量项目对国民经济发展的影响程度和本身的经济能力。

3) 满足特定需要与社会效益的统一：任何一种新产品都有其特定的目标，满足特定的需要，但也有其连锁效果即社会效益。因此环境保护是新产品开发中遵循的社会效益问题。

第三节　新产品开发的内容体系

新产品开发的内容是非常广泛的，它涉及到产品用途、结构、功能、品种的本身整体性能开发；也涉及到产品技术条件开发；新技术应用、工艺装备、原材料、零部件开发；还有产品市场条件的开发等等（图 4-1）。

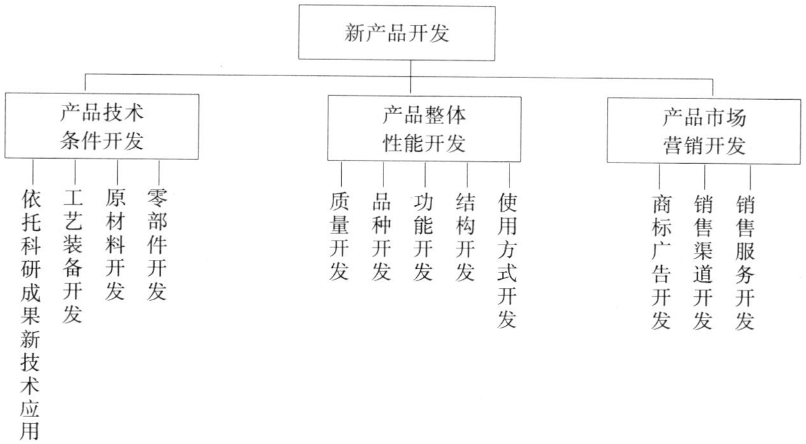

图 4-1　新产品开发的内容

一、产品技术条件开发

这是新产品开发的基础，为产品整体性能开发，提供必备的条件和手段。

1）依托科研成果和新技术应用：收集了解机械制造领域的最新科研成果，最新技术发展状况，探讨机电新产品发展的趋势，提出和分析新一代产品的设想及设计方案。

2）工艺装备开发：新产品开发必备的生产条件，现有的生产设备能否满足要求，是否需要开发具有先进技术水平的工艺装备来满足新产品开发的需求。或是改进现有工艺装备的功能、提高自动化程度来满足新产品对装备的要求。

3）原材料开发：开拓原材料的新资源、新品种。提高原材料的品质和效能，使新产品能采用新型的节能材料，并使这些材料在生产制造及使用过程中对环境影响最小。探索综合利用原材料的新途径、新方法及回收处理等。

4）零部件开发：改进零部件的性能及结构，研究新的零部件组合及制造方法，提高零部件的标准化、系列化、通用化，研制零件的新材料。

二、产品整体性能开发

这是新产品开发最重要的工作，决定产品的素质、开发的成败。

1）质量开发：新产品标准的改进或提高，使之性能更先进；质量保证所需要的测试手段；对影响质量的各种因素分析；开拓新产品提高质量性能的途径。

2）品种开发：探索新产品品种的发展方向，发展品种的系列化，增加品种的个性化，适应各种需求。

3）功能开发；扩大新产品的功能，增加产品的特殊功能，进一步挖掘产品的新功能，通过价值工程应用，使功能与成本匹配。

4）结构开发：研制和设计出产品的新型结构，向精密化、轻量化、微型化方向发展。

创新产品的结构、新的构成原理，确立新的产品形象，包括产品的美感，外观造型。

5）使用方式开发：使产品的使用方式向自动化发展。研究产品使用过程的安全性、方便性、灵活性、可靠性、增加新的使用方式。

三、产品市场营销开发

这是新产品实现其效益的关键性工作，产品要投入市场竞争中，就需做好营销开发。

1）宣传、广告开发：机电产品的宣传、广告除了在报纸、电视等传播媒介上大力宣传外，更有效的方法是在专业杂志、专业会议、专业展览会上推广介绍，能够面向真正的用户，效果更好。

2）销售渠道开发：开拓新的销售市场，寻找销售对象。增加销售网点，扩大销售能力，加大市场覆盖面。采用最有效的销售方式及合理的销售路线。

3）销售服务开发：研究使用户满意的服务形式、完善销售服务的手段，提高销售服务的水平。

4）商标开发：确定本企业的品牌，设计使用有效的商标，树立企业的形象和信誉，保护企业的产品以防止假冒和侵权，扩大企业和产品的知名度。

第四节　新产品开发的程序

新产品开发是一项复杂的系统工程，这是一个创新、充满了风险、矛盾的过程。从新产品的构思、设计、试制、鉴定、试销、规模生产到营销，一环扣一环，涉及面很广。新产品开发，一般要经过图 4-2 所示的阶段和程序：

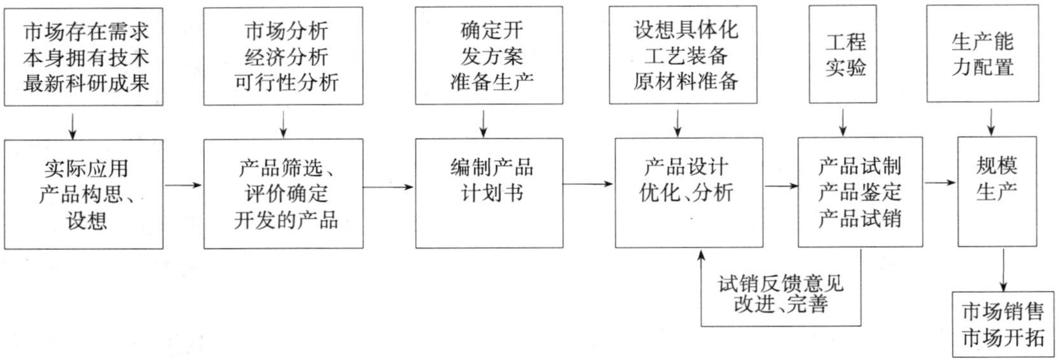

图 4-2　新产品开发的一般工作程序

一、新产品构思

构思是创造性的思维活动，综合了对新技术的了解，产品发展的趋势，市场信息、市场需求及用户要求，发挥人的想像力，把信息与人的创造力结合起来，提出具体产品的设想方案，构思要有创造性和实施的可能性。

二、新产品筛选

由于新产品开发具有很大的风险性，为避免失败，必须进行筛选和鉴别。

从构思出的新产品中，在进行了充分的市场分析、经济分析、可行性分析后，选择有价值有前景的产品进行论证，确定为开发的产品，筛选的目的是保证这个产品的开发具有足够的合理性和可实现性，使设想与企业的盈利目标一致。

筛选时须根据一定的标准对新产品的设想方案逐项进行审核，进行技术评价，包括以下评价内容：

1）产品开发的必要性与重要性。

2）产品的先进性，技术档次。

3）产品的适用性、可靠性。

4）所需要的投资。

5）经济效益与社会效益。

6）技术成功的概率。

7）研制开发周期。

8）是否符合国家产业政策、资源利用、环境影响。

筛选过程努力避免两种偏差：①不能把有开发前途的产品设想轻易放弃了，失去成功的机会；②不能把没有开发价值的产品设想误选了，导致投产后失败，这个过程必须进行周密调查、反复论证。

三、商业分析

商业分析包括以下内容：

1）开发成本。

2）制造成本。

3）市场价格、销售量、盈亏平衡点、销售寿命期。

4）营销推广费用。

5）现金流入与流出。

四、编制产品计划书

在选定新产品设想方案后，具体确定产品开发的技术性能、技术指标、技术参数、经济指标、投资规模、利润分析、市场目标。从产品的整体性能开发、技术条件开发、市场开发都要制订实施的方案。这是产品开发过程中决策性工作，统筹全局，周密安排。

五、新产品设计及制造过程准备

产品设计是把产品构思变为现实的一个最关键的阶段，是实现产品功能的创造性劳动，要求设计者具有丰富的经验和广博的多学科领域的知识，才有创新性。产品设计直接影响到产品的质量、功能、使用、成本、效益等多方面。随着技术进步，机电产品设计的新方法不断出现，如计算机辅助设计、虚拟设计、智能设计、价值工程、可靠性设计、优化设计、系统化设计、结构化设计、组合设计……使设计手段现代化，从而加快了新产品的开发周期。

这一阶段设计工作包括：功能系统设计、产品结构设计、技术设计、外观设计、完成全部图样等。

制造过程的准备，产品制造过程所采用的技术，所应用的工艺流程、生产组织，所需要的设备及工艺装备、检测手段及仪器、原材料的选择。这一切都需要周密计划及安排，以保证开发过程各项工作的衔接及连续性。

六、新产品试制、鉴定

新产品试制是对设计方案的检验，从设计到出产品，为实现大规模生产作准备。

新产品试制出来后，从技术经济上对产品进行全面的试验、检测和鉴定，这是对新产品的评定，主要有产品的技术性能、适应性、可靠性、使用寿命等各种测试；还有对产品功能、制造成本分析，来确定产品全面投产的价值及发展前途。

七、新产品试销

预先确定目标市场与试销市场。试销是对新产品的市场检验，看市场对这个产品的接受程度。另一方面也是为了收集用户对这个产品反馈的意见，不断改进完善这个产品。

通过试销可以掌握新产品销路的各种数据资料，以利于企业修订市场目标。可根据市场变化趋势，对这个产品接受程度、竞争对手的反应，制定销售策略。对新产品的正式投产规模作出决策。

八、进入商业性规模生产

当新产品被市场认可后，前景看好，为了获得效益，只有实现规模生产，才能降低生产成本，具有竞争力，以扩大市场的覆盖面。

这就要求对大规模生产的技术条件、生产设施、工艺流程、资源等各方面有充足的准备及实施的能力。

九、市场营销

当大规模生产实施后，新产品市场营销就成为最重要一环，产品投放市场的策略、销售对象、销售渠道、配套服务都要进行全面的规划及实施，使一个新产品的开发获得最终的经济效益。

第五节　新产品开发的经济分析

在新产品开发的全过程中，每一阶段都需要进行经济分析和评价，从而提供新产品开发投资决策的科学依据，使新产品整体结构技术性能与经济性能得到最好结合。而经济分析是为了解决设计出来产品的功能与制造费用的优化问题，以及分析新产品合理的生产规模与投资项目的盈利性问题。

一、新产品开发的技术经济评价

在进行新产品开发评价时，要考虑一系列有关的因素，主要有国家经济发展规划、政策、法令、法规；社会需求、市场容量；企业自身的技术能力、生产能力、管理水平、资金能力、成本费用、交货期等，综合考虑这些因素，以获得一个准确的新产品开发评价。

评价项目随产品性质的不同具体选定，一般机电产品包括下列各项：

1）产品基本功能：满足用户基本效用和需求的程度。

2）产品性能质量：效率、精度、可靠性等内在质量和外在质量要求的程度。

3）产品和零件结构工艺性：生产加工的可能性、合理性、经济性。

4）操作维修方便性：易于掌握和操作，维修的方便程度。

5）安全性与环保影响：符合安全法规及环保要求的程度。

6）寿命周期成本：制造成本与使用成本的合理性和可接受的程度。

评价常用方法有：定量评价法（即在定量分析的基础上进行评价）；评分法（包括评价等级、分数标准及加权方法）；计算各评价项目因素的期望值等，以获得最终的评价，并作为新产品开发的决策依据。

二、新产品开发的经济分析

当一项新产品开发通过了技术经济评价后，是否进行实施，还应进行企业盈利性的经济分析。只有符合企业盈利目标的新产品，才有发展实施的意义。任何一个企业，它要生存、发展必须要有利润。

新产品开发的经济分析，可采用以下方法：

（1）损益平衡分析法　通过对新产品在某一时期内生产成本、销售量和利润关系的分析，考察获得经济收益的可能性。

1）线性损益平衡分析：当新产品的销售总收入、总成本同产销量呈线性关系时采用这种分析，来判断开发这个产品的盈利或亏损。公式如下

$$E = R - C = PQ - (F + VQ_0)$$

式中，E 表示利润；P 表示产品售价；R 表示销售总收入；C 表示生产总成本；F 表示固定成本；V 表示单位产品变动成本；Q 表示销售量；Q_0 表示盈亏平衡点的销售量。

当损益平衡时：$E = 0$

即

$$PQ_0 = F + VQ_0$$

$$Q_0 = \frac{F}{P - V}$$

结论：

销售量 $Q>$平衡点 Q_0，将获盈利；

销售量 $Q<$平衡量 Q_0，发生亏损；

销售量 $Q=$平衡点 Q_0，不亏不盈。

如果企业目标利润 E 为已知，则决策新产品的发展规划，销售量必须达到某一个规模、才有盈利

$$Q = \frac{F + E}{P - V}$$

上述关系式要明确时间界限。如果定为一年，公式中 Q 应为年产销量，F 为每年应回收的固定成本，Q_0 为损益平衡时的年产销量，同样 E 也应是企业对本方案的年度目标利润额。损益平衡图见图 4-3。

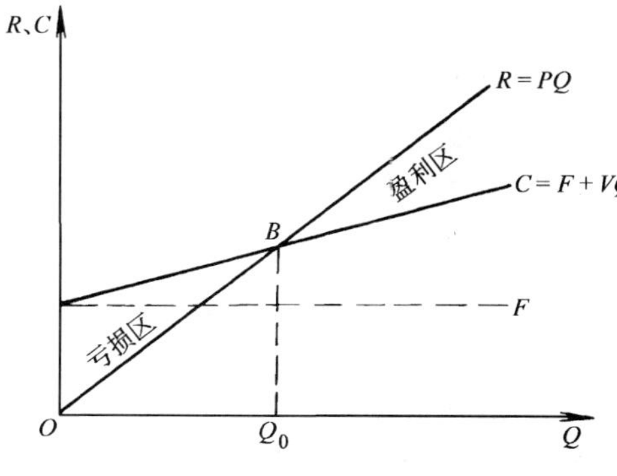

图 4-3　损益平衡图

2）非线性损益平衡分析：新产品销售收入 $R(Q)$、成本 $C(Q)$ 同产销量之间关系呈非线性关系。

E 为利润曲线（产销量函数）：

$$E(Q) = R(Q) - C(Q)$$

当产销量为 Q_1、Q_2 时，利润为 0；

当 Q 在 Q_1 与 Q_2 区间内时，盈利使利润达到最大；

$$\frac{dE}{dQ} = \frac{dR}{dQ} - \frac{dC}{dQ} = 0$$

利润最大化的条件为 $\frac{dR}{dQ} = \frac{dC}{dQ}$

式中，$\frac{dR}{dQ}$ 是总收入曲线上某一点切线的斜率，称为边际收益；$\frac{dC}{dQ}$ 是总成本曲线上某一点切线的斜率，称为边际成本。

边际收益等于边际成本时，利润最大。图 4-4 为总收入、总成本和利润曲线图。

(2) 现金流量分析法　新产品开发也是一个投资方案寻求回报的过程，现金流量分析法是考虑资金的时间价值因素，对投资方案进行动态经济评价。其原理是把预计新产品在市场生命周期中，所收回的收入（即现金流入量）折算为现值，同新产品的投资支出（即现金流出量）的现值加以比较，来评价新产品投资的经济效益。具体分析方法有：净现值法、内部利润率法、年度等值法和动态投资回收期法等。

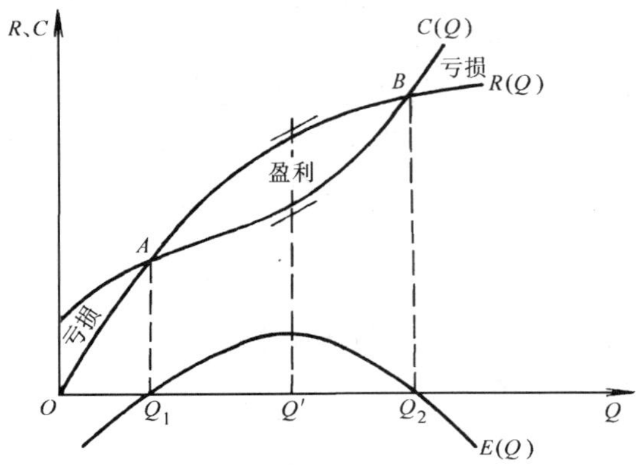

图 4-4　总收入、总成本和利润曲线图

(3) 价值分析　在开发新产品的过程中，能以最低费用生产出用户需要的产品，实现这个要求所使用的一套方法就叫价值工程，即价值分析。

产品的功能是指产品的用途和作用，而产品的功能是由零部件的功能来实现，而每一个机电产品又由许多零部件构成，通常是少数关键零件的成本占去成本的大部分，所以应选择关键零件作为价值工程对象，进行评价分析。

价值工程的核心是进行功能分析，价值工程已成为使产品或工程项目具有必要功能、降低产品成本的有效方法，并得到普遍应用。

$$V=\frac{F}{C}$$

式中，V 表示价值；F 表示功能；C 表示成本。

价值是评价成本与功能匹配是否得当的指标；

当价值等于 1，功能与成本匹配。

当价值大于 1，能用较小成本取得较大的功能。

当价值小于 1，为取得功能花费过多的成本。

通过寻求功能与成本之间的最佳关系，达到提高产品的价值的目的，并有以下途径：

一是功能不变，使成本降低；二是成本不变，提高功能；三是既提高功能，又降低成本；四是增加少量成本。使功能大大提高；五是功能稍有下降，成本大大降低。

第六节　开发新产品的方式

一、技术引进

技术引进是一种国际间的技术交流和技术转移，充分利用国外先进科学技术成果和成熟技术从事新产品的开发，可以争取时间，加快掌握新技术的进程，能为企业在技术上缩短与国际先进水平的差距，但是引进技术后，必须重视消化、吸收，在这个基础上创新，建立自己的技术体系，增强自主开发新产品的能力，促进企业自我发展。

技术引进的方式有：引进技术设备，许可证贸易、补偿贸易、合资经营、技术咨询和技术服务等。

二、自行研究与技术引进相结合

形成一种新产品的技术中，有一部分是自行研究出来的，另一部分是引进的。结合的形式大体有两种：一种是在充分消化引进国外先进技术的基础上，结合本身特点进行创新；另一种是立足于本身技术的基础上，引进某些新技术以弥补自己的不足，充分发挥本身技术优势，又吸收了国外先进的技术，使开发出来的产品具有先进性，见效快。

三、自行研究开发

充分利用本企业的科研成果和本身技术能力来研制开发新产品，这就要求企业有较强的技术力量。通过这种途径开发出来的新产品，企业也拥有了自有知识产权，使产品更具有竞争力。

四、应用新技术加快新产品的开发

激烈的市场竞争，使产品的更新换代加快。随着中国即将加入 WTO，产品生产要与国际接轨，传统的制造方法不能适应市场的需求。新产品的研制开发是一个复杂而精密的过程，涉及到材料、结构、性能、工艺、外观等一系列的因素，从设计、工艺分析、工艺装备、加工制造到出样品，用传统的方法最快用几周，长则几个月。

目前一种高新技术——快速成型技术，为新产品的开发提供了全新的方法。这是一种集精密机械、计算机、数控、激光、新材料于一体的高新技术，采用这种技术，能在几小时至几十小时内将 CAD 三维实体模型制成零件原形，即可对所设计的零件进行评价，测试（如几何尺寸、装配关系、性能等），进行修改 CAD 模型再制出零件原形，这样大大缩短了产品从设计到定型的时间。这种技术特别适合于机械行业的复杂零件、特殊零件、模具制造。在新产品开发过程中，快速进行小批量生产，去试探市场的反应，从而确立产品的市场地位和销售前景。

第七节　发挥专利制度的作用

一、专利制度在新产品开发中的激励作用

专利制度在本质上是一种以法律和经济的手段来鼓励技术创新，推动技术进步的管理制度。在专利制度中，通过法定的形式授予发明创造人以专有排他权，把发明创造视为一种财产，以产权的形式确定发明人对这种财产享有独占权，从而受到严格的保护。专利权本人可以利用其对发明创造的排他性权利对发明创造进行处分、使用、转让或许可他人使用，从中收取合理报酬。正如美国第十六届总统林肯所言："在没有专利法以前，随便什么人，随便什么时候，都可以使用别人的发明，这样，发明人从自己的发明中就得不到什么特别的利益了。专利制度改变了这种状况，保证发明人在一定时期内对自己的发明独占使用，因此给了发明和创造的天才之火添加了利益之油"，因而极大地调动了人们进行发明创造的积极性，这便是专利的最重要的作用——激励作用。专利制度的激励作用特别体现在企业的发展过程中，随着社会经济的发展，科技对经济发展的贡献率越来越大。企业之间的日趋激烈的竞争表现为产品的竞争，产品的竞争又表现为技术的竞争，技术的竞争又表现为专利的竞争，哪个企业拥有的专利数量多、质量高，哪个企业就因此赢得了市场竞争的优势，掌握了市场竞争的主动权。也正是因为这个原因，日本企业界、经济界把以专利为重要组成部分的知识产权列为与物力、财力、人力三大企业经营资源的"第四经营资源"。对于一个企业来讲，其

拥有专利数量的多少，质量的高低直接反映了该企业竞争实力的强弱。

二、专利制度在新产品开发中的有效资源配置作用

要进行技术创新，当然就离不开技术创新资源的配置，尤其是在当前资源极度有限的情况下，资源的有效配置显得尤为重要。专利制度在技术创新中起着非常有效的资源配置作用，避免了资源的极大浪费。

我们都知道，专利的保护是以专利的公开为前提的。各国的专利法案都明确规定，申请专利的发明创造都必须有内容详细完整的说明书，由专利管理机关在指定的专利文献上予以公开。在保护前提下的技术公开，一方面保证了发明创造能尽快为公众所知所用，另一方面，也避免了人力、物力、财力的重复和浪费，提高了资源的利用效率。相反，如果没有专利制度的保护，人们就不会愿意将自己的发明创造公之于众，并且会在较长的时间内把技术内容封锁起来，这样就会导致科学技术研究中的重复劳动、重复投资，延缓技术发展的速度，浪费技术创新的资源。

专利文献是专利制度的产物，是一种兼有技术、法律、经济的丰富信息，在国际上广泛交流的文献。专利文献具有质量可靠，生产量大，内容广泛详尽，报道迅速的特点。据世界知识产权组织的研究，全世界最新的发明创造信息有90%～95%都是首先通过专利文献反映出来的。在专利研究开发过程中充分利用专利文献的信息不仅可以节约40%的开发时间，还可以节约60%的研究开发经费。世界知识产权组织的统计资料同时表明，专利文献上公布的技术信息要比其他文献中的同样信息早1～3年。在进行技术创新的过程中，如果充分利用专利文献中的信息不仅可以避免重复研究和重复投资，还可以提高研究开发的起点，站在巨人的肩膀上向上攀登，始终紧跟本行业、本领域的最新发展动态，把握技术发展动向，不断调整其研究开发的计划和技术创新的战略，保持技术创新的高度，实现跨越式发展。

三、专利制度在新产品开发中的保护作用

知识经济时代，知识和技术不仅具有可观的经济价值，更具有巨大的商业价值，它往往决定了企业的市场占有率，更代表了企业的长远竞争力。专利制度作为一种技术创新机制，其内容就是依法授予专利权，保证发明创造者在一定时期内独占技术，为其收回投资，继续进行新的发明创造提供保证，这也就是说，专利的另外一个重要作用是保护，保护专利权人的合法权益，防止他人在未经许可的情况下无偿使用。在科技日新月异的今天，企业的生存和发展已离不开专利的保护，专利制度也必将在技术创新和科技进步中发挥更为重要的保护作用。

在我国，专利的保护分为司法保护和行政保护两种，司法保护是指专利权人对侵权人提起民事或刑事诉讼，以及不服专利行政机关做出的决定而向人民法院提起的行政诉讼；专利的行政保护是指专利权人就专利侵权纠纷或权属纠纷请求专利行政机关处理。随着社会主义市场经济体制的逐步完善，我国的专利保护工作将会得到进一步的加强。

四、专利制度在国际技术引进和技术合作中的作用

当今时代，经济全球化、一体化的趋势在加剧，国家与国家之间、企业与企业之间的技术交流与合作也越来越多。在交流与合作的过程中，专利制度对拥有技术一方的利益的保障显得尤为重要。尤其是对于发展中国家而言，是否建立专利制度以及专利制度完善与否在一定程度上直接决定了对外交流与合作的成败。只有完善的专利制度以及良好的投资环境，在很好地保障发达国家利益的前提下，才有可能引进其有价值的科技资源，从而促进本国经济

的发展。

以我国为例，在没有专利制度的改革开放初期，来华投资的外商都不愿意向中国转让技术，因为在没有专利保护的情况下，往往发生“一家引进，百家使用”损害外商利益的事情。自从1985年我国实施专利制度以后，加强了对技术的保护，因而来华投资的外商剧增。随着我国社会主义市场经济的不断完善以及专利制度不断发展，我国的对外贸易与合作也越来越频繁，国外大企业、大公司来我国投资转让技术的日益增多，受保护的专利技术的比例也在逐步提高。这也表明，专利制度为我国的技术引进提供了制度保障，有利于国外先进技术向我国转移，有利于我们集中优势兵力开展改进专利的研究，形成自主知识产权，实现跨越式发展。

教学案例四

依托高新技术开发新产品

公司：广东华金公司——华南理工大学高新技术企业

业绩：目前在广东省粉末冶金行业中，是技术水平最高、发展速度最快的新型企业。生产能力、销售额每年高速增长。

一、新产品开发取决于市场的需求

新产品开发必须以“市场存在需要和满足这种需要的可能性”，以及“本身具有发展和制造该产品的技术”为前提。

机电产品正向精密化、轻量化、多功能、高效、节能方向发展，精密成形代表了机械制造业零部件的发展方向，而粉末冶金作为一种少无切削的高效金属成形的基本方法之一，以金属粉末为原料，用成形—烧结—精整—后处理工艺制造零件，可实现零件制造的精密化、高效、低耗能。

市场上对粉末冶金零件的需求，仅从汽车、摩托车行业来看，每年需求量达10～12万t，而目前国内由于受技术水平等方面的制约，生产能力仅3～4万t。需求量大，市场缺口大，再加上其他行业机电产品零件的需求，可以预测该类产品具有巨大的市场潜力。作为一个决策者，对市场准确的判断能力，将会决定新产品的命运及前景。

二、依托高新技术开发新产品

依托高新技术、多学科交叉、多项技术集成来支持新产品的开发，这样可使新产品具有比较高的起点，有较强的占领市场的能力。

粉末冶金产品，综合了材料设计、制备与成形、模具设计与制造、专用设备设计与制造、在线控制与自动控制等方面技术。近几年来，该公司在承担“国家科技攻关”、“国家自然科学基金”、“国家军工项目”、“广东省自然科学基金”、“广东省科技攻关”等重大科研项目中，取得了多项科研成果，从材料的制备、成形工艺及成形设备、到产品的实际应用，积累了丰富的经验，拥有雄厚的技术力量。特别是这些研究项目紧密结合了生产实际，使其具有较高的推广应用价值。当这些科研成果应用到粉末冶金新产品开发上，能使产品在性能、技术指标、可靠性、制造周期、使用寿命、成本达到最佳组合，取得最理想的效果。

三、新产品的定位

1. 进入具有发展潜力的行业

粉末冶金行业属于新兴的高新技术产品。粉末冶金工艺与常规的铸锻、切削加工工艺相比，具有节能、节材、高效、无污染、低成本等特点。我国粉末冶金技术始于20世纪60年代，但直到20世纪90年代才获得快速发展。近十年来，我国粉末冶金制品的市场需求每年以20%以上的速度增长，增长速度远远高于其他制造业的增长。特别是随着中国正在逐步成为世界制造业的中心，粉末冶金的发展方兴未艾，具有很好的发展前景。

2. 发挥特色优势，产品进入中高端市场

目前，全国粉末冶金企业近400家，大多数企业技术力量薄弱，生产工艺落后，生产规模较小，生产效率低，只能生产性能较差、精度低、质量要求不高的零件，因此企业只能利用廉价的劳动力，通过降低价格在粉末冶金制品的低端市场展开激烈的竞争，而中高端市场依然存在相当大的需求缺口。但由于国内企业大都因开发能力不强，难以生产出高质量的粉末冶金零件，至使大量的中高端市场被进口产品或外资企业所占领。而该公司是与高校合资的企业，高等院校拥有丰富的人才，雄厚的研究、开发能力，积累了一批具有推广价值的科研成果，综合技术水平已达到了国际先进水平，部分指标达到了国际领先水平，为公司开发中高端市场奠定了坚实的技术基础，公司的产品一进入市场，因其优异的性能，稳定的质量，就得到了用户的青睐，因此使公司得到快速发展，获得良好的经济效益和社会效益。

四、科研成果快速转化为强大的生产力

高等院校拥有雄厚的科研能力,积累了大量的科技成果,但一项科研成果,只有真正成为在市场上的产品,才具有实用价值,对国民经济的发展才有促进作用。目前,高校成果的转化率不到10%,如何有效地把科研成果转化为生产力,是值得我们深思和有待探究的问题。

该公司在成果转化中重点考虑到以下几方面因素：

(1) 成果的市场价值　首先，在实施成果的转化之前，首先做好广泛的市场调研，进行深入的市场分析论证，使得成果转化后一定要得到市场的认可，而且应具有市场发展潜力。

(2) 注重成果的先进性　利用科研成果开发新产品，一定要在使用功能、特性等方面具有创新性和先进性，只有这样新产品进入市场后才会形成自己的卖点。该公司的新产品一方面性能优异，产品在机械强度、耐磨性能、精度等方面与市场上的产品相比具有明显的优势，另一方面是成形手段先进，生产效率高，生产成本较低，使得新产品对客户具有很强的吸引力，有利于市场的开拓。

(3) 注重成果的成熟性　目前高等院校的成果往往只追求其先进性，而忽视了成果的成熟度。很多科技成果虽然在创新性、功能性和各项技术性能参数都处于较高的水平，也有十分诱人的市场前景，但真正要转换成市场产品却存在很多难以解决的问题（或者企业自身条件下短期内无法解决的问题），也就是说成果转化为市场产品还不成熟。在这样的情况下，如果盲目上马，会导致成果转化失败，这也是我国的科研成果转化成功率不高的主要原因。该公司在选择成果进行转化时，根据公司的实际情况（资本实力、技术水平、工艺工装水平等），充分考虑成果转化过程中存在的各种问题。使得在成果的转化、新产品的开发过程比较顺利，让成果迅速转化为生产力。

(4) 一步领先，步步领先　一项科研成果往往具有多项优异功能或特性。该公司在成果转化过程中往往是先转化成果的某一部分,这样可以缩短新产品开发的周期,使成果尽快产生经济效益,利用所创造的效益继续完善成果其他部分的转化。这样一方面降低了开发费用,而更重要的另一方面，使得产品的功能和性能在市场处于领先地位，一旦人家的产品性能与公司的性能接近时，该公司的产品又增加了新的更优异的性能，做到人无我有、人有我新，使得公司产品的性能在市场上一步领先，步步领先，产品在激烈的市场竞争中获得先机。

五、市场营销策略

1. 选择最佳切入点开拓市场，集中优势兵力各个击破

一流的产品，一流的服务，一流的效益是企业的经营宗旨。企业的追求是争做第一。在开拓市场方面华金公司考虑到本企业初期的规模较小，要全方位与中大型企业去竞争市场很不现实。根据公司具有产品开发能力强、技术领先的特点，新产品定位于中高端市场，但如何选择市场的切入点成为开拓市场成败的关键。根据市场调研的结果，公司把目标瞄准了办公机械行业。这个行业是近年来迅速发展起来的行业，办公机械中有许多粉末冶金零件，这些零件大多从国外进口，而国内的大多数粉末冶金的生产厂家技术水平满足不了要求。公司正是根据自身的特点和技术优势，开发出高强度粉末冶金结构件产品，进入办公机械市场后受到广泛的欢迎，一举取代了进口产品，用不到两年时间就使公司的产品在办公机械—碎纸机行业的销量成为全国第一，这样也就确立了公司在粉末冶金行业的地位。公司就是这样集中优势兵力攻克一块一块市场，使得华金品牌在华南粉末冶金行业无人不晓，在全国粉末冶金行业也有较高的地位。

2. 发挥地利优势，建立良好服务机制

在市场区域方面，重点面向珠江三角洲地区。珠江三角洲地区是我国改革开放 20 多年来新兴的工业发展区域，并逐步成为世界性的制造加工中心。许多国际上的大公司，特别是港台企业纷纷来此地区投资设厂，使此地区的工业、经济步入了发展的快车道，这给粉末冶金企业提供了良好的市场发展空间。该公司位于珠江三角洲地区，也就获得了天时、地利的优势。特别是近年来企业普遍面临市场竞争的压力，大多追求低成本、高效益，生产配套力求零库存。该公司以此为契机，建立良好的服务机制，在珠江三角洲区域内，一律提供免费送货服务，而且是 24h 全天候服务，保证给每位客户及时供货。因此，可靠的产品质量再加上良好的服务，使公司的用户群迅速发展，市场份额快速提高。

3. 稳定客户靠良好服务

质量是产品走向市场的通行证，而良好的服务是产品生存的条件。本着用户至上的宗旨，该公司提供 24h 全天候服务，从订单、生产过程、产品检验、发货，到跟踪服务，一切以用户满意为准则。

从销售到生产公司采用了计算机管理，对市场环境的不断变化和用户需求的瞬息万变，能作出灵活、快捷的反应。粉末冶金是一种新兴的制造工艺，与传统的工艺相比，产品的结构、性能与检验数据都存在着一定的差别，有的用户对此并不了解，因此，与客户沟通和交流显得非常重要。为此，公司设立专门的技术小组上门与客户进行交流，不定期地在客户所在地举办专题技术讲座，让客户对本公司产品的技术性能参数有一个全面的认识，纠正了一些传统的偏见，并且帮助客户解决一些技术上的难题，及时掌握用户的需求，有效地提供令用户满意的产品和服务，使公司的客户群非常稳定。

六、满足用户需要并取得良好的经济效益是新产品开发的目标

衡量一个新产品开发成功与否，一是要看它是否能满足用户需要；二是要看经济效益。粉末冶金技术使精密成形零件一步到位，与传统的机械制造相比，可以节省大量时间、金

钱、能耗，因而得到用户的欢迎。粉末冶金技术是一种高效率的制造技术，原材料来源广，成本低，效率高。毛利率可达到30%。

该公司从1995年开始进行新产品的研制开发，1996年试生产并投放市场，1997年开始批量生产，1999年开始大批量生产，用了5年时间，完成了粉末冶金新产品从研制开发到规模生产的全过程，从一个小规模生产车间发展成一个粉末冶金专业生产厂，实现了把科研成果转化为生产力的目标。

目前该公司已开发出应用于汽车、摩托、制冷、办公设备等十个大类，300多个品种的粉末冶金件，取代了进口产品。仅在碎纸机零件上，已经配套了外资生产厂20多家，这些工厂生产的碎纸机全部出口到国际市场。

1997年产值：100万元；

1998年产值：300万元；

1999年产值：1000万元；

2000年产值：2000万元。

教学案例五

企业如何拥有与世界同步的先进技术

——广州东风本田发动机有限公司

拥有与世界同步的轿车铝合金压铸缸体生产技术启示录

一、背景

汽车的心脏是发动机，而发动机上最复杂、最重要、最大的铸件是缸体。

当国外50%的轿车开始采用铝合金缸体时，国内汽车制造厂多数还采用铸铁，或是进口铝合金缸体。

年轻的中国汽车制造业迅猛发展，但关键的零部件还是靠进口。中国加入WTO后，要与国外汽车竞争，惟有提高自己的制造技术水平，而这一切必须从汽车零件做起。当我们能够自己制造最复杂的缸体零件时，那么其他零件同样更能制造出来。这是中国汽车工业国产化必须要走的过程。

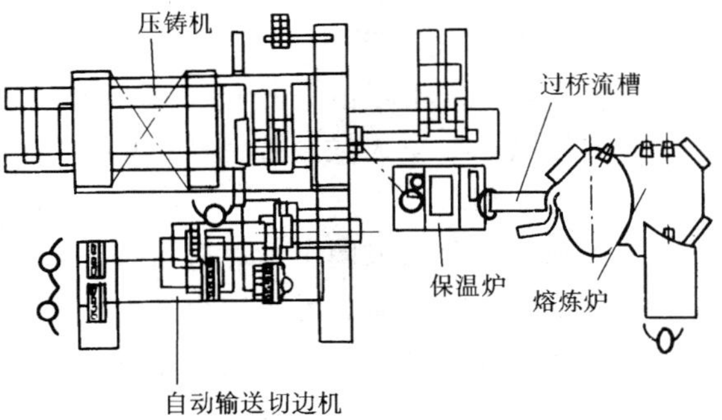

图4-5 生产线布局

为了加快这一进程，以最少的投资、最快的速度、最好的收益，使自己及时拥有与世界同步的铝合金压铸缸体生产技术，广州东风本田发动机有限公司于2000年投资了4000万元，引进日本2500t压铸机，仅用一年的时间兴建了中国第一个年产10万台轿车缸体生产基地。

1）生产线由熔炼炉、金属液输送过桥流槽、保温炉、压铸机、自动输送切边机、冷却装置等装备组成，如图4-5所示。

2）生产工艺流程，如图 4-6 所示。

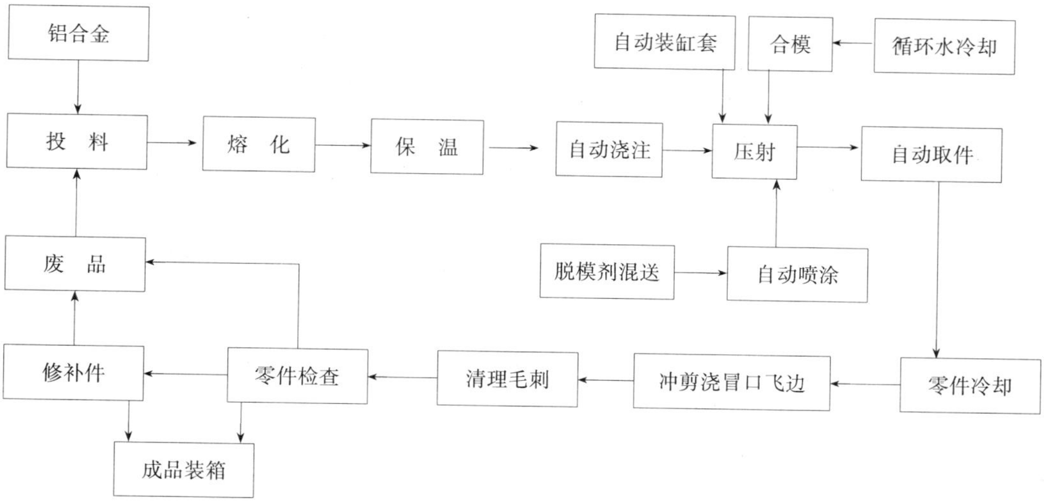

图 4-6 生产工艺流程

二、在引进、消化、吸收的基础上创新

设备是最先进的，并引进了日本的压铸生产工艺，但由于生产条件、环境等与日本不同，照搬国外先进技术并不成功。开始投产时，50%是废品（主要是泄漏）。经过不断试验、改进，采用了自己研制的一套压铸工艺，使合格率达 95%。

引进国外先进设备后，在充分消化引进国外先进技术的基础上，充分发挥本身的技术优势，结合本企业特点进行创新，结果与国外同类生产厂相比，广州东风本田公司生产技术更为先进，工艺更加精益。如从熔炼炉到压铸机保温炉，国内外的工艺都是设置一套金属液输送装置，而东风本田则自行设计制造了金属液从熔炼炉到压铸机保温炉直接流动的 4m 输送过桥，大大简化了工艺流程，对提高金属液质量更有保证。

三、效益

1）项目投资用了 4000 多万元。原来广州本田轿车是从日本进口缸体，日本卖给中国最早是 1700 元/个，当知道中国自己要做缸体，降价到 1565 元/个，后来再降价到 1315 元/个。从 2001 年至 2002年，东风本田生产了65000个缸体，已装到广州本田轿车上。国产缸体价格仅为 669 元/个，一个缸体节省 646 元。如图 4-7 所示为国产缸体。

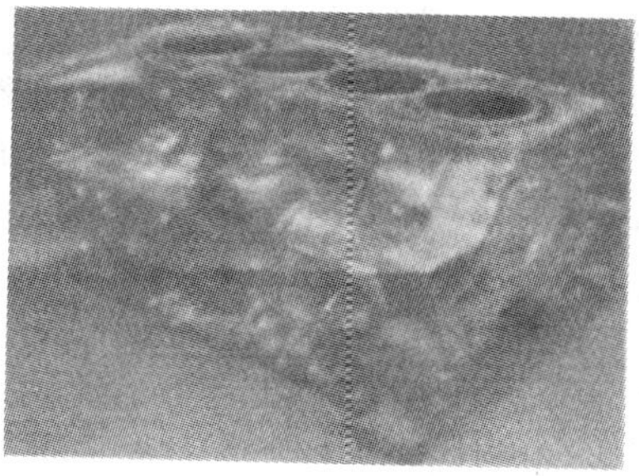

图 4-7 铝合金压铸缸体

共节省资金：65000×646 元＝4199 万元

即投资成本已经收回。这个过程只用了两年时间。

2）填补了中国在铝合金缸体压铸生产技术上的空白，创造了大型压铸厂建厂效率的新纪录。

3）替代了进口缸体，提高了汽车零件国产化率，提高了中国汽车零部件铸造技术。

4）为国内将要生产铝合金缸体的厂家提供了成功经验和技术支持。

第五章　机电产品价格策略

企业是以盈利为目的的经济实体，而价格是企业盈利的必要手段，是产品在市场上实现其价值的唯一途径。适当的价格可以吸引顾客，开辟市场，为企业赢得竞争优势，不合理的价格会使企业失去竞争力，从而丧失市场份额。如何科学地制定合理的价格并灵活运用价格策略，是机电产品市场营销面临的难题。对价格的探讨，不仅依赖理论的指导，更依赖于实践。

第一节　价 格 竞 争

1996 年，中国香港地区报业的降价大战，曾一度使香港地区的报业陷入困境，并形成恶性循环。当时，许多家报业公司为了在价格战中取胜，只得亏本经营。在我国，1998 年微波炉价格大战，终于使"格兰仕"微波炉凭技术和实力，在付出一定的代价后，挤垮了许多竞争对手而占领了国内大部分市场。无论是经济发达的国家还是发展中的国家，人们普遍接受的依然是物美价廉的产品。事实证明，在同类、同质、同品牌等级的产品中，顾客关注的焦点几乎都集中在价格上。因此，厂家为争一席之地，常演价格大战。价格在市场营销中起着如此重要的作用，吸引了学术界、企业界对它的关注。在本节中，我们将透过价格竞争的现象，分析价格的本质，研究价格与企业间竞争的关系，使企业对价格有一个正确的认识，并善加利用。

一、价格的本质

商品价格是商品价值的货币表现形式。在市场中，商品的使用价值以一定的价格经过商品交换而体现出来。随着市场环境、交易条件等参数的不断变化，商品的成交价格必然呈现动态性特征。但这并非意味着价格的变化无规律可循。从一个稳定的变化周期来看，价格的变化总是围绕着商品的价值。当商品供不应求时，其市场表现为价格高于价值，而这一现象势必吸引新竞争厂家的介入，供求关系将很快趋于平衡，商品价格也必然下调从而逼近产品价值。当商品供过于求时，其市场表现为价格低于价值，而这一现象又必然导致一些竞争力弱小的厂家引退或溃退，此时供求关系也会很快趋于平衡，商品价格必然上调从而趋近商品价值。总之，市场经济中的价值规律是制定产品价格时必须遵循的基本规律，价格的制定具有科学性。

然而，科学地制定合理的价格就一定能使产品增加竞争优势吗？就一定能在 4*P* 组合策略中发挥出应有的作用吗？答案是：不完全肯定。有实例表明，在泰国首都曼谷一家专营儿童玩具的商店里摆卖着造型相似、质量相同、标价相同且合理仅产地不同的两种机械玩具小鹿。然而，标价均为 3 角 9 分的这两种小鹿的销售却一直很不景气。后来，经营者改变了原有对于相似产品采用相同价格的定价策略，转而采用相似产品拉开价格档次的新定价策略，即维持日本玩具小鹿的价格不变，将台湾玩具小鹿的价格提高到 5 角 6 分。结果，顾客在比较这两种同质且造型接近的小鹿后，立即体会到日本生产的玩具小鹿物美价廉，购买日本小鹿的行为突然变得十分踊跃，日本玩具小鹿随即销售告罄。此时，商店再将台湾玩具小鹿的标价降回到原有水平，而顾客在大幅度地降价刺激下，也开始踊跃购买台湾产的机械玩具小鹿。由此案例可以体会到，价格的制定不仅是一门科学，也是一门艺术。合理的价格只有在正确的价格策略中才能发挥其应有的作用。

二、价格与竞争的关系

盈利是企业经营的主要目的之一。企业利润的获得是通过产品以一定的价格在市场上实现来完成。在目前国际国内市场产品大都处于供过于求的形势下，市场竞争必然白热化。企业要在竞争中取胜，必须具备一定的竞争优势。根据美国学者迈克尔·波特提出的竞争战略模型，企业在竞争环境中，通常要面对五种主要的竞争威胁（如图 5-1 所示）。其中，新竞争者加入表示它具有一定的实力或者它具有一些实质性的资源，在这种情况下，他的加入将使得整个行业的平均价格下降或使整个行业的成本上升；替代产品的涌现，也将使行业成本上升或价格下降；原有的行业内部竞争者已经竖起了一个竞争参与的壁垒，他们将提供性能更好的差别化产品，开辟新的销售渠道和采取降低价格的措施，从而对企业构成威胁；企业的供应商抬价或脱离，可能导致产品原材料价格上升，从而最终导致产品价格上升。此外，供应商的讨价还价还可能导致原材料质量，进而影响到产品质量的下降；来自客户方面的威胁主要是其压价或脱离，使产品价格被迫降低或在一定价格水平下向顾客提供质量、性能、服务、更好的产品，使竞争加剧。

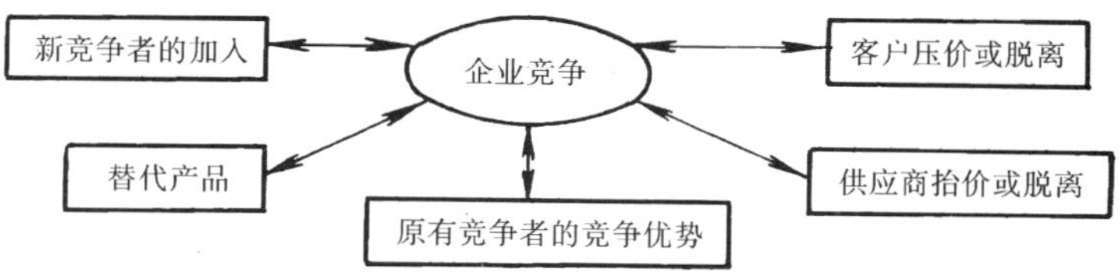

图 5-1　波特竞争模型

从波特模型可以看出，企业的五种主要竞争威胁均与价格紧密相连。实际上，价格的调整往往比产品其它要素的调整更具操作性。例如，改进产品质量的过程远较改变产品价格的操作艰难而漫长，因此，在竞争中，产品价格的竞争特别是厂家的降价竞争，常被厂家广泛应用，所取得的效果也是立竿见影的。厂家降价的目标十分明确，抢占市场份额，挤垮对方，即使以利润为代价也在所不惜。

三、价格竞争的主要原因

价格竞争是指企业通过改变、调整价格策略，增加产品竞争优势的行为过程。其原因是消费者永远追求物美价廉（总体上），而厂家要满足消费者需求，要体现产品的差异化。在价格竞争中，主要有高价竞争、降价竞争两种方式。其中，高价竞争是指企业利用顾客价高即货好的消费心理以及显示高消费级别的“富人”心理，以比同类产品高得多的价格销售产品。这种竞争方式通常用于名牌企业、名牌产品的销售或定位为富人消费层的豪华商厦的精品销售。显然，这种竞争是面向小范围的高消费群。然而，在整个市场疲软的总体形势下，例如在二十世纪末的 1997 至 1998 年间，亚洲金融危机席卷亚洲并波及全球经济的环境下，高价竞争的开展将十分艰难，很难收到应有的效果。而降价竞争是以价格优势吸引顾客，从而提高产品的销售量。这种竞争主要用于扩大企业的市场占有率，以获得薄利多销的效果。按照常规，名牌产品的价格高于一般的同类产品，因为绝大多数名牌产品具有高知名度、高性能、高质量、高信任度、高忠诚度以及售后服务优良的特点，顾客均认可它的高价值。即使这样，名牌企业的名牌产品有时也不得不降低价格来谋求其它指标或目标的改善或实现。

1993 年，品牌价值排列世界榜首的万宝路 Marlboro 香烟，在当年春季将每包香烟的价格削减 40 美分，以品牌价值（1994 年万宝路品牌价值退至世界第二位）和利润的双重代价，在烟草行业取得了优势地位，挽回了曾丢失的部分市场（如图 5-2 所示）。直到 1994 年，万宝路香烟才重新恢复原有的价格水平，因为一些实力不足的竞争对手已在降价竞争中被挤出了市场。

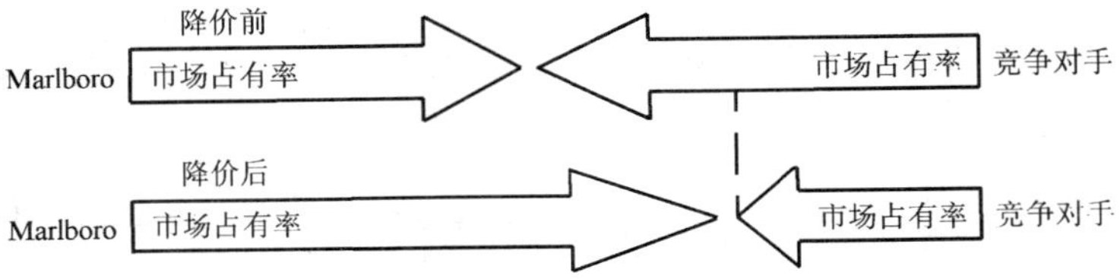

图 5-2　1993 年～1994 年香烟市场竞争状况

目前，企业降价竞争常用的方式有：

● 点利销售：即以公开毛利率销售

● 折价销售：即在原零售价的基础上降价销售

● 进价销售：即按商品进价销售

● 低价销售：即以低于市场的价格销售

从总体上看，降价销售，顾客可得到较多的经济实惠，优势企业可扩张市场份额，经济结构将向着更合理的方向调整，国家的零售价格也将保持稳定，最终通货膨胀得以控制。但是，降价竞争也存在不少问题，如

● 厂家自身利益受到损害

例如，几乎目前所有国内生产彩电的厂家都曾在价格大战中，将一些型号的彩电以低于成本的价格出售，以求生存，厂家的损失在疯狂的价格战中是十分明显的。一些状况好的厂家，可以通过旺销的其它产品或其它型号仍能盈利的彩电来弥补亏损，但为数众多的厂家都在全线亏损，若无一定的积累和转机，破产是指日可待的。

● 质量战略难以实施

长期的低价竞争，使厂家以质量取胜的战略难以得到顾客的认可和信任，顾客在价格上的趋利，则使企业既缺乏原动力又缺乏经济基础来继续高举质量的旗帜。久而久之，恶性循环必然形成，厂家均以质量为代价追求低成本以保利润，整个行业将失去正常的竞争环境。

● 消费者利益受损

例如，许多消费者都在低价购买中吃尽了苦头，如短斤少秤、功能不符、用料低档、做工粗糙等等。

● 明降暗不降，诱使顾客上当

例如，一些空调降价后，不包安装，如需安装空调还须再缴安装费，从而造成了实际上的稳价或涨价。

● 倾销

降价导致的产品倾销，更容易造成市场流通秩序的混乱，企业形象受损等负面影响。目前，世界上的许多国家和组织都制定了明确的条文对倾销进行约束和制裁，WTO 也制定了相应的措施。

● 售后服务水平下降

有些企业降价后，售后服务水平大大降低。一方面，降价使企业无实力改善质量，另一方面由于降价引起的抢购风潮使厂家的生产措手不及，为保证市场供应，一些企业无暇顾及质量因素，从而降低了产品质量。比如，20 世纪 80 年代国内一些名牌冰箱生产企业，为了在 1988 年的抢购风中满足市场需求，拚命赶产量却放松了质量要求，迅速扩大的市场又使售后服务又跟不上，结果导致企业名声扫地，如今，十几年过去了，这些 80 年代的名牌企业仍未恢复元气。但是，若企业能借此机会，虽降价但质量不减甚至还有所提高，那么企业的名声可以借机大振。

● 行业垄断

在降价战中，优势企业虽挤垮了非优势企业，使企业竞争趋于规范，但也极易形成行业垄断，从而使消费者难以长期受益，也难以有效激励行业的创新。为了提供公平竞争的环境，鼓励行业的有效发展，政府坚决地反击垄断。通常采取的政策行为是制定有关的条例，约束企业的过分膨胀。例如，1999 年 11 月 5 日，美国司法部发表微软垄断案（占据美国整个软件业市场的 60%以上）裁定书便是反垄断的实例之一。

因此，对降价竞争要有一个正确的认识。不能把降价竞争当作长期的竞争手段加以使用。1998 年 5 月 1 日开始正式实施的《中华人民共和国价格法》，对企业推进公平、公正、公开的价格竞争，有了明确的规定，对价格竞争的正常化、规范化、制度化起到了积极的作用，是价格竞争的准绳。

总之，降价竞争有利有弊。要使其利大于弊，则必须有与之匹配的企业战略、市场定位战略和产品战略。无论利弊如何，均不可否认价格竞争有主观因素，也有其客观性。例如，当某个行业重复建设过多，产品的技术含量低，初入市场又有盈利，那么对于大量涌入的同行厂家而言，降价就是这类竞争的必然结果。它将迫使厂家提高产品的技术含量，将弱小者淘汰出局，加速产品创新，这于消费者、于社会、于厂家都是有利的。因为它客观上拉开了产品的档次，最终也稳定了市场。

第二节　定 价 程 序

制定价格必须依据科学的方法和程序，因为价格具有科学性。制定产品价格时必须综合考虑影响、约束产品价格的各种因素，明确定价的目标，即企业期望以产品销售而获得的回报；还要考虑为达到定价目标时采用的定价方法，而定价方法的选择、定价策略的运用显然与产品自身的特点、竞争对手的产品价格、国家的物价指数等等密切相关。在本书中，我们将详细讨论企业定价目标的选择、产品各类弹性系数的测算以及竞争对手的价格分析问题。

一、定价的程序

价格体系的制定，必须依照一整套科学的程序（如图 5-3 所示）逐步进行。显然，由于竞争对手、成本的不断变化，产品定价也必须适时应变。

二、定价目标的选择

企业产品定价的多目标选择如图 5-4 所示。

（一）以扩大市场占有率为目标

市场占有率的高低是企业经营状况、产品竞争力的主要衡量指标。较高的市场占有率表明产品较高的销量，为企业赢得长期的利润回报奠定了坚定的基础，对于企业形成行业霸主的地位关系极大。一旦企业霸主地位形成并稳固，企业控制市场的能力就增强。因此，不少的企业采取高低杠策略：先以低价进入市场，待占领市场并取得一定的顾客信任度后，便提高价格。

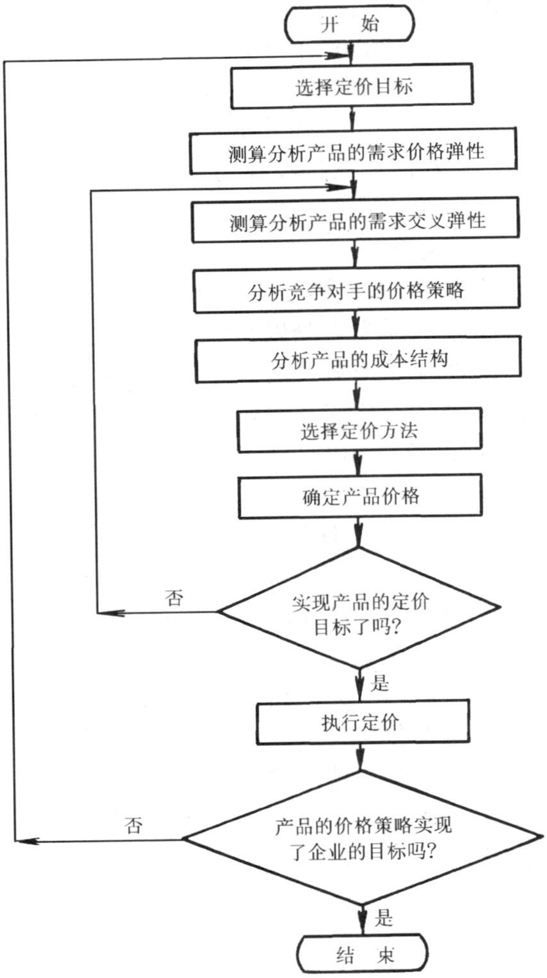

图 5-3　定价程序图

（二）以提高企业利润额为目标

通常，利润目标是指利润最大化目标。所谓利润最大化是指企业在一定阶段可获得的最大盈利。企业盈利来源于销售收入扣除全部成本之后的余额。如果一味追求最高售价，可能会导致销量下降、社会总需求减少，因此，实现利润最大化的定价目标，必须与企业的竞争实力、顾客对产品的认可程度、整个经济形势的状况联系起来。通常，以追求合理或最大利润作为定价目标。

（三）以应付竞争为目标

（1）销售量目标　以追求一定的销售量为定价目标，旨在表现企业业绩的提升，并通过销售量的提高，引导生产量的提高。在大批量的生产中，工人、管理人员的技术将愈来愈成熟，原材料的价格在一定的供货规模下得以降低，其结果是以销量的增加获得规模经济的效果，即生产成本下降，以保证产品在价格竞争中即使低价出售但仍有利可图。

（2）投资收益率目标　以投资收益率为目标的定价，其价格高低往往取决于企业投资收益率的高低。当企业需要迅速收回投资或者当企业需要迅速获取高额利润以快速收回产品的开发费用时，企业往往采取高价策略。而投资收益率的确定往往有其自身的规律。根据经济学原理，当投资主要来源于企业自有资金时，投资收益率必须大于银行同期存款或其它证券的利率；当投资来源于银行借贷资金或其它方投资时，投资收益率必须大于同期贷款利率或借贷利率。利率越高，价格必然越高。因此，任何

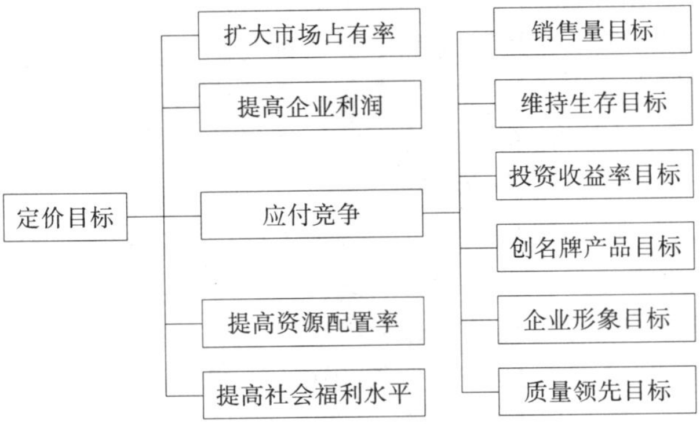

图 5-4　企业产品定价的多目标选择

新产品的开发都应在市场调研的基础上进行可行性分析。

（3）创名牌产品目标　以创名牌产品为目标的定价方法，主要考虑到创名牌产品较之一般产品所必须投入的长期、巨额的广告、包装、质量改进、销售等方面的费用支出，创名牌产品的高投入、高成本。事实上，一旦产品成名，不仅能给予顾客高质量、高性能以及优质的服务，还能给顾客带来无形资产，如显示顾客的高品味、高消费级别等等。因此，名牌产品可以定高价，顾客也能接受高价位的名牌产品。以空调为例，广东省科龙电器集团股份有限公司生产的科龙牌柜式、分体式、窗式空调机和冷柜机，容声牌电冰箱等等，均是广东省名牌产品，在激烈的市场竞争中为企业牟取高额利润。而且，容声牌电冰箱已是连续9年荣居全国产销量第一。

（4）企业形象目标　以保持或配合建立一定的企业形象为定价目标的定价方法，常属于整合营销的一个分支。实际上，单纯为定价而制定价格是毫无意义的，是不可能收到良好效果的。因为价格常服务于总体营销目标，它与传统营销中的其他3P：销售渠道、营销推广、产品环环相扣，不可分割。价格的标定，就表明了产品的市场定位。而关于价格高低的评价，主要参照竞争对手的价格以及目标顾客群的反馈意见。所制定的价格应尽可能与目标顾客的心中价、需求相符。例如：消费者心目中的“地摊货”就是低档价廉的产品。因此，精品不可能通过地摊销售。

（5）质量领先目标　以质量领先为定价目标，主要是从价格上体现产品质量方面的优势。一般而言，质优产品的成本要高于其它产品，因此，质量领先产品的价格定位一般要高于普通质量的产品，以迎合顾客“便宜没好货，好货不便宜”的心理。例如，佛山的“鹰牌”地砖一般比排名第二位的同类产品价位高出约1倍，但因其质量遥遥领先，受社会认可，所以仍十分畅销。

（6）维持生存目标　以维持生存为目标的定价方法，常用于在特殊背景下的企业经营销售。如：

· 市场极易疲软
· 市场竞争恶化
· 新材料价格突然高涨
· 原材料供应严重短缺
· 新产品加速更新换代
· 产品原有的优势不再而进入衰退期
· 产品大量积压，难以维持正常销售

出现上述情况时，企业常采用大幅度降价的措施，力争保本甚至于亏本经营以赢得为寻求对策所需的喘息时间。显然，这类方法，不能长期、频繁使用，因为，若出此下策仍不能力挽狂澜，往往就只剩下最后一条出路：倒闭。

（四）以提高资源配置率为目标

在全世界高歌可持续发展，整个世界倡导经济、社会的发展要与自然的承载力相匹配的背景下，一些企业开始将提高资源配置率作为制定产品价格的目标之一。作为国家经济的实体和主要支柱力量，企业应当为其自身、国家和整个人类的可持续发展做出应有的贡献，而对资源消耗的约束以及提高有限资源利用率将是企业最主要的贡献。

从整个世界来看，人类面临十分严峻的环境。人口急剧膨胀，资源进一步减少，环境污染严重，生态平衡遭到破坏，社会问题进一步恶化。资源的过度开采严重影响了生态平衡，地球——我们共同居住的环境，酸雨增加，沙漠面积递增，保护地球生灵的臭氧层出现了几次空洞，海平面上升，气候变化明显，人均耕地减少，失业人口增加，在高速增长的经济繁荣背后是地球越来越小的承载力。

中国目前面临的问题更加严重。可耕地仅为全球人均占有量的 32.3%，森林仅为全球人均占有量的 14.3%，淡水仅为全球人均占有量的 28.1%，石油等一些重要矿产资源相对不足，资源十分短缺而资源利用率却很低。

企业资源的短缺现象也十分突出。可利用的设备工时、可使用的人力资源、可支付的资金等等都十分稀少,因此,充分提高资源的利用率,企业有着巨大的能动性。将企业从粗放型生产经营模式转变为集约型生产经营模式,已经成为企业求生存的唯一途径。一些企业已经开始考虑利用价格(如影子价格)来反映资源优化配置的需要。这些企业不是用产品的生产成本作为定价的成本依据,而是在总成本中,增加机会成本这一反映资源配置效率的成本要素。

（五）以提高社会福利水平为目标

在市场上存在着两种相互矛盾的抉择：一是满足人们需要，一切从保护消费者利益出发，在这种指导思想下，企业制定的产品价格必然是以最大性能价格比为最高目标，顾客自然就能买到物美价廉的产品；二是从企业自身利益出发，以获取最大利润和企业最大经济效率为最高目标，在这种指导思想下制定出的产品价格必然是较高的。虽然，任何企业在制定价格策略时不可能完全从保护消费者的利益出发，但是如果完全损减消费者利益，那么企业就失去了存在的基础，必然受到来自消费者的强大抵抗和消费者委员会的制裁。因此，这种讨论就转变为类似于“主观为自己，客观为别人”还是“主观为别人，客观为自己”的大辩论了。客观地说，主观为企业，客观为消费者是一般企业的现状。但是，要在市场竞争中保持常胜，则必须以最大限度的提高社会的福利水平为定价目标之一，这是社会经济发展的大趋势。事实上，随着电子商务的发展和完善，人们足不出户便可轻易获取所有的产品信息，作出合理的购买选择。因此，找出顾客关注的产品特点，标出顾客心中的价格，才是关键。以空调产品为例，原来购买空调器的顾客，很难拿到表明不同品牌空调器之间差别化的相关指标，来帮助他们作出正确的购买决定。但不久的将来，随着信息化的发展信息网络的铺设，人们即可在计算机前查询有关各种品牌空调机的所有资料。实际上，企业也在努力地宣传自己，例如：广东科龙电器集团股份有限公司的网址为：http://www.kelon.com.cn.，通过网站，科龙向所有消费者提供产品的相关信息并计划更进一步探索电子商务领域。

三、不同机电产品的需求价格弹性

产品的需求价格弹性，是指产品因价格变动而引起的需求变化的相对变化率。它是衡量产品对价格变动敏感程度的量化指标，是制定产品价格的科学依据。

（一）产品的需求价格弹性

设市场对某机电产品的需求量为 Q，该机电产品的价格为 P，需求 Q 为在一定时期 t 内、一定条件下，用户（或消费者或顾客）愿意购买某种产品和服务的总量，则

$$Q = f(A, B_1, B_2, P_1, P_2, T, W, Y, Z, P) \tag{5-1}$$

其中，B_1 表示该产品目标顾客群的收入；B_2 表示该产品销售地区的人均收入；A 表示广告费；P_1 表示同期替代产品的销售价格；P_2 是同期互补产品的销售价格；T 表示消费者的消费偏好（趋势量）；W 表示其他因素；Y 表示产品的供求关系；Z 表示同期物价指数。

显然，Q 是 A、B_1、B_2、P_1、P_2、T、W、Y、Z、P 等自变量的函数，而它们本身又是时间的函数。当时间变化时，P、B_1、B_2、P_1、P_2、A、Y、W、T、Z 将有所反应，与之相应的 Q 必然随之发生变动。比如，自行车的销量在 20 世纪 80 年代与 90 年代就不可

同日而语，详细比较如表 5-1 所示。1984 年，自行车产品的目标顾客群为中青年人，是年轻人中的高收入者，一般工人需工作几年才能有实力购买；1999 年，自行车产品的目标顾客群为青年，但几乎所有的年轻人，即使在校的大学生也随时有能力购买，而年轻人中的高收入者，他们在交通工具方面的消费目标已朝向小汽车和摩托车——自行车的替代品。这是一个有力的实证，它表明不同年代消费者的消费观念、偏好会发生巨大的变化，事实上，2003 年的大学本科生月收入为 1200 元，其交通工具已定位为摩托车了。因为生产的发展、福利水平的提高，确实为消费者的消费行为提供了更多的选择机会。而家庭收入与需求的关系如表 5-2 所示。

表 5-1　20 世纪 80 年代与 90 年代自行车销售的对比

1984 年	1999 年	1984 年	1999 年
大学本科毕业生月收入 50 元	大学本科毕业生月收入 500 元	自行车为高档消费品	自行车为交通工具中的低档消费品
自行车售价 180 元	自行车售价 230 元	物价指数低	物价指数高
		人均收入水平很低	人均收入水平增幅很大

表 5-2　我国城镇居民收入与需求的关系

	1996 年						
等　级	最低	低	中等偏下	中等	中等偏上	高	最高
全年人均消费性支出（元）	2327.30	2780.75	3265.47	3816.34	4482.00	5204.35	6485.78
等　级	最低		低		中等偏下		中等
收入需求弹性系数	2.5		0.91		0.83		0.87
	1997 年						
等　级	最低	低	中等偏下	中等	中等偏上	高	最高
全年人均消费性支出（元）	2333.00	2859.39	3427.45	4064.55	4822.15	5709.54	7314.81
等　级	中等	中等偏上		高		最高	
收入需求弹性系数	0.87	0.90		0.99		1.13	

注：资料来源：国务院发展研究中心。

为简化起见，这里仅研究反映新产品价格 P 与产品需求量 Q 之间的关系曲线，即给定这样的边界条件，假设在需求函数中的其它自变量（除 P 外）均保持不变，只讨论 Q 与 P 之间的相互对应关系，这里称它为产品的需求价格弹性。弹性是一个变量对于另一个变量的敏感性的一种度量，即测量一个变量发生 1% 的变化时，将会引起另一个变量的百分比变化量，测出的这个数称为弹性系数，常用 ε_P 表示。需求价格弹性度量了需求量对于价格变化的敏感性。它告诉我们，某一商品价格上升 1% 时，其需求量将会发生多少百分比的变化。其计算过程为：

$$\varepsilon_P = \frac{\dfrac{\Delta Q}{Q} \times 100\%}{\dfrac{\Delta P}{P} \times 100\%} = \frac{Q_1 - Q_0}{P_1 - P_0} \times \frac{P_0}{Q_0} = \frac{\Delta Q}{\Delta P} \times \frac{P_0}{Q_0} \tag{5-2}$$

因为 $Q = f(P)$，根据前面的假定，在 ΔP 变化非常小的情况下：

$$\frac{\Delta Q}{\Delta P} = \frac{\mathrm{d}Q}{\mathrm{d}P} \tag{5-3}$$

由（5-2）和（5-3）式得出：

$$\varepsilon_P = \frac{P_0}{Q_0} \times \frac{\mathrm{d}Q}{\mathrm{d}P} \tag{5-4}$$

例如，设某企业生产的电动机的需求曲线为 $Q = 8250 - 25P$ 如图 5-5 所示。其中，P 的单位为元/台，Q 的单位为台，$P_0 = 200$ 元/台，则

由式（5-4）可得：

$$\frac{\mathrm{d}Q}{\mathrm{d}P} = -25$$

由以上设定可知：

$$Q_0 = 8250 \text{ 台} - 25 \times P_0 = 3250(\text{台})$$

再根据式（5-4），得

$$\varepsilon_P = -25 \times \frac{200}{3250} = -1.538$$

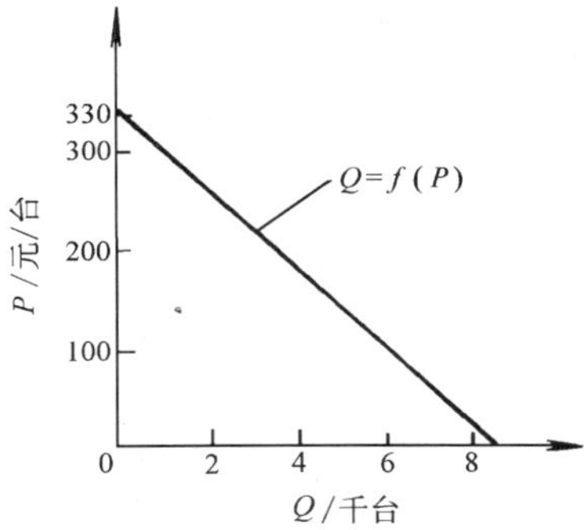

图 5-5　P-Q 曲线

也即，当该电动机的价格每增加 1%时，将导致电动机的需求量降低 1.538%。

进一步研究表明，绝大多数机电产品的需求价格弹性系数，取值范围为 [0，-10]。通常，将 ε_p 的取值分成三个区间，因为在这三个不同的区间内，产品表现出完全不同的需求价格弹性。

（1）$|\varepsilon_P| < 1$，即 $-1 < \varepsilon_P < 1$，$-1 < \dfrac{\Delta Q/Q}{\Delta P/P} < 1$

1）当 $0 \leqslant \dfrac{\Delta Q/Q}{\Delta P/P} < 1$ 时：

● 若 $\Delta P > 0$，则 $\Delta Q \geqslant 0$，所以 $P \times Q$ 上升，即价格上升，销售量上升，销售收入上升。

● 若 $\Delta P < 0$，则 $\Delta Q \leqslant 0$，所以 $P \times Q$ 下降，即价格下降，销售量下降，销售收入下降。

2）当 $-1 < \dfrac{\Delta Q/Q}{\Delta P/P} < 0$ 时：

● 若 $\Delta P > 0$，则 $\Delta Q < 0$，$\Delta Q \times P > -\Delta P \times Q$，价格上升增加的销售收入大于销售量下降引起的销售收入减少，所以 $P \times Q$ 上升。

● 若 $\Delta P < 0$，则 $\Delta Q > 0$，$\Delta Q \times P < -\Delta P \times Q$，销售量上升增加的销售收入小于价格下降引起的销售收入减少，所以 $P \times Q$ 下降。

综上所述，当 $|\varepsilon_P| < 1$ 时，产品的销售收入随价格的增加而增加，随价格的降低而减少，产品表现出非弹性需求或缺乏弹性。因此，改变价格的意义不大。因为即使降价，收入也随之减少，起不到以降价刺激需求，从而提高销售收入的作用。此外，若提价，理论上可增加销售收入，但实际上价格上升常使产品在市场上缺乏竞争力，更难以达到增加销售收入的目的。

（2）$|\varepsilon_P| > 1$

$|\varepsilon_P|>1$，即 $\varepsilon_P>1$ 或 $\varepsilon_P<-1$

1）当$\dfrac{\Delta Q/Q}{\Delta P/P}>1$时：

若 $\Delta P>0$，则 $\Delta Q>0$，$\Delta Q\times P>\Delta P\times Q$，$\varepsilon_P>1$。但这种情况极少出现，这里不予以讨论。

2）当$\dfrac{\Delta Q/Q}{\Delta P/P}<-1$时：

● 若 $\Delta P>0$，则 $\Delta Q\times P<-\Delta P\times Q<0$，所以 $P\times Q$ 下降。

● 若 $\Delta P<0$，则 $\Delta Q\times P>-\Delta P\times Q>0$，所以 $P\times Q$ 上升。

也即，当 $\varepsilon_P<-1$ 时，产品的销售收入随价格的增加而下降，随价格的下降而增加，此时，产品表现为弹性需求。因此，当弹性系数落在此区间时或当产品表现为需求弹性时，改变价格的作用很大，调价具有实际意义。此时，若提价，则需求量损失很大，虽然售出一件产品可获厚利，但却造成大量产品的销售困难，从而导致产品积压，致使企业资金周转不灵，因此，在这种情况下，提价是不可取的。提价的关键应当是瞄准销售收入这个目标，而此时显然行不通。若是降价，虽售出一件产品获利甚微，但销量很大可积少成多，总体上销售收入是增加的。这就是营销领域中所谓的薄利多销。

（3）$|\varepsilon_P|=1$，即 $\varepsilon_P=1$ 或 $\varepsilon_P=-1$

1）当 $\varepsilon_P=1$ 时：

$\dfrac{\Delta Q/Q}{\Delta P/P}=1$，但这种情况极少出现，因此，这里不予以讨论。

2）当 $\varepsilon_P=-1$ 时：

即$\dfrac{\Delta Q/Q}{\Delta P/P}=-1$

● 若 $\Delta P>0$，则 $\Delta Q\cdot P=-\Delta P\cdot Q<0$，所以 $P\times Q$ 不变。

● 若 $\Delta P<0$，则 $\Delta Q\cdot P=-\Delta P\cdot Q>0$，所以 $P\times Q$ 仍不变。

故此，当 $\varepsilon_P=-1$ 时，产品的销售收入将不随产品价格的变化而变化，即产品的销售收入将不受产品价格的影响。因此，此时改变价格的做法是毫无意义的。在这个弹性区间，产品的需求价格弹性表现为单一弹性。

（二）点弹性与弧弹性

是否在需求有弹性的范围内降价，产品的销售收入就会一定增加呢？回答是：不一定。牺牲价格并不一定能保证有利可图，需求价格弹性表现为弹性需求只是调价的一个必要条件而非充分条件。企业在进行价格决策时，一定要分析降价后的边际收入是否能补偿新增产量的边际成本，即除了考虑产品的点弹性，还要考虑产品的弧弹性和交叉弹性。

（1）边际收入　在经济学中，边际收入指的是产品销量每增加一个单位时所引起的销售收入的增加量。设 B 表示收入，MB 表示边际收入，则根据定义，MB 可用 B 关于 Q 的一阶导数来表示。因为 $Q=f(P)$，根据前面的假定，所以 $P=f^{-1}(Q)$。设 $P=F(Q)$，则

$$MB=\frac{\mathrm{d}B}{\mathrm{d}Q}=\frac{\mathrm{d}(P\times Q)}{\mathrm{d}Q}=P+Q\frac{\mathrm{d}P}{\mathrm{d}Q}=P\times\left[1+\frac{1}{\dfrac{P}{Q}\times\dfrac{\mathrm{d}Q}{\mathrm{d}P}}\right]$$

由式(5-4)得
$$MB=P\times\left(1+\frac{1}{\varepsilon_P}\right)\tag{5-5}$$

当 $\varepsilon_P = -1$ 时，$MB = 0$

当 $\varepsilon_P < -1$ 时，$MB > 0$

$-1 < \varepsilon_P < 0$ 时，$MB < 0$

（2）边际成本　根据经济学的定义，所谓边际成本指的是每增加一个单位的产品销量所导致的成本变化。设 C 表示成本，MC 表示边际成本，则

$$MC = \frac{dC}{dQ} \tag{5-6}$$

当产品表现为弹性需求时，降价可导致产品需求量——销售量上升，但是，产品销量的上升可能会附带产品成本的上升。比如，需要扩大生产规模中的固定资产规模而导致产品费用的增加。因此，除了考虑弹性系数的取值之外，在降价时，产品还应满足 $MB > MC$ 的约束条件。这样，企业的降价才真正有利可图。

（3）点弹性和弧弹性　以上讨论的需求价格弹性系数 ε_P 以式（5-4）为基础，它是用需求曲线上的点坐标来描述的。若要表现需求对价格变化的平均灵敏度，式（5-4）显然就不合适了。式（5-4）表示产品需求在某一点时对价格变化的灵敏度，因此，称之为点弹性系数，简称点弹性。而需求对价格变化的平均灵敏度，则表示产品需求在某一点时对价格变化的平均灵敏度，必须用另一指标：弧弹性来表示。

设需求价格的弧弹性用弧弹性系数 E_P 表示，则

$$E_P = \frac{\dfrac{Q_2 - Q_1}{Q_2 + Q_1} \times 100\%}{\dfrac{P_2 - P_1}{P_2 + P_1} \times 100\%} \tag{5-7}$$

它表明：当某产品的价格从 P_1 变至 P_2 时，产品需求量 Q 的平均变化程度。

例如，某机床配件厂生产的机床配件售价为 3000 元，需求量为 30 台。后来，该机床配件厂采取新的价格策略，将价格下调为 2800 元，此时机床配件的需求量变为 45 台。求该机床配件的弧弹性系数 E_P。

解：从题意知，$P_1 = 3000$ 元，$P_2 = 2800$ 元，$Q_1 = 30$ 台，$Q_2 = 45$ 台

再由式（5-7）可得

$$E_P = \frac{45 - 30}{2800 - 3000} \times \frac{2800 + 3000}{45 + 30} = -5.8$$

即当该机床配件的价格从 3000 元下调为 2800 元时的平均需求价格弹性为 -5.8，也即在此范围内，价格平均变化 1% 时，产品需求量平均反向变化 5.8%。

（4）需求价格交叉弹性　几乎任何产品都有互补产品和替代产品。所谓互补产品（简称互补品），是指在使用时可互相配套、互为补充的产品，例如洗衣粉和洗衣机。所谓替代产品（简称替代品），是指在使用中可以互相替代的产品，例如洗衣粉和肥皂。顾客的需求不仅可在生产相同产品的竞争厂家之间平移，而且也可在不同产品之间转移。在现实生活中，经常出现这样一些现象。比如，当猪肉涨价时，人们对日常食用的蛋白质需求就从猪肉部分转移到牛肉或其它肉食品上，转移的程度常视猪肉、牛肉或其它肉食品的价格差别程度而定。透过现象看本质，可知产品的销售状况不仅与同行竞争对手密切相关，也与互补品、替代品的价格或销售密切相关，这与波特竞争模型是完全吻合的。因此，在考虑产品定价时，不仅要参考竞争同行的价格还必须考虑互补品、替代品的价格。通常，描述产品与其替代

品、互补品之间关系密切程度的指标称为需求交叉弹性。

定义：因一种产品价格变动而引起其它相关产品需求量相应变动的变化率，称为需求价格交叉弹性。

例如，E_BP_A 表示因产品 A 的价格变动而引起产品 B 需求量变化的相对变化率。即

$$E_BP_A = \frac{\text{产品 } B \text{ 的需求量变动百分比}}{\text{产品 } A \text{ 价格变动百分比}} \tag{5-8}$$

显然，E_BP_A 描述的是一种产品需求量的变化对另一种相关（互补品或替代品）产品价格变化的敏感程度。例如，当洗衣粉的互补品洗衣机的价格下调时，洗衣机的需求量会上升，它将带动洗衣粉需求量的上升，也即：

当 $\Delta P_A < 0$ 时，$\Delta Q_B > 0$，此时，即 $E_BP_A = \dfrac{\Delta Q_B/Q_B}{\Delta P_A/P_A} < 0$，洗衣粉与互补品洗衣机之间的需求价格交叉弹性系数小于 0。相反，当同样用于洗涤目的的洗衣粉替代品肥皂的价格上涨时，洗衣粉、肥皂之间的原有价格平衡被打破，比价发生变化，此时，消费者必然会根据两者之间的差价，以一定的比例将购买行动转移到洗衣粉上，从而导致两者需求量的变化。即当 $\Delta P_A > 0$ 时，$\Delta Q_B > 0$，此时，由式（5-8）可得：$E_BP_A = \dfrac{\Delta Q_B/Q_B}{\Delta P_A/P_A} > 0$，也即洗衣粉与替代品肥皂之间的需求价格交叉弹性系数大于 0。

四、竞争对手价格分析

知己知彼，才能百战不殆。

企业制定产品价格时的一个重要环节就是了解竞争对手产品的价格、市场定位、性能、特点及其相关策略，建立价格参照系，确定产品的目标价格。由于价格目标属于企业的二级目标，它必须与企业的其它同级目标配合以实现企业持续盈利的最高目标。因此，定价时应当综合考虑产品的各项定价目标，如市场占有率目标、创名牌产品目标等等。这并不是说定价就无章可循，而是指由于各个时期的定价背景、目标、竞争环境不同，价格应灵活变化，才能用活价格这个竞争杠杆。例如，当企业与竞争对手实力相当且产品属于同质、同类，此时，可考虑将产品价格定位在竞争对手的水平。否则，若定价太高，则将受到消费者的抵制；若定价太低，又有倾销之嫌，将会受到国内同行或其它国家的抵制，对此，我国的《价格法》有明文条款，同行有行业自律价，国际贸易中也有相应条文约束。但是，当企业与竞争对手相比，实力雄厚，知名度很高，产品属于本地、国内和国际名牌，那么完全可以高价出售产品，获得名牌产品的巨额利润。与此相对应，若企业形象较差，产品质量也比竞争对手低一等级，那么，产品价格就应与对手产品拉开距离，以价廉吸引顾客。我们曾对一些地摊货的销售进行调查，发现十元三双的“金利来”袜子仍有不少人购买。究其原因，一是与正规商店的“同类产品”相比，十元三双的价位要低得多；二是虽然极少人相信或明知这里出售的“金利来”袜子是冒牌货，但是购买者却看中了它的价廉以及名牌效益。所以，以价廉吸引顾客也是切实可行的。当然，这种策略不能长期使用。随着人们品味的提高，这种经营方式的作用将会十分有限。

了解竞争对手的定价体系是十分重要的，而了解的途径是搜集信息，再加以分析，其周期一般为半年或一年。其方法为：调查竞争对手同类、同质产品的价格以及替代品、互补品的价格，然后再根据企业自身的定价目标、产品的市场定位以及企业的经营状况，确定出产品的平均价位。例如，企业可以将产品总体价格水平定位在高于或低于市场平均价格水平的

5%或相当于市场平均价格水平，然后给出产品价格的变动范围，以灵活的价格策略应变市场，与竞争对手抗争。

以空调行业为例。在品牌、地位尚不明朗的情况下，广东省顺德市科龙电器集团股份有限公司生产的容声牌冰箱采取了非最高价策略。比如，它比相应的海尔冰箱价位略低，因此，虽在价格方面略低，但其优质的产品也受到顾客青睐，因此，在相当多的顾客心中留下了性能价格比较高的印象。由于价格策略适当，科龙集团收益匪浅，成绩斐然。根据中国轻工总会信息统计办公室的调查，结果显示：容声牌电冰箱的产销量在近十年间连续居电冰箱行业的榜首，其部分数据如表 5-3 所示。科龙公司定价策略的成功，为企业正确制定产品价格提供了一个有力的实证。

表 5-3　科龙公司容声牌电冰箱的产销量

年　份	1991 年	1992 年	1993 年	1994 年	1995 年	1996 年	1997 年
产量（万台）	48.3	65.6	75.1	91.0	122.2	181.2	248.8
销量（万台）	48.2	65.9	75.0	91.1	121.9	180.9	247.4
销量增长率（%）		36.7	13.8	21.4	33.8	48.4	36.7

第三节　定 价 方 法

依照不同的市场定位和定价目标，企业可以采用不同的定价方法。产品的定价方法有多种，约束产品价格的因素有许多，这意味着企业在制定价格时将面临许多不同的选择。

一、成本导向定价法

成本导向定价法强调产品的成本，它采用成本加上预期利润的方法来制定产品价格。成本导向定价法十分强调成本在价格中所起的作用，它的基本思想是：销售时要有成本意识。它使用此法时，了解产品的成本结构是十分关键的。

（一）成本

管理决策中的成本观念与记帐时沿用的成本是有差异的。在管理决策时，不仅要考虑会计成本即实际发生的费用，而且要考虑与管理决策相关的成本及估算的预期费用，如机会成本、增量成本与沉没成本等等。

(1) 机会成本　所谓机会成本即替换成本。当企业把有限的资源运用于某一目的时，就失去了把该资源用于另一目的的机会，就像人一样。对企业而言，决策时首先要考虑把资源用于该目的所附带的一个成本，即若把该资源用于其它目的时可能的回报，这个成本被称为机会成本。显然，若生产该产品的机会成本太高，则表示生产该产品是对企业有限资源的一种浪费，因为它牺牲了获得更大效益的机会，这种决策是不可取的。例如，某企业考虑将一台机床租赁出去或出售，若选择将机床出售便失去了将机床租赁出去的机会，而将机床租赁出去所能获得的回报即为出售机床的机会成本。又比如，当企业机器设备的工作台时一定时，要考虑如何合理使用，使利润、效率最佳化。

(2) 固定成本　固定成本是指不随产量和销售收入变动的支出。不管生产量提高或降低，固定成本一定会发生且总量不变。如铺面费、厂房投资等。

(3) 变动成本　变动成本是指随产品品种、产量变化而变化的成本。如原材料成本等等。

（4）增量成本　增量成本是指随决策的变化而变化的成本。例如，某机电企业有一些闲置的数控机床。这些数控机床运行的标准间接费用为每小时 300 元，运行的标准直接费用为每小时 400 元。当企业决策者决定将其出租时，这一决策的成本是 400 元 + 300 元，而不将它们出租时，这一决策的成本仍有 300 元。根据定义，可判断标准直接费用为增量成本。因此，当有人出价 600 元时，应当考虑租出这些机床。因为，虽然租出机床所获的利润为（600 − 700）＜0，实际亏损 100 元，但如果不将其租出去，亏损额将达 300 元，实际亏损更多。因此，仅从增量成本考虑，600 − 400＞0，仍可为补偿固定成本作出贡献。当然，顾客也不能期望在谈判时事事如愿，比如，你对出租车司机说反正你也要返回，空车则一点不赚，所以你干脆低价由正常价 50 元降为 25 元载我一程。这个提议想必司机是不会答应的。因为价格谈判时，不会仅从增量成本考虑。

（5）沉没成本　增量成本为 0 的成本均是沉没成本。也即沉没成本不随决策的改变而变化。由此定义，可判断出固定成本属于沉没成本。

（6）总成本　传统意义上的总成本指的是在一定生产水平下，企业产品的固定成本与变动成本之和。这种意义下的总成本并不能代表企业产品的成本总和。除了固定成本、变动成本之外，产品的成本还应当包括机会成本。

（7）完全成本　完全成本指的是产品的成本之和，包括固定成本，变动成本和机会成本。

（二）成本导向定价法

（1）成本加成定价法　成本加成定价法是以产品的完全成本为基数，加上一定比例的税、利来确定产品价格的方法。即

$$\text{产品价格} = \text{单位完全成本} + \text{成本利润率} \tag{5-9}$$

$$\text{单位完全成本} = \frac{\text{变动成本} + \text{固定成本} + \text{机会成本}}{\text{销量}} \tag{5-10}$$

式中，成本利润率是指单位产品的利润。

（2）量本利定价法　量本利定价法是从产品的成本、预期利润、销售量入手，进行盈亏平衡分析，确定一定利润水平之下的价格。即

$$\text{产品保本价格} = \frac{\text{固定成本} + \text{机会成本}}{\text{盈亏平衡时的销量}} + \text{单位变动成本} \tag{5-11}$$

$$\text{盈利时的产品价格} = \frac{\text{固定成本} + \text{机会成本} + \text{预期利润}}{\text{销量}} + \text{单位变动成本} \tag{5-12}$$

（3）变动成本定价法　在特殊情况下，企业产品的销售严重受阻，任何决策的机会成本几乎为零，而由于沉没成本的客观存在，企业在考虑产品定价时，仅以产品的单位平均变动成本作为定价的起点，这种方法就是变动成本定价法。即

$$\text{因为产品的边际贡献} = \text{产品的销售收入} - \text{产品的变动成本}$$

$$\text{所以}\begin{cases}\text{产品价格} = \text{单位产品边际贡献} + \text{单位产品平均变动成本} \\ \text{产品价格} > \text{单位产品平均变动成本}\end{cases} \tag{5-13}$$

（4）加工成本定价法　加工成本定价法是指定价时只考虑产品的加工成本而非全部成本。即

$$产品价格 = 外购成本 + \frac{加工成本(1 + 加工成本利率)}{1 - 增值税率} \tag{5-14}$$

二、需求导向定价法

制约价格的因素很多，除了产品的成本，影响价格的另一要素恐怕要数市场对产品的供求关系了。产品的市场需求包括潜在和显在的需求。需求的种类包括消费需求、投资需求和信贷需求等。根据文献［9］的统计分析，引起物价波动的因素可按影响程度的大小依次排列为

市场需求⟶生产成本⟶经济结构⟶货币供应量⟶惯性因素

因此，根据需求确定产品价格的方法，是一种符合现代市场营销的方法。它的指导思想是：以市场营销的方法为基础，根据企业的市场定位，找出目标市场消费者可接受的价格带，然后逐级求出各流通环节中产品的价格。其计算步骤为：

通过市场调查，了解消费者心中产品的零售价格带，或通过实验调查法，经过实销求得消费者能接受而且企业也能承受的零售价格水平。以玩具市场为例，30～50 元是一个中小型塑料玩具车的价格带，100～200 元是一个国产中小型压铸仿真模型车的价格带，300～500 元是一个中型进口压铸仿真模型车的价格带。将价格定位在价格带中，必将增加产品的竞争力。

$$产品的批发价 = \frac{产品的零售价}{1 + 产品的零售利率(交税前)} \tag{5-15}$$

$$产品的收购价 = \frac{产品的批发价}{1 + 产品的批发利率(交税前)} \tag{5-16}$$

$$产品的出厂价 = \frac{产品的收购价}{1 + 产品的收购利率(交税前)} \tag{5-17}$$

显然，以需求为导向的定价方法，是从消费者利益出发，以消费者为中心。但是，既要维护企业自身的利益，又要保护消费者应有的权益，那么，必然要对产品成本加以控制。

根据产品的出厂价可求得产品的目标成本为

$$产品的目标成本 = \frac{产品的出厂价}{1 + 产品的利税率} \tag{5-18}$$

三、竞争导向定价法

竞争导向定价法是指为争取有利的竞争条件与地位所采用的定价方法。竞争导向定价法主要有以下几种。

（一）随行就市定价法

随行就市定价法是以同行的平均价格水平作为定价的依据，在竞争对手众多，竞争势态不明确，企业缺乏明显优势的情况下，向同行表示和平共处的一种策略。这种方法多用于实现“和为贵”的竞争思想。

（二）外在导向定价法

外在导向定价法是指企业在遵守同行的协定或法律条款规定的前提下，进行定价。这种定价的功能是由外在机构决定的。

1998 年 7 月 24 日，鄂尔多斯集团等 13 家企业联合发出呼吁：要求企业加强自律，不参与非正常的价格大战，尽快建立行业协调体系，制定自律价格，制止低价倾销。1998 年 9 月，国家经贸委正式下发了《关于部分工业产品实行行业自律价的意见》，并在机械、轻工、

冶金、建材等行业中选择一批生产集中度高、对经济运行和行业效益影响大的工业产品实行行业价格自律。以后，轴承、三轮农用车、柴油等一些行业也相继实行自律价。由于行业自律价在中国尚属首次实行，因此，引起了全国各界尤其是经济、法律界的高度关注，并一度成为关注的焦点。事实上，所谓行业自律价就是用外在导向定价法给产品定价，其核心是由行业协会定期公布全行业的平均成本，企业定价不得低于全行业平均成本这个基准价。显然，实行行业自律价的目的是扼制恶性竞争、低价倾销产品，维护国家、行业、厂家、各级经销商的利益。假若没有政府相应的宏观调控措施，则极易出现行业价格垄断的状况，尤其是在生产集中度高的行业。此外，虽然行业自律价源于低价竞争，但是低价竞争的背后有其创新机制、内部管理、产权关系等更深层次的多方原因，不能对其过分依赖。

（三）针对性定价法

针对性定价法以竞争对手的价格为基准进行定价。一般常用：

（1）高位定价法　此方法将企业产品的价格维持在高于实力相当或实力稍逊一筹的竞争对手的价格水平上，帮助企业树立质优产品的形象。

（2）低位定价法　低位定价法与高位定价法相呼应，将产品价格维持在稍低于实力相当或实力稍强的竞争对手的价格水平上，帮助企业树立物美价廉的形象。

（3）拼价　即拼低底价，并拼到底，将竞争者击垮并挤出市场，将企业的市场占有率扩至极限。采用此法的企业除非有足够雄厚的经济实力，否则难以取胜。即便如此，此法也只适用于短期价格策略。

第四节　价格策略

一、新产品价格策略

当产品处于投入期即当新产品投放市场时，由于顾客对新产品不了解，对产品的使用也有一段熟悉过程，因此，一些企业采用低价进入市场的策略，争取以价格方面的优势吸纳顾客。而另一些企业则采取高价进入市场的价格策略，以高姿态针对同行竞争，利用顾客价格质量匹配的心理，树立优质产品形象。事实上，每种价格策略，各有不同的特点，分别对应不同的使用范围，具体为：

（1）渗透定价策略　渗透定价策略的指导思想是快速占领市场，提高产品的市场占有率和销售量，让一些无法支付高价的消费者也能成为实际的购买者，阻止实力不足的竞争者加入本行业。因此，渗透定价策略往往是低价策略，此时，利润已不是近期主要的目标，而是期望当消费者产生对产品的依赖后，利润会源源不断而来。按常规，该策略用于：

- 新产品进入一个成熟的市场
- 大多数竞争者都采用削价竞争的态势
- 整个经济不景气、市场疲软
- 生产高档产品的名牌企业投放新产品
- 产品的需求价格弹性为弹性需求

（2）吸脂定价策略　吸脂定价策略（Skimming Pricing Strategy）的思想是希望象奶油蛋糕中的脂肪或海绵吸水一样，加速获取利润，期望利润愈大愈好。显然，这是一种高价策略。由于高价使产品失去价格优势，因此，除非产品有强劲的势头、旺盛的市场需求、科技含量高不易被仿制，否则，即使产品能快速牟取高额利润，也难以长久维持高利润率，扩张市场必然受到阻碍。此策略宜于在以下环境中使用：

● 企业感受到快速回收资金的压力

● 新产品优势强劲但容易被仿制、且市场需求量较大

● 新产品定位在高消费市场且缺乏弹性时，常先用该策略快速回收研究与开发费用，当其它仿制品进入市场后，企业再采取低价策略，赚头平尾，打时间差。

(3) 追随定价策略　追随定价策略又称为满意定价策略。当新产品进入市场时，采用行业平均成本价，满足市场需求。该策略介于吸脂定价与渗透定价策略之间，取中庸之道，寄望吸取后两者的长处。事实上，当新产品差别优势明显、技术资金密集度高、生产成本难以降低、产品缺乏弹性、企业生产能力难以提高、产品生命周期短、产品被仿制的难度极大且市场需求强势时，新产品在进入市场的较长一段时期内，可持续采用吸脂定价策略，此时，高利润率、高市场占有率的目标几乎可以同时实现。当然，这是一种接近理想的状况。

二、折扣价格策略

(一) 促销折价策略

促销折价策略是指对有利于企业产品销售活动的相关机构和个人实施价格优惠。它有力地调动了销售人员及机构的积极性，对增加产品销售量贡献极大。目前，企业常在产品展销、促销期间，给予销售机构、人员、消费者在价格方面的优惠。例如，一些机电企业采用促销折价策略，给批发经销商特别是经销大户很多折扣，导致经销商的产品零售价比产品出厂价还低，从而有效地保护了商家的利益，客观上起到了驱动消费者向经销商购买产品的作用，加强了厂家与商家之间长期合作的伙伴关系。最新研究表明，任何成功都是团队的成功，而团队的成功本质上缘于队员合作的成功。企业团队必须邀请供应商、经销商的加入才能有效运作。

(二) 季节折价策略

季节折价策略是指在不同的季节，企业给予顾客不同的价格优惠。许多产品都有销售淡季、旺季之分。企业为鼓励消费者在淡季消费，往往在淡季折价销售产品，以提高淡季的销售额，而对消费者来说，在淡季消费可以较少的投入获得最多的回报，消费行为自然因趋利转向淡季，从而减缓企业旺季生产、销售的压力，对厂家的均衡生产也极为有利。

(三) 累计折价策略

累计折价策略是指对购买本企业产品累计达到一定数量后，给予购买者的价格优惠。显然，这种策略是鼓励顾客的长期购买行为，对提高企业顾客忠诚度极为有效。稳住老顾客，吸纳新顾客，企业才能常胜不衰。

(四) 批量折价策略

批量折价策略是指对一次性购买产品达到一定数量的顾客采取价格优惠的策略。目前，许多商家批发、零售兼营，当顾客购买量达到一定数额时，商家就会以批发价出售，这样既可鼓励顾客多消费，也可降低销售成本，对买卖双方均有利。

(五) 金额折价策略

金额折价策略是指一次性消费本企业产品达到一定金额时，给予顾客的价格优惠。这种策略往往比单纯的折价促销策略更为有效。

例如，“100 万元买 110 万元的商品”比“买 100 万元的商品打九折即卖 90 万元”的折

扣要少些，前者的利润比后者高0.9%，但前者给人的感觉是货币的使用价值提高，而后者则给人以削价处理的印象，此外，前者多提供的10万元也是对另一部分产品的促销。

（六）保证价格策略

保证价格策略是指厂家承诺，若今后因产品降价而商家原购进的商品未售完时的损失由厂家负责补偿。显然，它使商家的经营风险部分转移到了企业身上，是一种典型的以商家为中心的价格策略。有些企业还承诺，对于季节性很强的产品，若过了销售季节仍未售完，则未售完的产品可退回厂家，商家的利润按销量提成。这样，既免去了商家的后顾之忧，也为企业广开了销售渠道。在技术创新飞速的今天，机电产品的加速折旧，使批发、经销商难以承受风险，而此策略则可起减低风险的作用。

三、分地区价格策略

价格与许多因素相关，包括销售地区的收入水平、顾客偏好、社会文化环境、竞争因素等，而不同地区的同一定价因素差别甚远。所以企业应采取分地区价格策略，即在不同的地区运用不同的价格策略。对于刚迈向国际化进程的中国企业，掌握并运用分地区价格策略是十分必要的。

但是，必须杜绝价格歧视。所谓价格歧视，是指经营者（企业）向两个以上商品批发或零售商出售产品，在同等交易条件下却实行不同等的价格交易，从而客观上造成进价高的经营者（商家）在竞争中处于不利的地位。事实上，为规范市场，我国已于1998年5月1日开始实施《中华人民共和国价格法》，对价格歧视作了明令禁止。任何企业不得以分地区价格策略或其它价格策略为幌子，进行价格歧视活动。

教学案例六

压铸模具报价实例

一、产品：汽车摇臂盖，见图5-5、图5-6。

材料：铝合金

压铸机：500t冷室机

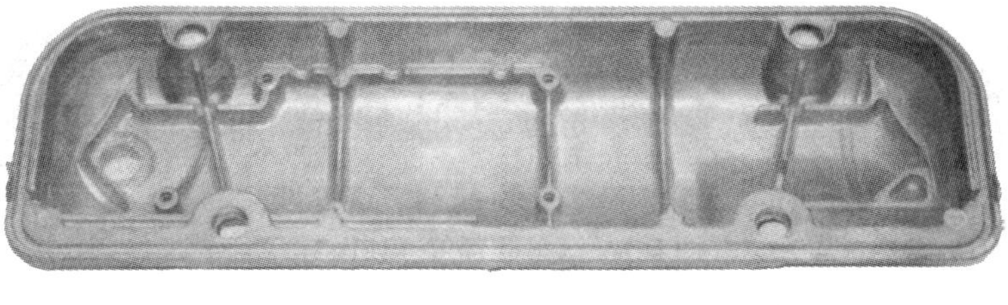

图5-6　汽车摇臂盖（背面）

二、模具成本分析

1. 主要材料

进口H13，用量250kg，单价80元/kg，金额20000元

紫铜，用量40kg，单价27元/kg，金额1080元

2. 外购件

模架 45♯，1 付（680mm×550mm×490mm，1227kg）15150 元

推杆，16 支，420 元

3. 制造工序

	使用设备	耗用工时	单价	金额（元）
① 编程	工作站	60 小时		
② 机加工	数控铣床	140 小时	100 元/小时（含编程）	14000
	电火花机	130 小时	20 元/小时	2600
	线切割	40 小时	15 元/小时	600
	车、铣、磨、镗床	80 小时	15 元/小时	1200
③ 检测	三座标测量仪	24 小时	100 元/小时	2400
④ 钳装	钻床、校模机	300 小时	15 元/小时	4500
⑤ 热处理	真空高压气淬炉（镶块、分流浇口 200kg：25 元/kg）			5000
⑥ 抛光		60 小时	10 元/小时	600
⑦ 试模	外借压铸机	2 次		3000

4. 设计费：5000 元（一般取 5%～15%）

管理费：11333 元（由各企业定，15%）

5. 增值税 17%：8030 元

城市建设税 7%：562 元（8030×7%）

教育附加税 3%：241 元（8030×3%）

合计税：8833 元

6. 利润：取 10%：8838 元

7. 总费用：88383 元

利润：8838

税金：8833

模具总价：106054 元

这是广东某模具厂的模具价格实例。

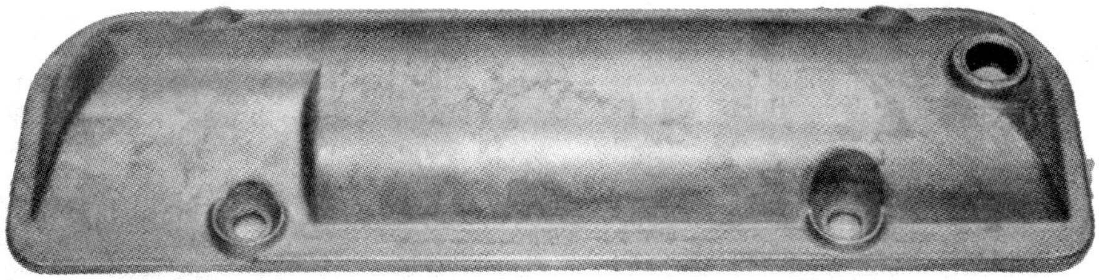

图 5-7 汽车摇臂盖（顶面）

第六章　机电产品用户购买行为分析

市场营销的目的是为了满足目标消费者的需求和欲望，但是，要了解消费者并不简单。消费者对自己的需求和欲望的叙述是一回事，可能并没有触及到自己的深层动机。他们往往会受到影响而在最后改变主意。市场营销人员必须了解目标消费者的欲望、观念、喜好和购买行为，因为只有满足了消费者的要求，企业生产的机电产品才有可能成为商品，商品的价值才能得到承认。而消费者行为又正是影响并决定企业营销成败的因素。因此，生产企业必须研究消费者行为及其变化趋势，为营销决策提供依据。

第一节　机电产品消费者市场购买行为阶段与特点

机电产品消费者行为是指消费者围绕机电产品而产生的一系列心理活动的总称。消费者的心理活动包括需求的产生和变化，以及购买动机等活动；心理活动则主要指消费者的购买行为，即在购买机电产品时选择机电产品的心理变化过程。因此，消费者往往不是简单的购买行为，而是一个前后连贯的过程。这一过程包含有序的阶段，而每一阶段又体现出消费者行为的相应特点。系统地研究和把握消费者行为的阶段与特点，是机电产品生产企业营销管理的重要内容。

一、机电产品消费者行为阶段

机电产品的消费者行为作为一个过程，一般会经历六个阶段：形成需求、产生购买动机、收集商品信息、评估待购商品、购买决策和购买后的评价（如图 6-1 所示）。这六个阶段环环相扣，循序渐进，并且每一个阶段中都包含有消费者行为的特点及其影响因素。

形成需求 → 产生购买动机 → 收集商品信息 → 评估待购商品 → 购买决策 → 购后评估

图 6-1　消费者行为阶段

（一）形成需求

需求的形成是消费者由于某种刺激而引起的对尚未满足的消费心理的紧张感，即对消费的渴求，这是消费者购买行为的起点。消费者需求的形成由内在的刺激和外在的刺激引起，或者是两者相互作用的结果。内在刺激源于消费者生理上感到某种缺少，如某些场合或工作过程中，觉得不顺手、不方便或效率不高，刺激消费者觉得需要购买某种机电产品以弥补其不足、改进工作或提高效率等；外在刺激是指外界客观因素，如亲戚、朋友、同行推荐推销广告或看到某种机电产品的说明书等。当外界因素刺激这种缺少感，并且使消费者的心理紧张达到一定程度时，便会形成对机电产品的消费需求。

（二）产生购买动机

消费者需求形成之后，经过一定因素的影响，才能产生购买动机。购买动机的形成除了受到消费者内在生理因素的影响之外，还受到社会、经济等因素的影响。当消费者因某种缺少而产生的紧张感经过这些因素以一定强度的刺激之后，便会产生购买这种机电产品的心理冲动，即购买动机。购买动机的形成通常会经历以下三个阶段：

1）消费者对机电产品的注意阶段。是指消费者对机电产品的价值和属性等的反应过程。它是消费者购买动机形成的第一阶段，主要通过消费者的感觉、知觉、记忆、联想、思维等活动得以实现。消费者接触某种机电产品，首先是通过各种感觉器官有所感知，继而对该产品引起注意。

2）消费者对机电产品的情感阶段。情感是指消费者对注意到的产品是否感兴趣和是否满意，以及感兴趣和满意的程度。在这一阶段，消费者可能对产品产生兴趣而产生购买欲望，和同类的其他产品相比较，继而对产品进行评价。积极的情感能够促使购买意愿的产生，消极的情感能阻碍购买意愿的实现。

3）消费者对产品购买意志的形成阶段。是指消费者自觉地、有目的地准备收集该产品的信息，并打算购买的心理状态。注意、情感和意志这三个阶段相互影响，彼此渗透，共同构成消费者的购买心理冲动，即购买动机。意志过程是消费者努力排除各种干扰、自觉准备实现购买的关键性阶段。研究和掌握消费者购买动机的形成过程，有利于指导企业的生产和销售。

（三）收集商品信息

一位有购买动机的消费者可能会寻求产品的信息，也可能不会。当唤起的动机很强烈时，消费者必然会通过各种途径获取欲购产品的信息。因此，企业应十分注意了解消费者获取信息的来源。消费者信息的主要来源有：

1）来源于经验。主要指消费者在以往生活中的所见、所闻以及实际感受。这是消费者获取有关信息的基本来源。凭着经验，消费者就可能作出购买决策。

2）来源于相关团体。指亲戚、朋友、同行或学会、协会成员提供的信息。

3）来源于市场。指市场上推销人员、营业员、经销商、商品展览、商品陈列、商品包装、产品说明书等提供的信息。例如：消费者一般会在购买前仔细阅读欲购买的机电产品的功能说明书。

4）公共来源。指报纸、杂志、广播、电视、政府机关以及其他大众传播媒体提供的信息。

上述信息来源中，市场信息与广告媒体传播的信息最为重要。因为它针对性强，易于为消费者所收集。

（四）评估待购商品

这是指消费者对收集的有关待购产品的信息进行分析、整理、比较的过程。评估的内容一般包括以下三个方面。

1）产品属性。消费者不仅要了解产品质量的好坏，而且要比较该产品和其他同类产品的不同属性。产品的属性可分为一般属性和特色属性。产品的特色属性是消费者购买产品时首先考虑的属性。如电冰箱，有的考虑其保鲜性、节省电费的功能，有的要考虑其除霜、除臭的功能，有的则考虑其是否具有智能型的功能。企业营销人员应当分析消费者对产品各类属性的要求，依据属性的重要程度，建立属性等级，按其等级的重要程度生产或改进产品。

2）价格。价格是影响消费者购买决策的重要因素，不同的消费者因其性别、年龄、收入、学识、经历等不同，对不同机电产品价格的反应不一样。一般地讲，在具有相同功能的前提下，消费者愿意接受货真价实、价廉物美的产品。

3）效用函数。效用函数即产品对需求满足程度的函数。任何机电产品在不同时间和不同场合或对不同的需求购买对象其效用是不一样的。例如：带冷暖空调的汽车，对于南北方的司机在夏天和冬天的效用差别会很大。同样，一台计算机对于普通人来说，其效用不会很大，但对于一位正需要借助计算机进行研究的人来说，其效用就相当大；但是如果该科研人员的研究项目已经完成了，暂时不需要使用计算机的话，计算机的效用对这位科研人员来说也很差。把握商品的效用函数，就是要充分利用商品的时间价值原则，不失时机地满足不同消费者对不同商品的需求。

（五）购买决策

消费者经过判断和评估后，如果对某种产品形成了一定的偏爱，便会作出购买决定。但是购买决定的作出并不等于购买。消费者在购买过程中，如果受到某种不良因素的影响，可能会放弃购买。例如：原打算购买煤气热水器的消费者，假如刚刚看到由于热水器使用不当而导致人员煤气中毒死亡的报道，他可能会暂时放弃购买的打算。从购买决策转化成购买行动，除了消费者自身的因素外，还要受到另外两类因素的影响，即他人的态度和意外情况（如图 6-2 所示）。

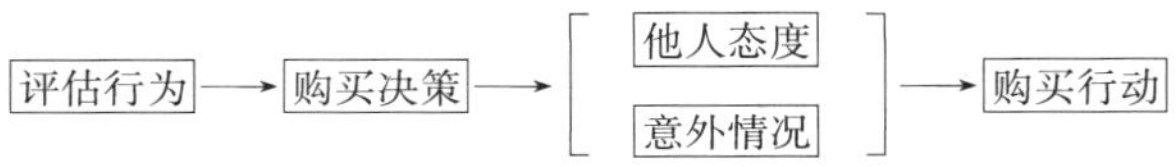

图 6-2　影响购买行为的其他因素

1）他人态度。指消费者之外其他人的影响。如丈夫想购买一套高级音响，因其价格较高而受到妻子的指责，做丈夫的就有可能放弃购买的决定。

2）意外情况。如消费者收入或产品价格的变动，或营销人员态度的变化，或购买条件的改变等意外情况，也会影响购买的实现。如购买大屏幕彩电，如果家中突然出现意外事故而需要花大笔的钱，就有可能会导致放弃购买的打算。

（六）购后评价

消费者购买商品之后，有时自作评价，或主动听取他人的品评。如果消费者对所购商品感到满意，一方面可能会继续购买，另一方面会积极向别人推荐；倘若对所购商品感到失望，不仅自己不会再购，而且可能会竭力劝阻他人购买。由此可以看出，消费者对所购商品的评价，哪怕是误解或偏见，也会给企业带来重大的影响。消费者的反宣传对其他消费者的影响足以使企业的促销努力付诸东流。因此，企业营销人员必须十分重视消费者的购后评价，将其作为重要的反馈信息，帮助企业发现营销缺陷，改善工作。

二、消费者行为特点

消费者行为作为一个过程，在不同的阶段会呈现出不同的特点。研究和把握消费者行为的特点，有利于企业搞好市场细分和目标市场的选择，从而有针对性地开展营销活动。

（一）消费者需求的特点

消费者的需求具有许多明显的特点，研究和把握这些特点，对于企业制定营销策略，有着重要的指导作用。

1）共同性和差异性。共同性通常表现在消费者对小机电产品等需求的大同小异；差异性则往往指消费者对发展性和大型的机电产品需求的多样化。例如：家庭购买同样容积的电冰箱或同一屏幕尺寸的彩电时，功能、款式等方面的需求一般都大同小异；而对于大型水能发电机等大型机电产品的需求，不同规模的水电站则需求各异。

2）层次性和发展性。消费者的需求层次有高低之分，满足较低层次的需求之后，逐步向较高的需求层次推进，由质的需求向精神需求发展，从数量需求向质量需求转化等。例如：人们对电视机的需求，首先是小屏幕的黑白电视机，之后是小屏幕彩色电视机，再之后上升到对大屏幕彩电的需求，需求的层次不断深入和发展。

3）伸缩性。指消费者需求的弹性，即消费需求随购买力、产品价格等因素的变化而变化。在常规情况下，中高档产品的需求弹性较大，它们受价格等因素的影响较大；而低档的机电产品，特别是必需品的需求弹性较小，它们受价格等因素的影响较小。

4）可诱导性。可诱导性是指企业根据消费者对产品的情感变化，通过各种促销手段和宣传，诱导消费者产生需求。

（二）购买动机的类型与特点

消费者对机电产品的购买动机通常有以下几种类型，不同的购买动机有相应的特点。

1）求实动机。表现为追求商品的使用价值，注重商品内在的质量和效用，讲究实用、实惠和使用方便，不过份强调外观、花色、款式等。

2）求美动机。表现为追求机电产品的欣赏价值或艺术价值，即注重产品的造型、色彩、包装装潢等外在美。例如：艳丽色彩的吸尘器较灰暗颜色的吸尘器的销售情况要好。

3）求新动机。表现为追求商品的时尚和新颖，不大计较商品的价格。例如：年轻人在购买自行车时，往往购买色泽艳丽、功能多、款式新的山地车、跑车。

4）求名动机。表现为追求名牌产品，注重产品的牌号、产地及其声誉，舍得花时间、精力选购。例如：人们对名车的偏爱和追求，就是一种求名的动机。

5）求廉动机。表现为追求廉价商品，喜欢选购折价、优惠价、处理价的产品，不大计较产品的外观质量，如花色、款式及包装等。例如：有的人喜欢选购价格低廉的二手车，追求的是二手车价廉、实用的特点。

6）求奇动机。表现为追求商品的奇特式样，别具一格的造型等，注重产品的与众不同之处。

7）求同动机。表现为追求大众化产品，不愿赶时髦，随大流等。

消费者购买动机，是引起购买发生的关键性因素。因此，企业应当认真研究和掌握目标消费者的购买动机，并以此作为企业决策的依据，有的放矢地实施营销策略，从而取得市场经营的成功。

三、购买活动的特点

要掌握消费者购买活动的特点，首先应当分析其购买活动。

（一）购买活动分析

消费者购买活动分析是指对消费者购买商品的原因、习惯、时间、地点等进行研究，通常用“6W”法进行分析。

1）谁是消费者（Who）。根据消费者的性别、年龄、职业、收入、性别等差异，分析最有可能购买某种商品的消费者类型。

2）购买什么（What）。分析消费者喜欢且经常购买的机电产品的类型。

3）为何购买（Why）。分析消费者购买机电产品的动机和原因。

4）何地购买（Where）。分析消费者喜欢且经常光顾的购买地点。

5）何时购买（When）。分析消费者喜欢且经常选择什么时间购买机电产品。

6）如何购买（Which）。分析消费者购买机电产品的方式，主要指购买产品的货币支付方式。

企业通过对消费者购买活动以上六个方面进行认真的分析，就有可能根据其购买活动的特点，搞好销售网点的布局，选择适当的推销时机，争取灵活多样的货币付款方式，去满足消费者的需求，从而扩大销售，实现企业营销的目的。

（二）购买行为的类型与特点

实际从事购买活动的消费者，选购商品时的表现各不相同。一方面，消费者因收入、性格、素养等不同而存在着购买心理上的差异；另一方面，购物环境也会影响消费者的购买行为。比如在顾客多，营业员少，经营面积狭小的情况下，有些人会耐心等待，有些人会易地购买，也有些人则干脆打消购买念头。根据消费者购买的心理状况，可将购买行为分成以下几种类型，各种类型具有其相应的特点。

1）理智型。这类消费者头脑比较冷静，主观性较强，对产品的品质、用途、价格高低等有自己的见解，不易受外界因素的影响。购买产品前，常常广泛地收集信息，做到心中有数。购买产品时十分谨慎，反复挑选。

2）冲动型。这类消费者感情比较外露，即兴性较强，容易受到外界刺激的影响。购买产品前通常没有进行足够的思考，凭自己的一时感觉作出购买决策；购买商品时不愿反复比较，容易做出较快的购买行动。

3）经济型。这类消费者十分注重产品的价格，购买产品时图实惠，常常根据价格的高低来判断产品质量的优劣，喜欢购买廉价的商品，尤其是削价产品。

4）习惯型。这类消费者根据其长期养成的消费习惯，总是按照过去购买的某种牌号、商标、规格、档次去购买产品，或习惯于在某个地点购买。其购买通常建立在见解或信任的基础上，较少受广告宣传和时尚的影响。

5）情感型。这类消费者情感体验深刻，想象力丰富，审美感强，购买产品时容易受到促销宣传和情感的诱导，对购物现场的环境反应十分敏感，通常购买符合自己感情需要的商品。

6）不定型。这类消费者购买心理不稳定，没有明确的购买目标和要求，缺乏对购买物品的选择常识。购买产品时，没有多大的主意，往往只是奉命购买或随意购买，容易受旁人的意见所左右。

营销者必须同各种各样的消费者打交道，如果不能及时地、准确地判断消费者购买行为的类型，以单一的服务方式对待顾客，某些可能成功的交易也可能会落空。因此，及时准确地判断消费者的购买行为类型与特点，可能提高营销活动的效率。

第二节　机电产品产业市场购买行为分析

机电产品的产业市场是指所有购买机电产品，并将其进一步用于生产其他商品和劳务，并以获得利润为目的而购买的组织机构。与面向消费者的活动相比，产业购买者所需的资金额更大，涉及的机电产品的项目也更多，也具有自己的一些特点。生产者购买决策远比消费者购买决策复杂，因为生产者在购买中要面临各种各样的决策，至于要作多少决策则取决于各种不同的购买情形。

一、机电产品产业市场的特点

机电产品产业市场与消费者市场有明显的差别，它有以下特点：

1）产业市场的数量少，销量大。产业市场的购买者不是购买者个人，而是购买机电产品的生产企业，所以它相对于消费者来说，数量较少。但是，每个企业，特别是大中型企业，每年需要购买的机电设备的数量是很大的。例如，一家大型飞机制造厂每年需要大量的机电设备、仪器仪表。

2）产业市场在地理位置上十分集中。例如美国半数以上的产业市场集中在纽约、加利福尼亚、宾夕法尼亚、伊利诺、俄亥俄、新泽西和墨西哥等7个州。在广东的顺德，美的风扇厂集中了全世界电风扇产量的几分之一。产业市场的地域集中性，有助于降低销售成本。

3）产业市场的需求大多属于衍生需求。对产业市场机电产品的需求最终是由消费者的需求衍生出来的。例如客户购买飞机，才导致生产者购买飞机上相关的机械和电器产品。当购买者对飞机的需求量增加时，这些企业需要的机电产品就会增加；反之，对机电产品的需求量就会随之减少。因此，机电产品产业市场的营销者要了解同本企业产品有关的各种消费者需求的变化情况。

4）在短期内，机电产品产业市场的需求缺乏弹性。许多机电产品产业市场的总需求受价格变动的影响并不大。如飞机制造商不会因飞机上相关的机电产品的价格下跌而购进大量的机电产品，也不会因价格上涨而少购。就短期来讲，需求缺乏弹性，因为生产商不可能在制造工艺上进行大的变革。在机电产品涨价时，减少机电产品的购买会造成没有零件、设备而停产；在机电产品价格下降时，大量超购机电产品会造成资金的积压。所以，机电产品的产业市场弹性系数比较小。

5）在一定条件下，产业市场的需求波动性大。机电产品的需求比消费品和劳务的需求波动性大，一些新工厂和新机电产品设备尤其是这样。这是因为产业市场需求是消费者市场需求所引起的。消费者需求量的增加，就会要求工厂和设备以成倍的数量增长。这时消费者需求仅上升10%，就可能导致下一阶段机电产品的需求增长20%。反之，如果消费品需求有10%的下降，就可导致对投资机电产品需求的全面暴跌。在销售中，出现这种反复无常的变化，使许多机电产品市场营销者将其产品和市场向多样化发展，以便能在商业周期中均衡地销售。

6）供购双方关系密切。产业购买者人数较少，但数量大，对供应商来说更具有权威性和重要性，所以在产业市场中供购双方关系比较密切，购买者总是希望供应商按照自己的要求提供产品,交易一般总是与那些机电产品能符合技术规格和满足交货要求的供应商达成。

7）购买人员专业化。机电产品都是由那些经过专业训练的采购人员购买。他们的全部工作时间都在研究怎样才能更好地采购。他们的专业技术较高，采购趋于合理。

8）其他特征。产业市场除有以上主要特征外，还具有以下特征：①影响购买决策的人较多。采购委员会都是由技术专家和营销专家组成；②直接购买。机电产品购买者往往是直接向生产者购买而不再经过中间商；③互惠采购。机电产品购买者往往选择那些购买自己商品的人作为其供应商，即买卖双方各自购买对方的产品；④租赁。许多机电产品购买者并不一定要完全采用购买的方式，而是可以以租赁的方式取得机电产品设备的需用数。

二、生产者购买情形的主要类型

生产者购买情形有三种主要类型，即机电产品的直接重购、机电产品的修正重购、机电产品的新购。

（一）机电产品的直接重购

这是最简单的购买方式，采购部门通常只是按过去的订货目录向原来的供应单位订货，不作多大的变更。采购人员只是根据过去供应单位的供货是否满足本企业的需要和是否感到满意而对数量及供货单位略加调整。针对生产者购买的这种比较常规又可能略有调整的情形，机电产品市场营销人员必须采取相应的市场营销策略以保持原有的市场或打入新的市场。如对原来的用户，首先应力求使其供应的产品或服务保持一定的质量，并使用户感到满意，同时也可以提出自动重购的办法。这样不仅方便用户采购，而且也可以使本企业能较稳固地保持一定的用户和销售水平，并可减少推销事务和费用。另对原来尚不属本企业供应对象的用户，则可以通过努力开拓新产品或利用客户对原来供应者的供应在某些方面得不到满足的机会，让客户重新考虑供应来源，从而打入新的市场。

（二）机电产品的修正重购

就是采购者想改变产品规格、价格、其他条件或想改变供应商的购买情形。机电产品的新设备、新零件和新购买者通常都属于这种购买。针对这种情况，机电产品供应企业必须做好市场调查的预测工作，掌握用户需求变化的趋势，努力开发新的规格和品种，并大力提高生产效率，降低成本，使产品价格相应降低，并能为用户所接受，从而保住原有的供应阵地，并有效地填充其他供应企业退出的阵地。

（三）机电产品的新购

就是企业为增加新的生产项目或更新设备而第一次购买某一产品。在安装第一套计算机系统和建设新工厂时就是处于新购的情形。这种情况对机电产品的市场营销人员来说，是一种最好的机会，这是一个还未被任何竞争对手占据的有待于争取的市场。他们应运用整套市场营销手段，包括向客户提供信息和帮助，以及建立专门负责向新用户推销的机构等等来尽力争取这部分市场。

上述这三种购买情形，它们所处的地位是不同的，在生产者购买情形的系列中，机电产品的直接重购和新购处于两个极端，直接重购是常规的采购，因此其决策比较常规，采购者要作出决定的项目也最少，掌握其规律也比较容易。新购的决策过程则较为复杂，一般要经由发觉、兴趣、评估、试用以及采纳这五个阶段。对机电产品市场的营销人员来说，每个阶段都有其不同的要求和对策。

一般来说，在开始的发觉阶段，利用大众传播媒体传递信息最为重要；在兴趣阶段，则应利用人员销售，销售人员可发挥最大的影响力，促使采购人员产生购买的动机；在评估阶段，技术资料很重要，应多方面向用户提供可供鉴别产品技术参数的资料，促使其作出有利的评估，并达到采购自己产品的目的。另外，新购要求作出决定的项目也最多，包括：①产品规格；②价格限度；③发货条件和时间；④服务条件；⑤付款条件；⑥订购数量；⑦可接受的供应者；⑧选中的供应者。对此，供应企业的市场营销人员应花更多的时间和精力进行全面的深入研究。修正重购则处于这一系列的中间，采购决策也较复杂，因此，供应者对此也应有一定的研究和了解。

第三节　影响生产者购买决策的因素

一般来说，生产者的购买行为与个人购买者的行为是有很大不同的，生产者对机电产品的购买，主要受经济因素的影响，而受个人偏爱的影响不大。因此，机电产品的采购人员大多数属于理性决策。但这些决策者，仍然有常人的一些特点，他们常常凭着某些印象来作决策，向那些自认为是较亲密的供应商采购，对于尊重自己的供应商较乐意惠顾，而对于那些高傲自大或者被认为是高傲自大的供应商，则会抱有很大的反感，不屑一顾。这正说明，机电产品的营销人员必须对购买情境中的人和社会因素加以注意。

影响生产者购买决定的因素可归纳为四大类：环境因素、组织因素、人际因素和个人因素。如图 6-3 所示。

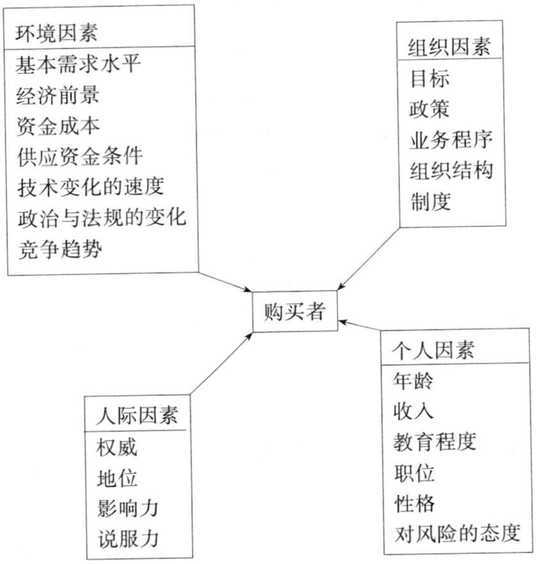

图 6-3　影响购买行为的主要因素

一、环境因素

（一）客观外部环境因素

客观环境因素对生产者的购买有着重要的影响，如经济形势的好坏、工农业生产速度、基本建设的投资规模和投资方向、产业结构、机电产品的供应情况、市场需求的变化、物价的涨落、银行利率的高低、贷款的松紧以及政局的稳定等等。

机电产品购买者深受目前和未来各种经济环境因素的影响。例如基本需求水平、经济前景、资金成本等发生变化时，都将影响到生产者的购买。当经济不确定性风险提高时，机电产品购买者将会停止厂房设备的新投资，同时也会力求减少存货。在这种情况下，机电产品供应企业只有把价格降低到一定的水平，才能刺激购买者冒一定风险购买自己的产品。

机电产品购买者，同样也受技术、政治及竞争环境发展变化的影响。机电产品营销人员必须经常注意这些因素的发展变化情况，随时作出这些因素对机电产品需求情况影响方向和程度的判断，及时采取相应的市场营销措施，将消极因素转化为积极因素。

（二）企业内部环境因素

企业是市场营销的主体，其行为每时每刻都受到购买者的关注。若多数人对企业产生好感，并形成有利的舆论，就会踊跃地购买它的产品。因此，企业在分析影响购买者行为因素时，切不可忽视自身因素对购买者行为的反作用。影响购买者行为的企业因素主要有企业形象、产品形象和企业的销售服务工作。

（1）企业形象　企业形象是指企业在社会和人们心目中的地位。它是企业经营能力、公关能力等各种能力的综合体现，良好的企业形象是企业的无形财富。因此，企业必须注意通过各种有效途径，如赞助公益事业、为顾客提供周到的服务等，树立和维护其良好的社会形象。

（2）产品形象　产品形象是指购买者对于经常接触的商品形成的一种印象。它是企业形象的具体体现。产品形象的好坏直接影响到它的销售。产品进入市场后能否引起购买者的注意首先取决于产品本身的吸引力。购买者对吸引力大的产品容易作出较为迅速的良好反应，反之则无视其存在。因此，企业必须搞好产品定位，在各方面都能投顾客的所好。同时，还应善于听取购买者的意见，为自己的产品创造容易被人认识和接受的形象。

（3）企业的销售服务工作　企业销售服务工作的好坏不仅关系到购买者是否当时、当次购买，而且关系到企业的形象，从而决定购买者是否重复购买，决定着目标市场的存在。企业的销售服务工作包括三个方面：

1）售前服务。即企业与购买者在商品销售之前的信息沟通。它包括口头沟通、书面沟通、宣传沟通和销售沟通许多方式。企业只有不断地与购买者保持信息交流，才能了解企业在购买者心目中的地位和信誉，把握消费的变动趋向以及企业经营与购买者需求的差距，从而促进和指导消费。

2）售中服务。这是影响购买者能否使购买决策转变为购买行动的重要因素。一个善于同顾客打交道的企业，就会在产品销售过程中根据顾客的不同心理，提供各种咨询服务和技术指导。热情、耐心和周到的服务能促使顾客在良好的气氛中迅速实现购买。

3）售后服务。企业的产品售出以后，不是销售工作的完成和结束，只是销售工作完成的第一步。购买者若对已购买的商品不满意。就会导致下次购买的转移，而这种转移的扩散力是很大的。可是企业的售后服务工作往往可以弥补产品本身的不足，并在售后服务中进一步加强与顾客的沟通，为企业提供反馈信息，促使购买者重复购买。售后服务包括实行“三包”（即包退、包修、包换）、代办托运、上门维修等许多内容。每个企业都应根据自己的特点在售后服务中充分发挥想象力、创造力，创造出各具特色的售后服务形式，以博得购买者的青睐。

二、组织因素

它对生产者购买有直接影响，如企业发展战略、经营目标、技术改造、新产品开发和市场开发、企业营销战略和策略、企业内部采购机构的设置、采购制度及采购人员的管理考核等。

每个企业都各有其目标、政策、业务程序、组织结构和制度。机电产品市场营销人员必须对这些采购组织的上述情况详加了解，进而采取相应的市场营销策略和手段。例如应该弄清该采购机构有多少人参与购买决策：他们是些什么人？他们的评判标准是什么？公司的政策如何？公司对这些采购人员的活动有什么约束？所有这些方面又各包含着极其纤细的内容，以机电产品采购人员的评判标准来说，固然他们希望在每次采购中最好都能获得最大的经济优惠，但是他们同时还希望得到一定的质量保证、售后服务，以及胜任采购工作而获得的威望、自我满足等交织在一起的情感因素等等，这些都是营销人员必须进一步弄清楚的。

机电产品的产业营销人员应当意识到，采购组织有如下的发展趋势：

1）采购部门升级。尽管采购部门控制着公司半数以上的费用，但就管理层次而言，它们所处的地位很低。近年来由于竞争的加剧，许多公司都提高了采购部门的级别，将采购部门的领导任命为主要的管理者之一。采购部门的职能已经从以前流行的“以最低成本购买产品”的部门，演变成现在的“采办部门”，即其任务是从少而优的供应商那里采购价值最高的产品。一些跨国公司已经专门将采购部门升级为“战略原料部门”，负责从全球采购产品并与其他战略伙伴合作进行。还有不少公司都在高薪招揽最优秀的采购人员。这意味着产业营销人员将会相应地提高级别，从而与产业采购者的能力相匹配。

2）集中采购。在设有多个事业部的公司里，由于各个部门所需各异，采购权通常由各个部门分别行使。近年来，许多公司开始把采购权集中起来，由总部确定各分公司所需的机电产品的数量，然后集中统一采购。公司可因此节省大量的资金。当然，如果各个部门有更好的采购途径，也可以分别地进行。但总的说来，对于产业营销人员来说，这种变化意味着与他们打交道的采购人员减少了，但级别却更高了。

3）长期合同。产业采购者越来越乐于与可信赖的机电产品供应商签定长期合同。而机电产品的制造商们倾向于在他们工厂附近选择少数能够提供优质机电产品的供应商。除此之外，产业营销人员也向客户提供定货自动转换系统，客户只要把订单直接输入计算机，订单就自动输送给供应商。

4）采购绩效评估。越来越多的公司设立了奖励制度，以奖励采购绩效卓著的采购经理人员。这种办法很类似于推销员因销售业绩突出而获得的奖金。这种制度将引导采购经理人员争取最佳交易条件向卖方施加更大的压力。

三、人际因素

生产者的一切购买活动都是由采购人员来完成的。因此，采购人员的个人因素，如采购人员职位的高低、年龄的大小、文化素养、专业知识、经验丰富程度、事业心强弱、承担风险的态度、社交能力以及采购人员的个性和偏爱等，都对交易的达成产生重要的影响。

机电产品的采购活动，除受上述组织机构本身一些正式因素的影响之外，还受到许多人事因素的影响。就是说，机电产品购买的决定不像消费品购买那样，只由个人或一个家庭的成员决定，而是由来自公司各部门和各个不同层次的人员组成的“采购中心”所决定。所谓采购中心，就是指那些参与购买决策过程的个人和群体，包括使用者、影响者、采购者、决策者及控制者这五个方面的人员。这些人员总的来说不仅在企业内的权威、地位、影响力、说服力各不相同，而且对于不同种类机电产品的采购，这几方面的作用也是各不相同的。因而在购买决定上呈现出较纷繁的人际关系。

（1）使用者　他们是公司里将要实际使用这种产品或服务的人。由于他们执行任务而需要运用这些机电产品，所以产品的购买由他们首先提出，尤其在产品规格的决定上具有较大的影响力。

（2）影响者　他们是协助决定所购产品标准的人员。例如工程师就可决定机电产品的规格，会计主管则可以决定财务细目。

（3）采购者　他们实际执行采购产品的任务，在例行的采购业务中，他们是主要决策者，而在较复杂的采购中则要由企业的高层人员参与和决定。

（4）决策者　他们是企业里有权正式作出购买决策的人，有时决策者便是采购者，但也往往是某些人作出购买决策，采购主管则按章执行。

（5）控制者　他们是企业里负责控制信息流程的人，主要任务是积储并提供购买决策时所需的资料。正因为上述五种人员在购买决策中所起的作用不同，机电产品市场营销人员必须了解用户参与购买决策的人是谁？他们所能影响的决策有哪些？他们之间相互影响的情况如何？他们决策的标准如何？只有深入全面地掌握了这些情况以后，才能作出适当的市场营销对策，更有效地吸引客户的惠顾。

四、个人因素

每个参与购买决策的人，在做决策的过程中都会掺入个人的感情因素。而这些个人情感又是受年龄、收入、教育程度、职位、性格以及对风险的态度等因素所影响的，因此每个采购人员都各有其采购风格。如某些年轻的、受过高等教育的采购主管，对供应商的选择会非常苛求；另外一些阅历较深的、从老学校毕业出来的采购主管，则非常老练而有权术，往往略施小技便会使供应商之间相互矛盾而从中取得交易上的好处；至于采购人员的个人好恶更会影响企业对供应商的选择。

以上四个方面就是影响生产者购买决定的主要因素。总的看来，在机电产品的营销市场中，理智的购买动机是占支配地位的，产品质量、供应数量、售后服务和价格是影响购买决策的主要因素。但其他因素，如企业的声誉、规模及地点，与供应企业的互惠关系，甚至销售代表的性格和生活方式等也仍然相当重要，因为采购决策人员对供应企业的这些方面是很敏感的。

第四节　生产者购买的决定过程

生产者购买机电产品的过程一般可以分为八个阶段：①预期和确认需求；②确定需求项目的特性和数量；③详细说明需求项目的特性和数量；④寻求和确定潜在供应者；⑤接受和分析供应商报价；⑥评估报价和选择供应商；⑦正式订购；⑧使用效果的反馈和评价。显然，并不是任何一项机电产品的购买都必须经过这八个阶段，就前面所说的三种生产购买类型来说，第一种直接重购方式就没有这么多阶段或被大大缩减到只有使用效果反馈和评价这一个步骤；第二种修正重购方式，有些阶段需要，有些阶段就不一定需要；第三种新购方式，则每一阶段都要经历。因此关于机电产品购买过程的研究，一般都以新购这一方式作为典型来分析。

一、预期和确认需求

这一阶段包括两部分内容，即确认需求和弄清通过某一具体产品和服务的购买是否可使需求获得解决。

确认需求，也就是要断定是什么情况引起该企业对机电产品产生购买需求。一般来说，引起企业对某一具体产品产生购买需求，大致有企业内外两方面的因素。下面是一些来自企业内部常见的原因：

1）机电产品存货水平开始下降。

2）购买者对现在供应的产品在规格上有新的要求。

3）发展一种全新产品必须采购新的机电产品设备。

4）发觉过去采购的某些机电产品是不合要求的，企业打算另找其他的供应商。

5）生产规模扩大需要新购置机器、零件和设备。

外部原因也是多方面的。例如采购人员在参观一个产品展销会时，可能会引起某些新的想法而更换买主或新的规格品种；或者看到一则广告，接到销售人员一次推销电话提出较高的质量或较低的价格时，也往往会引起变更购买。

二、决定需求项目的特性和数量

在企业的需求一经确定后，接着采购人员便要进一步决定待购项目的特性和数量。对标准化的产品来说，没有太多要决定产品特性的问题，但对于复杂的机电产品，采购人员则需要与采购中心的其他人员，如工程技术人员、使用者等一起商量研究，决定所购产品的一般特性。他们必须详细就产品的耐用性、可靠性、价格及其他特性的重要程度加以排队，然后衡量轻重得失加以抉择。

在这一阶段，机电产品推销人员有可能给采购企业提供某些有益的帮助，因为许多采购人员往往不甚了解新产品的各种特性和重要性。而机灵的、熟悉产品性能的推销人员则可以帮助用户确定其所需的各种不同性能的产品。

三、详细说明需求项目的特性和数量

当所需某种性能的产品已经决定后，采购机构接着就要决定产品和技术规格。关于决定产品技术规格的问题，一般交由价值分析工程小组负责。所谓价值分析，是美国通用电气公司在本世纪 40 年代末首创的一种降低成本的方法，它仔细研究机器设备的各个零配件是否能重新设计、实行标准化或用更便宜的方法进行生产。价值分析小组对那些价值高昂的零配件特别注意分析研究，以尽量降低整体产品的成本。他们也将寻求那些经久耐用的零配件，这些零配件甚至会使整机的寿命延长。

总之，价值分析小组将研究确定产品的最佳特性，并相应地加以详细说明。下面是在进行价值分析时提出的主要问题：

1）使用该项产品有什么价值？

2）该项产品的成本是否与其使用价值相称？

3）是否该项产品的所有特性都是必需的？

4）是否比原来预期的用处更好一些？

5）某些适用的零部件是否可用成本更低的方法来生产？

6）是否可以找到某种便于使用的标准化产品？

7）拟购的产品是否有相应的生产能力，在生产规模及数量上能否保证本企业所需？

8）原材料、劳动力、企业管理费用及利润合计起来是否会超过预计的成本？

9）其他可靠的供应商是否会按较低的价格供应该项产品？

10）是不是任何人都可按这种较低的价格买到该项产品？

机电产品的供应企业也可以利用这种价值分析方法作为促成销售的工具，机电产品推销人员可针对用户价值分析所关心和需解决的问题，列举本企业能提供品质特性更优良、价格更便宜的机器设备或零部件，往往可激起采购企业修正重购的需求，由向以前的供应者购买转向该企业购买，从而获得新的经营机会。

四、寻求和确定潜在的供应者

采购人员在决定了具体采购品的规格以后，便将进一步确定最适当的供应者。这可通过查找工商名录、电脑资料或征询其他公司的意见等途径来进行。在这个过程中，有些供应者由于无力大量供应企业所需，或由于交货和服务方面的信誉不好而排除在被考虑之列，最后采购主管将确定一张能供货的少数供应者名单。作为供应企业来说，则应针对这种情况详列在工商名目中，或通过其他大众媒介宣传介绍，以便买方易于查找挑选。

五、接受和分析供应商的报价

当已确定预期的少数供应者后，采购主管就会约请这些选中的供应者提出报价单。有些供应者可能只送来售货目录或派销售代表前来。总之，产品越复杂越昂贵，采购主管就要求每个供应企业提出更详细的报价单。并且在对这些供应企业提出的报价正式接受以前，还要对他们重新加以审查一番，在这一过程中，还可能会删除一些报价不当的供应商。对此，供应企业的市场营销人员必须十分重视报价单的填写工作，力求全面而形象地把推销产品的优点和特性表达出来，以促使采购企业乐意接受本企业的报价。

六、评估报价和选择供应商

在这一阶段，采购中心要重新审查报价单，然后决定供应者人选。他们不仅要考虑各供应商的技术能力，而且还要考虑他们及时交货及提供必要服务的能力。采购中心通常会列出一张明细表，详列拟与成交的供应商的各种特性，按供应商各种特性的不同重要程度，依先后次序开列如下这样一个特性明细表：

1）技术服务能力。

2）交货快慢。

3）能否对用户的需要迅速作出反应。

4）产品质量。

5）供应商的声誉。

6）产品价格。

7）是否具有完整的产品线。

8）销售人员的才干。

9）延期付款许可期。

10）人际关系。

11）产品说明书及使用指南。

根据这一明细表所列的项目，采购成员将逐一给予评分，然后确定理想的供应商。但在作出最后决定之前，采购人员还要与这些供应商在价格和其他条款上进一步协商，以取得更大的优惠。到最后，他们可能只选择一个供应者或少数几个供应者。但他们一般都宁愿选择几个进货来源，而不愿依赖一个来源，以防万一该供应商有问题时没有补救的余地。

七、正式订购

供应商已经选定后，采购企业就要给选定的供应商发出最后的采购订单，列出所需产品的技术规格、拟购数量、交货时间、退货办法、产品保证条款和措施等。在日常维修用品、大修理用品及供应品的采购中，采购单位越来越倾向于签定一揽子合同，而不采用定期发采购订单的办法。这种一揽子合同可使供购双方建立一种长期的相互关系，供应企业承诺每隔一定时期按照协议价格，随时供应买方所需的产品。这样采购企业就不需要保存大量的存货。如需要补充进货时，随时通知供应商便可及时获得进货，不会停工待料。一揽子合同交易势必导致进货来源的单一化，向每个供应商采购的品种会增加更多，这样对供应企业大有好处，借此可使自己与采购企业结合得更牢固，使其他供应商不易插足进来，从而保持较为稳固的市场，使企业获得生产稳步发展的可靠基础。

八、使用效果的反馈和评价

就是收集本企业使用部门对供应商所供产品的意见，对使用效果进行全面评价。显然，使用部门关于产品使用效果的信息反馈，对是否作出重复购买决策具有很大的影响和作用。至于具体的评价项目，一般都把供应企业的可靠性、产品的质量及其他类似特性放在最前列。由于这些产品，如机器、设备等并不经常购买，因此关于这类产品使用效果的信息，往往可由过去多年的实践经验积累而来。经过这种使用效果的评价，采购企业可能接纳原来的供应商，也可能会变更或降低对原供应商的采购品种和数量。就供应企业来说，必须事先了解用户的反应，争取主动，在产品质量、型号、规格及市场营销方法等各方面锐意提高和改善，以赢得用户的进一步信赖与惠顾。

以上所述的八个购买阶段虽然主要适用于新购的情形，其他购买情形可以大大缩减，但在某些情况下，也可能会增加一些步骤。总之，应具体情况具体分析，在不同的机电产品采购中，工业用户的采购流程可能会有很大的差别。由此可见，机电产品市场营销同样是一项艰巨复杂的工作，作为机电产品经营企业来说，最关键的步骤就是要了解买方的需求及其采购流程、才能制定出一套有效的市场营销计划，从而扩大本企业产品的销售范围和数量，进一步巩固在市场上的竞争地位。

第五节　组织机构、政府和转卖市场

组织机构市场、政府市场、转卖市场和个人消费者市场一样，也是机电产品市场的重要组成部分，研究这些市场对企业开展营销活动也有着重要的意义。

一、组织机构市场

组织机构市场由学校、医院、疗养院和其他为公众提供商品或服务的部门组成。不少组织都具有这样的两个特征：预算较低；与顾客关系密切。比如：学校的采购人员必须考虑到为学校的教学所购的教学仪器设备的质量，如电化教学的投影仪设备，其采购目的是非盈利性的，因为这些机电仪器设备只是作为学校为学生提供教学服务的一部分而采购的，同样，成本最小化也不是其采购的目的。因为如果设备质量差而影响教学效果，则有损于学校的声誉和未来的发展。这样，学校的采购人员就必须寻找价格低廉，但设备质量要达到或超过某一标准的机电设备或仪器供应商。

针对组织市场采购者的特殊需求，机电产品的供应商可以进行专门的分工，以满足不同的需求。

二、转卖者市场

机电产品转卖者市场又称机电产品中间商市场。它是由以营利为目的，购买机电产品后再转卖或出租给其他人的所有组织和个人所构成。主要包括批发商市场和零售商市场。它少于消费者市场，但多于产业市场。

（1）中间商的购买决策　中间商在购买产品时，一般需要做出以下三个方面的决策：

1）购买什么产品的决策。中间商购买什么产品有以下四种情况：①独家经营策略。即所销售的各种花色品种的机电产品都是出自一家厂商。②单品种多家产品经营策略。即中间商只销售多家企业生产的一种机电产品。③相同类型多种产品经营策略。即经营多种系列的商品，如在销售电冰箱的同时，还销售电视机、洗衣机等。④混杂产品的经营策略。即同时经营多种互不相关的产品。

2）购买谁家产品的决策。中间商要选择最佳供货单位。其条件是：①产品质量最好，最受顾客欢迎；②价格适中，可以被顾客接受；③货源稳定，交货及时；④付款条件比较宽松；⑤能为中间商提供广告及各种与产品销售有关的服务。

3）组织进货的决策。一般有两种方法可供选择：一种是进货次数少，每一次进货数量比较大。这种方法的优点是：进货费用少，能享受较大的数量折扣；缺点是库存量大，不利于资金周转，要求有一定的库存能力。批发商多选用这种方法。要货单位路途遥远和市场需求旺盛、价格趋涨时，零售商也常用这种方法。另一种是进货次数多，每一次进货数量比较少。这种方法的优点是：库存量小、资金周转快，不需要很多仓库；缺点是进货费用多，不利于享受大批量进货的折扣优惠。零售商多选用这种方法。当供货单位或市场疲软、价格下降时，批发商也常用这种方法。

（2）转卖者市场购买活动的决策者和参与者　转卖者市场由于规模、职能不同，购买活动的决策者和参与者有很大的不同。

1）大型商业企业。由于商业企业内部分工的不同，采购工作分为：①由采购人员统一进货；②各柜组分散进货；③远地商品统一进货，近地商品分散进货等。

2）小型商业企业。商店经理既是购买的决策者，又是采购工作的直接参与者。

三、政府市场

机电产品政府市场是指那些为执行政府的主要职能而采购或租用货物的各级政府单位。各国政府通过税收、政府预算，掌握了相当大的一部分国民收入，形成了一个很大的市场。如美国每年采购的商品和劳务约占国民生产总值的1/3，且采购机电产品的范围十分广泛。随着社会主义市场经济的发展，我国政府机构所需要的物资也转由市场来供应。

（1）政府市场的采购组织　各级政府机关都有自己的采购组织。如美国联邦政府的采购组织分为两大类：一类是联邦政府民用采购机构，包括商务部、总务管理局、联邦电讯委员会、联邦航空署等。各个机构都控制相当一部分自己采购的比例，总务管理局在民政部门常用商品的采购上起重要的作用。另一类是联邦政府军事部门的采购组织。联邦政府的军事采购由国防部进行，并且大部分都是通过国防后勤局和陆海空三军的军事部门进行的。国防后勤局负责组织采购和分发全部军用品，其目的是为了减少重复支出，以降低费用。我国政府和地方各级政府都有自己的采购机构负责物资采购工作。

（2）政府市场采购机电产品的方法

1）公开招标采购。即政府的采购机构在报纸上刊登广告或发出函件，说明采购物品的品种、规格和数量等具体需求，邀请供应商在规定的期限内报价，进行投标。供应商如果想做这笔生意，就要在规定的期限内填写标书，写明可供应产品的名称、品种、规格、数量、交货期和价格等等，密封送达政府的采购部门，最后政府的采购部门在规定的日期开标，选择条件最好、报价最低的供应商成交。这种采购方法，可以使政府的采购机构处于主动地位。

2）合同采购。即政府的采购部门先与一个或几个公司接触，最后与一家或几家公司成交并签订购货合同。

3）现金购买。对于购买数量少、花费不多的机电产品，一般用现金在商店或工厂购买。

政府的采购工作十分复杂，各企业不应被动地对政府的要求作出反应，而应主动对政府的要求作出预测并设计方案，收集竞争情报，加强通讯联系，向政府介绍公司的优势，做好机电产品的销售工作。

第七章 机电产品市场营销策略

市场营销是什么？传统的观点认为，构成市场营销的4大要素（又称为营销组合）是：价格price、销售渠道place、促销promotion、产品product，简称为4P。随后，美国西北大学教授菲利普·柯特勒在《大市场营销》中，提出了6P要素，即在原4P的基础上增加2P：权力power和公共关系public relation。有的营销专家还提出了10P要素，在原有6P的基础上，增加定位法、优选法、市场细分、市场调研这4P要素。但无论4P、6P还是10P，实际上，由于一直以来营销技术手段和物质基础的限制，选择、确定市场营销策略的主要依据仍然是产品的价值、营销渠道、促销媒体和方式以及产品的价格，它们构成了企业经营、市场分析和营销策略的核心内容。

随着信息技术的高速发展和日益普及，以及国际互联网向着人们工作和生活的广泛渗透，市场营销观念正在发生着巨大的变化，电子市场将加入到有形市场的行列。这对于机电产品市场营销来说，无疑是一个很好、难得的契机。通过Internet开展的市场营销活动，可消除空间地理位置的限制，使产品展示变得更加方便，时间的延迟也几乎可以忽略，商业成本由于中间商的取消以及营销更强的针对性而大幅度下降，最终使产品价格降低，顾客可以得到更多的实惠，企业也扩大了无限商机。目前，一些专家看好电子商务、网络营销，认为它们是将来市场营销的一个重要分支。如何在世纪之交、改革之中抓住机会，有效开展机电产品市场营销活动，将是机电企业面临的严峻挑战，同时也是创名牌的机遇。本章主要研究产品的营销渠道、促销策略、市场营销以及市场营销的科学管理，研究机电企业创名牌的相关策略。

第一节 机电产品销售渠道

企业生产出来的产品，只有通过一定的市场销售渠道，经过物流过程，才能在适当的时间、地点，以合适的价格供应给消费者，从而实现盈利目标。彼得·安东尼奥和凯瑟林·惠特曼认为：任何产品的成功，在某种程度上取决于选择适当的销售渠道。

产品从生产厂转移到消费者的过程中，有效的渠道设计和选择需充分考虑到它所面对的顾客、中间商、竞争者、环境、市场、产品等因素的影响。

一、销售渠道的基本结构

任何一个商品从生产厂家手中转移到消费者手中所通过的转移渠道就是销售渠道。常用的销售渠道由生产厂家、消费者、经销商和代理商组成。如图7-1所示。

显然，不同的销售渠道所构成的营销链有长有短。营销链愈长，顾客手中的产品价格愈高；营销链愈短，消费者手中的产品价格愈低，因为，在每个环节中，商人都必须是有利可图的。问题是消费者均希望购买物美价廉的产品，那么，具有较长营销链的销售渠道为什么还能继续存在呢？虽说存在不一定是合理的，但是存在必然有其合理性的一面。例如，对于一些低价的机电产品，消费者不愿意花许多时间去生产厂家购买而追求购物的便利性，以节省时间，因为时间就是金钱。但对于高成本、高价的产品，若再经过较长的营销链销售，消费者就难以承受了，特别是当消费者的购买量较大、购买次数有限时，购买产品所消耗的时间价值比起因营销链增长而导致的价格增幅仍然要小得多，因此，购买此类产品，消费者一般选择营销链较短的销售渠道，例如直销，而不经过中间商。因此，企业应满足市场需求，对不同的机电产品，选择不同的中间商和销售渠道。

二、销售渠道的类型及选择

（一）销售渠道的类型

销售渠道的类型主要有八种，如图 7-1 所示。

- 生产厂家⟶消费者
- 生产厂家⟶代理商⟶消费者
- 生产厂家⟶零售商⟶消费者
- 生产厂家⟶批发商⟶消费者
- 生产厂家⟶配送公司⟶消费者
- 生产厂家⟶代理商⟶批发商⟶零售商⟶消费者
- 生产厂家⟶批发商⟶零售商⟶消费者
- 生产厂家⟶专卖店⟶消费者

图 7-1　常用的销售渠道

1）直接渠道。直接渠道是指生产厂家直接供货给消费者，自己发挥商品的流通机能，而不经过中间商。这种销售渠道链路最短，消费者在价格方面可以得到最多的实惠。例如网上直销。

2）生产厂家⟶代理商⟶消费者。这种消费渠道的链路比直销稍长。它是指生产厂家通过指定的代理商联系消费者来进行产品销售。

3）生产厂家⟶零售商⟶消费者。这种销售渠道是指生产厂家直接通过零售商将产品销售给消费者。比如：冲击钻的生产厂家经常通过零售商进行销售。美国的机电生产厂家也建立了自己的零售营销系统。

4）生产厂家⟶批发商⟶消费者。这种销售渠道用于生产厂家销售工业品，但并不多见。生产厂家销售工业品更多见的是采用直销方式。

5）生产厂家⟶配送公司⟶消费者。这种销售渠道是指生产厂家通过配送公司将产品送到消费者手中。这种方式目前流行于电子市场的购销活动中。它的主要背景是网上购物或电子商务，一般程序是：消费者透过国际互联网查询生产厂家的产品目录，然后向销售公司订购产品，公司随即将订单传送到配送公司，然后由配送公司去生产厂家取货并送货上门。实际上，这类销售公司可以是虚拟企业或组织。对于机电产品营销而言，这种销售渠道的前景十分诱人。因为，机电产品的采购员大多是专业人士，购货时一般要查询产品的相关技术资料并力图“货比三家”。而一般的销售渠道难以向他们提供足够的信息，难以帮助他们做出合理的购买决定。此外，对于大型机电产品而言，为参加现场展示的产品运输也是十分困难的。而网络营销却可以通过 Internet 以最低成本方便地展示、介绍产品，向消费者提供所有的产品信息，因此，这种渠道将伴随着 Internet 的架设和普及而成为最活跃的机电产品销售渠道。

6）生产厂家⟶代理商⟶批发商⟶零售商⟶消费者。这种销售渠道是指生产厂家通过自己选定的代理商将产品介绍给批发商，再通过批发商将产品转卖给零售商，最后由零售商将产品销售给消费者。显然，这是营销链路最长、最复杂的一种销售渠道。当机电产品的市场容量大、销售手续复杂、一次购买量少、单价低、产品小时，常选用这种销售渠道，例如，进口的螺钉。

7）生产厂家⟶批发商⟶零售商⟶消费者。这种销售渠道常被选择用来应付这种情况：生产厂家只是大批量销售它们的产品以保护销售大户的利益，例如空调。而一些小零售商无力支付大批量订购的价钱，只得从批发商那里进少量的货，再进行零售。它常用在低成本、中小型的机电产品市场营销中。

8）生产厂家──→专卖店──→消费者。目前汽车销售很多厂家采用这种形式，四位一体(即整车销售、配件供应、维修服务、信息反馈)。汽车制造厂与专卖店结成共同体。这是与国际接轨的方式，使市场有序，专卖店销售积极性高。

（二）销售渠道的选择

销售渠道有如此多种，其正确选择变得十分关键。在选择销售渠道时，通常考虑两个方面的因素，一是销售渠道的长度，二是销售渠道的密度。

1）按长度选择销售渠道。在选择销售渠道长度时，必须遵循以下原则：

● 市场容量越大，渠道越长；
● 产品分布越分散，渠道越长；
● 产品季节性较弱，渠道较长；
● 产品市场竞争越弱，渠道越长；
● 产品一次性购买量越少，渠道越长；
● 使用产品所需的技术和服务越少，渠道越长；
● 产品价格越低，渠道越长；
● 产品越小，渠道越长；
● 变化不大的产品，渠道较长；
● 产品越标准化，渠道越长；
● 企业越小，渠道可越长；
● 专业销售人员越少，渠道可越长。

2）按密度选择销售渠道。销售渠道密度是指产品在市场上覆盖的程度。根据密度的大小，可将不同销售渠道排列如图 7-2 所示：

开放型销售渠道──→选择型销售渠道──→封闭型销售渠道
（密度高）────────────────→（密度低）

图 7-2　各种密度的销售渠道

其中，

● 开放型销售渠道因其密度高、覆盖面广而适用于机电产品中的常用工业消费品销售；

● 选择型销售渠道是指企业先选择开放型销售渠道进行销售，经一段时间考察，再淘汰一些不理想的中间商。显然，大部分机电产品的销售用这类方式比较合适；

● 封闭型销售渠道是指生产厂家在特定地区选择并限定一家批发或零售商只经销本厂的产品。这种类型的销售渠道密度最小。一般而言，生产厂家如此挑剔，主要是因为产品需要特别的售后服务和专业销售人员特别的推销介绍。它的背后往往是名牌产品或实力雄厚的生产厂家，因为苛刻的条件也必须同时意味着给予商家厚利。例如，一些生产压铸仿真模型车的厂家就通过这种密度最小的销售渠道进行销售活动，但每月给予商家活动经费。

三、中间商的作用与选择

除直销外，销售渠道均离不开中间商，即帮助销售产品的个人或组织，包括经销商和代理商。经销商通过商品的购销活动，赚取购销差价；代理商通过帮助购销双方或代表某一方进行购销磋商并达成交易，但在整个过程中只收取佣金，本身并不曾拥有产品。代理商主要有销售代理商、厂家代理商、经纪人、拍卖行等，批发商主要有承运批发商、批零兼营的批发商等，零售商主要有平价商场、百货商场、超级市场、便利商店、无店铺销售（如电子市场、电话邮购、电视直销）等。虽然任何一种中间商都将使产品的销售成本提高，但是中间商的专业技术形象、所掌握的销售网络以及在节省消费者购买时间甚至费用（如远途购买的交通费）方面，都做出了重要贡献。

在销售过程中，中间商通过与消费者之间的联系纽带，把生产厂家的最新产品、好产品、特色产品传递给潜在和显在的消费者，从而使双方受益。不难设想，如果没有中间商，当消费者在需要如钉、锤、电动机、车床、冲击钻这类常用机电产品而必须到每个生产厂家去购买时（如图 7-3 所示），时间和金钱方面的耗费会有多么大。若是以非直销渠道销售产品，就可以方便消费者购买并节省相关费用，产品也自然会因购买的便利而取得更好的销售业绩。许多设在加油站旁 24 小时营业的便利店就是如此设立的。

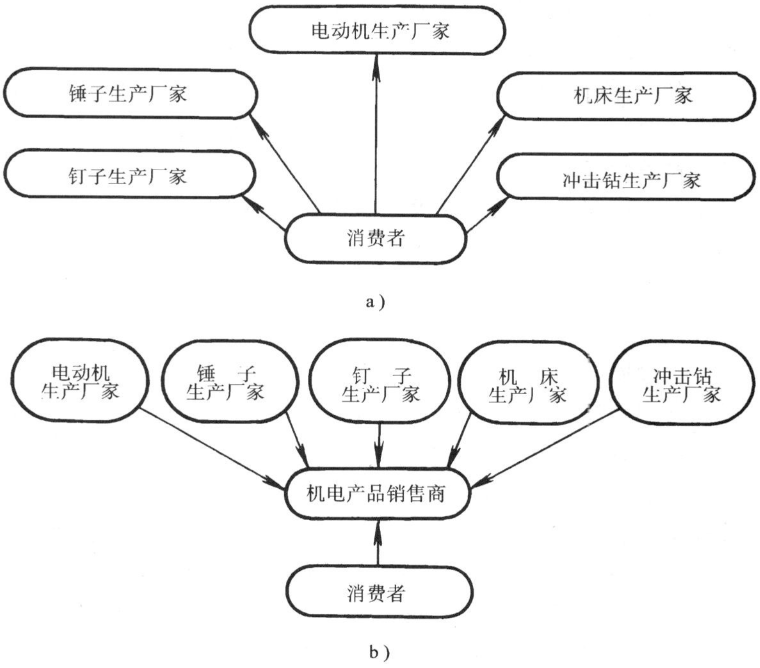

图 7-3 中间商的位置与作用

a）无中间商 b）有中间商

既然中间商有着如此重要的作用，如何选择中间商就变得十分关键。通常，对中间商的选择，要考虑其品牌的知名度、信用、协作性、偿付能力、经营品种、以往的销售业绩、员工素质、从事本行的时间、所处的地理位置等因素，其中，主要考虑：

- 中间商经营此类产品的能力；
- 中间商的市场范围是否与本企业产品销售范围相符；
- 中间商能为消费者提供服务的程度；
- 双方相互合作、相互信赖的可能性；
- 中间商自身的管理水平；
- 中间商的财力和信用。

当然，选定的中间商是否合适还必须经过时间和实践的检验。

四、特许经营——新兴的商业模式

特许经营作为一个企业和中间商双赢的商业模式已越来越受到生产者和创业者的重视。它以低成本标准化的经营达到快速扩张业务范围与企业经营规模化的目的，又有利于中间商的成功经营。同时，特许经营领域已从传统的餐饮服务业、美容美发业向家电、电脑、家具、汽车、销售、服装、图书、医药等行业扩展。机电行业由其行业特点和产品特点决定了特许经营也将会成为其备选的一种营销渠道模式。一种理念之所以能够成为一种潮流，自然有其独特价值和深刻原因。那么，特许经营魅力何在?

特许经营是一种以契约为基础的企业经营方式。特许权授予者与被授予者双方在加盟连锁的方式下通过订立契约，特许权授予者以收费的方式将本企业的商标、商号、专利、经营模式等授予被特许者并提供各种服务；被特许者按合同规定，在特许者统一的业务模式下从事经营活动。利用这种方式，特许人可以迅速实现低成本扩张，赚取更多的利润，而被特许人可以充分利用现有成功企业的各种优势来创建自己的一个事业机会。

1. 特许经营的特征

首先，特许经营的核心是特许权的转让。以特许经营为主要发展方向的企业一般具有声誉卓著的商标和成熟的商业管理模式。特许权授予者将由商标、专利、技术秘密、商业秘密、经营秘诀等无形资产构成的特许权转让给被授予者，通过与他人的资本相结合来扩大经营规模，是技术和品牌价值的扩张而不是资本的扩张。

其次，特许经营双方是合同关系。特许双方并没有所有权的隶属关系，只是通过签定合同，特许权授予者允许被授予者按照自己要求的模式使用自己的经营管理软件，并提供合同规定的服务和义务。

再次，加盟者通过支付费用获得许可权和总部业务指导。加盟时要一次性交纳一笔盟金，加盟金由各特许组织视自身情况而定。对于总部的指导、服务和统一开展的广告宣传，加盟者要按合同规定每月支付费用。

2. 特许经营的优势

(1) 合理配置资源　在特许经营系统中，特许者无需通过资本投入来建立店铺，扩大自己的经营规模，需要做的仅仅是根据特许经营协议中有关条款的规定，为受许者提供各种技术支持和服务，并对他的经营活动进行监督与控制。而且特许权授予可以被反复利用，利用一次便可以扩大一次规模，以此实现低成本、低风险的快速扩张。不仅如此，特许权授予者收缴被特许者交纳的各种费用，还可以使特许者总公司获得更多的资金加速发展，有利于扩大自己的品牌和商品的市场占有率。对被特许者来说，加盟所需投入的资金较少，只需支付门面和人工等费用，就可以在总公司的技术指导下，利用特许者的知名品牌等优势，尽快改善经营管理，发展营销业务和占领市场份额，从而获取一定利润。

(2) 实现规模效益　由于各加盟店是通过特许经营系统组合而成，因此可以降低各种费用开支，形成规模效益。

(3) 优化经营要素组合　特许经营之所以在全球盛行，关键在于这种模式具有集资金、货源、专利、品牌等各种经营要素而组合形成更大营销优势的特点。由特许者提供自己的店名、专利、品牌、成功的营销经验以及商品货源、广告策划、门面设计等，在有限资金条件下，将被特许者交纳的各种费用用来开办新店，从而扩大市场占有份额。以这种方式开展营销的业务风险小、起点高、成长快，相互揉合成一体，构成适度规模的各种经营要素最佳组合，从而提高经营业绩。

(4) 实现低成本扩张　由于特许经营企业具有经营要素最佳组合的特点，有利于提高经营的成效率，减少市场投资的风险，辐射力和渗透力强，因而市场覆盖面越来越大，连锁店越来越多，已成为企业扩张的最佳途径。

(5) 迅速准确的信息沟通　特许连锁企业网点广泛，深入消费第一线。企业可以利用庞大的信息网络和先进的计算机管理系统，快速准确的收集、加工、处理信息，为企业全面了解市场、作出正确决策提供支持，提高在竞争中取胜的机率。

(6) 提升企业核心能力　在特许连锁经营方式下，总部可以将有限的资金、人力投入到新技术的开发、新产品研制、强化经营管理、树立品牌形象、提升无形资产方面，构建和提升企业的核心能力。

五、销售渠道的管理

一旦选择了销售渠道，其管理就应列入工作范畴。首先，生产厂家与中间商应就存货水平、售后服务、产品宣传、技术指导、市场需求的调查以及产品创新等方面的内容达成协议；其次，生产厂家与中间商之间应尽可能建立、保持一种长期友好的合作伙伴关系，建立一致的、共同的发展远景；第三，应加强对销售渠道冲突的管理。

由于同一企业的同类产品可能同时采用几种不同类型的销售渠道或者使用同一种销售渠道但选用不同的中间商来进行销售，因此，可能会产生销售目标和方式的差异，从而在不尽相同的销售渠道中产生冲突，包括在相同销售渠道的同一层次中间商之间产生横向冲突以及在相同渠道的不同层次中间商之间产生纵向冲突。根据冲突理论，只要中间商之间由于某些对抗或抵触状况而感知到不一致的差异，冲突即存在，即冲突不仅包括高度控制的抵触即相互间微妙、间接的冲突，还包括明显、公开的抵触即对抗、竞争。虽然传统的观点认为，冲突的存在会损害组织的利益，然而冲突的存在却是客观的必然。当然，对抗激烈、频繁的组织容易分裂，组织内成员的不合作会造成组织内正常运作的混乱无序。的确，这种高度的对抗严重损害组织利益。事实上，一个理想、和平、融洽、安宁的组织极易变得对创新和变革的需要感觉迟钝、反应冷漠，居安思危实际上很难做到。因此，适度的冲突也很有利，因为不断进取、不断有创新需求、不断进行批评和自我批评的组织有利于学习型组织的建立、创新。因此，当冲突存在时，中间商、制造商应通过迁就、强制、妥协、合作以及转换的方式加以解决，将冲突控制在有利于提高销售业绩的一定水平和范围内，使销售渠道具备正常的功能，使冲突适应生产厂家发展的需要。而在死水一潭的无冲突渠道中，应运用组织再造，改变组织文化或聘用管理和经营风格不同的中间商等方式激发必要的冲突，从而优化销售渠道的设置，提高机电产品市场营销的层级水平。

第二节　机电产品促销策略

在人们惯称的营销组合中，除了价格、销售渠道、产品外，还有一个因素即促销，有时也称之为推销。所谓促销是指通过向消费者传递信息、与消费者沟通，来帮助、说服消费者做出合适的购买决定，从而使消费者购买本企业的产品。而沟通则是指把某人心中的意念，通过一定的方式表达出来，让对方明白并按照某人的意念去行动。具体到销售沟通，就是把销售意念通过一定的方式和途径表达出来，使对方领悟，并采取积极的购买行动。在销售沟通中，常用的促销方式有：人员推销、公共关系、广告以及销售推广（又称为特种推销）四种。而营销专家 Ross R. Reck 罗斯・雷克博士提出的 The Win Win Negctiation（胜——胜商议），向营销人员指明了一条新的思路。

一、促销的作用

促销的任务主要是向消费者宣传、介绍产品的特点，从而引起消费者的重视，激发他们的购买欲，向消费者提供其所需的日用维护等相关信息，透过帮助别人，使企业自身获利。促销的作用主要体现在：

● 与潜在、显在的消费者建立并保持一种长期友好的合作伙伴关系；

● 帮助消费者识别本企业的产品，树立产品、企业形象；

● 提供产品相关信息，满足消费者的信息需求；

● 介绍产品特点；

● 帮助消费者满足消费需求并做出购买决定。

二、销售推广、公共关系

(1) 销售推广　销售推广是促销策略的要素之一，它包括除公共关系，人员推销和广告之外的所有其它促销方式。这类促销活动多用作临时或短期措施，其目的是追求立竿见影的效果，强烈刺激消费以提高销售量。例如，一些大型超级商场新开张时，就曾租用直升飞机投放奖品、宣传品以扩大声势，造成轰动效应，吸引消费者，其结果不仅制造了新闻，提高了超级商场的知名度，而且确实提高了产品销量。然而，这种促销形式效果虽好，但成本很高，不可能也无法长期使用。此外，若方法运用不当，还可能造成极大的负面影响。比如，一些企业为推销新产品而采用免费赠送样品的方法，时间一长，消费者习惯于免费使用，就不再有花钱购买的欲望了。因此，选择正确的销售推广方式十分重要。

目前，常用的销售推广方式主要有：

● 抽奖；

● 折价优惠，如参展最后一天的优惠价销售；

● 购物附送赠品或赠券；

● 赠送样品——此法仅适用于小件、小型机电产品；

● 配套或套装优惠；

● 销售竞争；

● 样品试用；

● 产品展示、交易会。如于 1999 年 10 月在深圳举行的我国首次高新技术产品交易会上，高科技含量的机电产品成交额就达亿元；

● 现场演示会；

● 销售回扣；

● 以旧折扣换新；

● 免费提供咨询和培训。

上述方式也可组合使用。

(2) 公共关系　所谓公共关系是指企业或团体利用双向沟通的方式赢得外界的信任和支持，力图使企业同周边环境关系友好，树立良好的企业形象。它与广告宣传最大的差别在于：公共关系虽然是销售企业形象，但这种销售是通过制造新闻事件而非广告来达成，因此，公共关系活动的开展不需向宣传机构支付广告费，而广告费用通常是巨大的。这种方式的推销、没有快速的广告效应，而只是间接影响销量，但它却给消费者客观、公正的感觉，更容易使消费者信服。一个企业生存于一定的环境之中，与周边环境发生、存在着许多错综复杂的关系。诸如，与供应商和中间商的关系等等。在千丝万缕的关系中，只要有一个环节出了问题，都会给企业带来难以预料的后果。反之，若企业理顺并建立良好的公共关系，就会得到各方援助，建立良好的企业形象，从而带旺整个机电产品销售市场。因此，积极开展公共关系活动是非常重要的。从某种角度上说，关系是一种企业资源，它可以转化为企业另一种强大的生产力。

人们记忆犹新的是，根据马克·吐温的同名小说改编的电影“百万英镑”中，因为商业主看到亨利·亚当手持一张不可能找零的巨额钞票百万英镑，顿时免费赠送一套价值高昂的衣服给亨利·亚当，并邀请他日后所有的衣服均在本店选购，同时承诺他选购的衣服全部由公司免费赠送。当时，观众对于该店主的行为十分费解，其实这就是一个利用公共关系促销产品的典型案例。虽然，承包一个人有生之年的所有衣服（高档）开支很大，但是它势必会造成“全英国最富有的人的所有衣服都是在本店选购的”，即“他一生只穿本公司的服装”的新闻效果。这么一来，恐怕会有成千上万的富人阶层以及想标明自己已进入或很快将进入富人消费层的人们趋之若鹜，产品档次、商店的形象将会立即跃升几个等级，巨额利润自然源源不断。实际上，公共关系这一促销手段就是利用人们不设防的心理，以戏剧化且又具高度真实感的新闻事件和权威的评述吊住消费者的胃口，突出企业、产品的形象和特色，从而达到促销的目的。因此，许多营销专家已开始把目光集中到制造新闻的焦点上。

目前，常用的公共关系方法有：

- 制造新闻事件；
- 慈善捐款，关注公益事业；
- 召开专题学术研讨会；
- 专题演讲；
- 召开记者招待会；
- 利用名人效应；
- 专家评述；
- 赞助体育事业、大型文艺晚会；
- 与有关团体合作；
- 其他软性广告。

值得一提的是，无论运用哪种公共关系方法，都不能哗众取宠，要适可而止。一些企业请专家评点产品、企业运作，以软性广告的形式，为产品、企业作宣传，虽不太引人注目，但使人信服，费用也低。因此，用软性广告的方式为产品促销，愈来愈受到营销业的重视。

（3）企业形象识别　由 IBM 公司首先提出的企业形象识别（Corporate Identity 简称 CI），近年来十分流行。它主要是通过对企业的商标、企业标志和其他视觉形象的改革，体现企业特点，使企业形象保持统一性、一贯性，特色鲜明，从而促进产品销售。

三、广告

广告是指企业或组织为了推销产品、服务或思想，通过一些大众媒体向消费者提供产品信息。广告策略则是为获得广告的最佳效果而制定的策略，包括广告的表现形式和广告媒体的选择。传统的营销认为，酒香不怕巷深，即好的产品即使不特别宣传，消费者也会寻香而来。而实际上，由于市场竞争的日趋激烈，使得产品的同质性愈来愈高，差别化程度愈来愈低，企业若不借助大量的广告树立产品形象，那么，消费者很难发现、了解产品，更难对产品一见钟情。只有通过大量广告，并借助其它促销方法吸引消费者对产品的关注，引起消费者兴趣，激发消费者的购买欲望，给消费者留下深刻的印象，才能最终使消费者采取行动。

广告策划包括广告的载体、对象、内容、表现形式、时间、地点的选择及其组合。通常，产品的市场定位是确定广告对象的主要依据，具体的广告内容、表现形式、广告时间和地点取决于广告对象，而广告媒体的选择又依赖于广告对象和广告内容。常见的广告载体有：

- 期刊杂杂
- 各类海报
- 日用物品
- 各种印刷广告
- 各类报纸
- 各式招牌
- 定位气球
- 计算机网络
- 广播
- 霓虹灯·
- 电影
- 电视
- 交通工具（流动广告）
- 年历

等等。不同的媒体有不同的特点。其中，张贴在交通工具上的广告，如公共汽车上的广告是城市移动广告，通过电视台播出的广告是立体广告，在计算机网络上散发的广告，面对的应是计算机使用者和爱好者，他们受教育的程度、对新生事物的敏感程度较高。此外，不同媒体的覆盖面也不同，甚至差别很大，但覆盖面愈大的媒体，广告费用也愈高。据统计，在一定区域的广告投入范围内，广告效应的大小与广告费用支出的大小成正比，但若超出这个范围，广告费用的再增加，无论增幅多大，广告效应的增幅也是微乎甚微的。因此，一些企业误认为只要广告狂轰乱炸，就可以吹出名牌，吹出知名度，殊不知巨额的广告支出转变为产品成本后，将使产品价格上扬，反而会削弱产品的竞争优势。

由于广告费用高，广告策划部是用钱部门，国内一些企业的员工便认定在广告部任职是美差，因为广告投入无明确的效益评价指标。目前，大部分企业对广告的监控，主要表现为对广告的计时而忽略或缺乏对质的监控，从而造成广告投入的失控，对企业盈利构成了极大的威胁。因此，利用现代化的信息技术，应用现代营销理论，实现广告功能成本比值最大的目标，已迫在眉睫。

构建广告投资管理体系可根据价值工程理论，按以下步骤进行：

1）建立合理、标准的广告传播效果评判模型。

2）对广告传播效果进行功能评定（以权重表示），计算功能评价系数。

3）对广告传播进行分类测定，计算广告传播的成本系数。

4）用功能成本法或功能系数法，计算广告传播的价值系数。

5）在此基础上，对广告传播的各类方案进行比较、分析、筛选或改进。

广告传播效果评判模型（如图 7-4 所示）的功能主要是描述现实世界中，广告传播的本质属性及其相互之间的关系。而在管理研究领域，研究对象的属性及其相互之间的关系往往比较复杂，难以用数学模型准确表示，用非数学模型表示更贴近实际或更容易操作。只要能把它们量化，它们也同样具有与数学模型相似的特性。不同指标的取值形式、范围和标准不尽相同。例如，“接受群层次数”分别用高度集中、中度集中、一般三个指标评判。然后用 Delphi 法确定各个指标的得分范围或得分以及各评判指标的权数，从而得出各类广告效果的功能评价系数。

设广告传播成本为 C，广告制作费为 x，传播时段为 t，传播单价为 p，传播时间为 T，传播费批量折扣为 y，则

$$广告传播的成本 = 广告制作费 + 传播费$$
$$C = f(x, t, p, T, y)$$

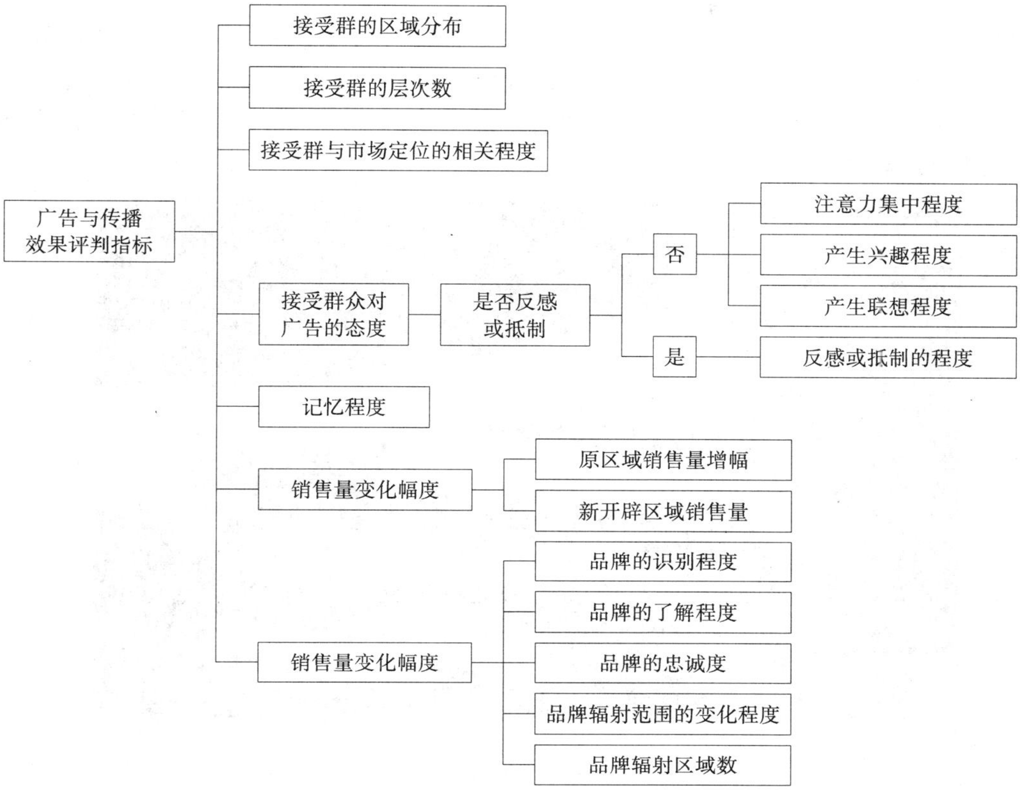

图 7-4　广告传播效果评判模型

若再细分，因为不同层次的广告公司面对不同层次的接受群，它决定了广告传播制作费的差异性。因此，p 是关于广告传播公司层级、广告类别等自变量的函数。

然后，选择功能系数法，求取价值系数。此时，即可按价值工程的惯用程序对广告传播效果进行价值分析。实际上，许多传播业已将广告、传播业务合为一体，所以，从某种角度上说，可将广告传播简称为广告。由此可见，企业可选择不同广告公司不同形式的广告，在不同时段上以不同单价和批量折扣并确定不同的传播间隔和长度，从而使广告的价值最大。

要充分发挥广告的作用，除了对广告外部如广告媒体等的优化外，还必须优化广告的内在，也即广告的表现形式、广告的创意。广告主要是针对消费者，吸引、激发他们的关注和兴趣，而研究表明，在任何消费者的感官所接受的外界信息中，有 83%、1% 分别来自视觉、味觉（或口感），占吸纳信息的 84%，因此，广告的视觉效果要准确匹配消费者的视觉倾向。此外，若选用广告“明星”来做广告，那么，“明星”的选择得当将使广告号召力倍增。一般规则是，用专家作专业广告，用明星做大众广告（但也有例外）。例如，人们通常认为：用大明星为工业用机电产品做广告，感觉可能不伦不类，但若选用同行专家进行评述，则对消费者有较强的说服力，促销效果会更明显。此外，昂贵的广告媒体不一定比便宜的广告媒体效果好，关键在于营销人员如何去创意。例如，当年美国“柯达”公司在南美市场上与日本“富士”公司竞争时，就曾用人人常吃的鸡蛋做广告，消费者一开始好奇，继而开始关注，发现“柯达”是美国公司生产的彩色胶卷，然后开始使用，发现其质量果然好，“柯达”也就翻身了。

如图 7-5 所示是美国铁姆肯公司的轴承广告。它的广告对象为机电类人士，广告媒体为报纸。整个画面突出了该公司产品的高科技内含和工艺的精密。“如果蚊子身上有轮子，我们也能制造那么小的轴承”点明了主题，特色鲜明，同时也让人感觉很实在。它的广告创意独特，使人难以忘怀，效果十分显著。

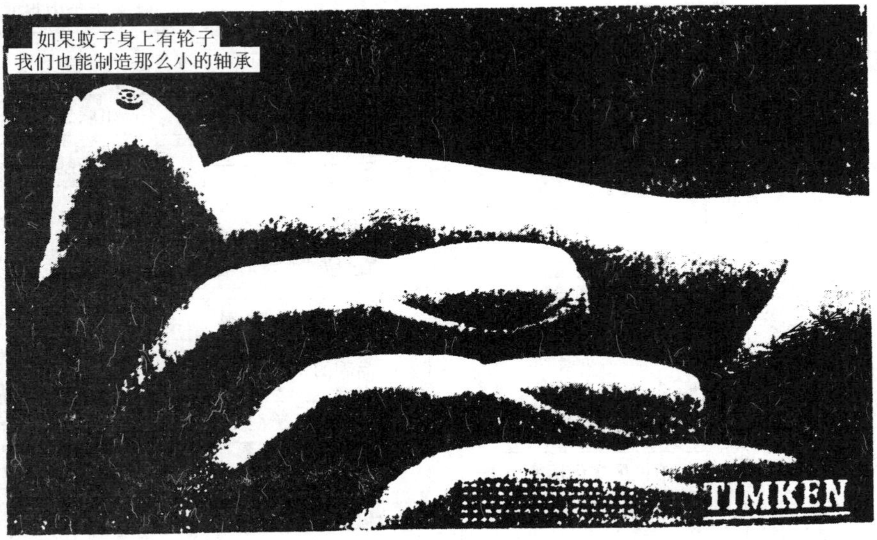

图 7-5　美国铁姆肯公司的轴承（摘自《国际广告》，1998.6.P67《寸草，鸡蛋广告的启示》一文）

四、人员促销

（1）传统的促销理论　人员促销是一种 face to face，即面对面的促销方式。它通过销售人员与消费者的直接接触，促使消费者接触新产品、认知产品，引起消费者的兴趣，产生对产品的偏好，然后经过讨价还价、付款，完成销售——购买行动。

常用的人员促销方式有：

● 实地促销，如推销员上门促销；

● 零售促销，如柜台小姐的促销活动。

其中，实地促销的方式虽主动，但容易被消费者拒绝，而零售促销的方式虽使消费者盛情难却，但显得比较被动，两种方式显然各有利弊，应综合使用。一般而言，大件机电产品的推销，常用零售推销方式，通过向消费者展示产品说明书，引起消费者关注，并最终达成交易；而小件机电产品的促销，经常是由推销员带样品上门进行实地促销。若两种方式综合使用，又极易产生促销口径的差别，产品的宣传和介绍难以统一。企业唯有借助信息技术的平台为人员促销提供支持，如推销员可携带便携式计算机进行实地促销，运用多媒体技术创作的精美画面，全方位展示、介绍产品，才能使吸引消费者关注的机会激增，才能保持两种人员促销方式在产品宣传口径中的高度一致，消费者需要的信息，也可随时从计算机中调取、从网络中下载，分布在世界各地的销售机构均可通过 E-mail 接发订单，并通知相关部门立即供货，这一切必然大大地提高产品的成交率。

（2）胜——胜商议　推销技术的创新固然重要，推销观念的创新更为关键。传统的推销原则是务必用各种方法取得订单，即使用迷惑、胁迫、欺诈的方法也行；传统的推销员绩效考评也以订单为主要依据。在这种制度下，销售人员必然以订单为目标，视每个订单的获取为独立事件，其结果是每开辟一个“战场”只能做成一个交易，为取得第二笔交易就必须去开辟第二个“战场”，因为没有消费者希望被再次诱导、胁迫。这样一来，促销工作的难度和效率便可想而知。1985 年，罗斯·雷克将销售观念进行了创新。他提出的胜——胜商议即胜——胜销售原则认为：订单的签定只是交易的开始，是与消费者合作的开始，契约完成才是交易的结束。在这种观念下，销售人员变得更加关注产品售后服务以及消费者的满意度，从而提高了促销服务的质量，最终是销售人员获得了双重的回报：一是老顾客的重复购买，二是老顾客自告奋勇介绍新顾客，至此，老顾客已转化为一股新的销售力量。

胜——胜商议销售原则的主要内容依次为：

- 计划 plan，即策划如何能从顾客那里满足需求；
- 关系 relation，建立与顾客的友好关系；
- 契约 agreement，即满足顾客所需，换取自身所需的契约；
- 持续 maintenance，即保持关系、契约的延续性和重复性。

雷克认为，靠个人力量推销产品终是有限的。的确，若将所有顾客变成销售团队的队员，则促销员将轻轻松松提升销售业绩。因为，顾客需求是客观存在的，而向朋友推荐好的产品与服务也是友情的自然表现形式，只是促销员受益了；其原因是他们首先帮助顾客使其购买行为得到了优化。

（3）机电产品的人员推销　人员推销是机电产品推销的一种主要形式，它要求推销人员有良好的身体、心理素质，丰富的业务知识、深入扎实的专业知识和较强的销售能力。由于机电产品多属于生产资料产品，技术含量高，因此，推销时，必须运用丰富的产品知识、敏锐的观察力、理解力、创造力、想象力、判断力、沟通能力和交际能力，对用户进行开拓和选择，组织销售队伍开展销售活动。在开拓用户时要以关系为铺垫，充分收集用户的相关资料，如用户的生产特点、资金周转情况、设备计划等，同时也要向用户提供产品资料（如提供产品样本等），促进双向沟通以达成共识。在选择用户时，要考虑对方的支付能力、需求量、在同行中的声誉和内部运行现状，即充分考虑双方合作的可能性、长期性。为方便推销工作的开展，可根据产品的特点，选择区域结构、用户结构或产品结构的组织形式，集中力量进行推销，力求达到最佳的推销效果。

第三节　市场竞争中的营销策略

优势不同、地位不同、实力不同、企业选择的营销策略自然不会相同。商场如战场，规则都一样。在市场竞争中，能分出胜负、垄断市场最好；但若势均力敌，两虎相争，必然两败俱伤，不如先和平共处一段时间再伺机反扑论胜负；若是新生弱小，势单力薄，则只能在夹缝中求生存或投奔于强者的麾下做一个跟随者，赢得时间，逐步壮大。

一、市场领先者策略

作为市场领先者，企业在产品、服务、切入市场的时间等方面均有优势，因此，可以高价甚至垄断价格追求巨额利润，同时，不断积累品牌资产，建立并巩固品牌地位，使名牌产品深化、巩固。领先者地位的保持比建立这一地位更难。作为领先者，企业必须依靠持续的技术创新活动，不断向市场投放新产品，满足消费者日益变化、增长的需求，同时，要在企业外部，灵活采用阵地防御、侧翼防御、以攻为守、诱敌深入的策略迎击来犯者。

二、市场挑战者策略

处于市场挑战者位置的一般是同类产品中第二、第三品牌，仅为少数企业之下，数百企业之上，自然难以臣服，总想拼取桂冠。采取的方式，一是壮大自身力量，寻找机会与领先者一争雌雄；二是避实就虚，准备以少胜多。后者，常把企业定位在领先者左右，尽量缩小与领先者的距离，力图出其不意、攻其不备、出奇制胜。例如，广告出奇意，低价竞争等。前者，则是先向低位者发起进攻，通过兼并来壮大自己的实力，然后与领先者抗衡。例如，广东顺德科龙电器集团于1988年10月对位居全国空调行业第五名即第五品牌的华宝空调核心企业实行兼并计划（1998年中国最大的一起并购案），不仅壮大了自身的力量，而且，通过这一新闻事件，提升了企业形象。合并后，规模效益更加明显，产品成本有效降低，价格方面更具竞争优势。因此，科龙集团生产的空调产品，市场占有率节节上升，从而为科龙进军国际名牌奠定了坚实的基础。

[**案例**]

科龙并购华宝如虎添翼

1998年10月，国内家电行业中最大的一起并购案——科龙华宝强强联合引起了社会各界普遍关注。半年多过去了，情况如何?

从科龙集团传出的消息说：科龙华宝合并后运作成功，无论人员管理、资金运作、销售网络，还是技术开发、品牌管理都磨合得较好。统计表明，1999年3、4月份科龙集团销售空调18.53万台，是去年科龙、华宝两个品牌同期销售的3.7倍。

据悉，科龙华宝合并后，生产能力达到150万台，迅速扩大了生产规模，两家企业的技术开发、营销网络合二为一，在资金运作、物资采购、生产协调方面都统一起来，减少了不必要重复，从而使生产和销售成本都大幅度下降。在生产与销售环节都统一起来后，科龙集团则集中力量在技术与产品开发上，今年推出的空调新品在智能变频、强劲制热、健康化及整机外观上都有突破和创新。

华宝空调厂与科龙空调厂的员工在联合后同工同酬，享受一样的福利待遇，原华宝空调器厂的部分高、中层管理人员到科龙总部及各专业公司上班。据介绍为了磨合原来两个企业的文化，科龙集团今年推出了“万龙耕心”、《企业文化纲领》等企业文化活动，进一步将两企业的文化进行了整合和提升。

在销售网络上，科龙与华宝实行“三联合、二互补、一共用”的市场策略。“三联合”就是：产品销售联合、售后工作联合、广告宣传联合；“二互补”就是：销售网络互补、售后网络互补；“一共用”就是：市场资源共用。科龙、华宝联合后，服务网点数量增加到1700多个，售后服务部为了更好地配合销售，适应市场需要，进行了内部改革，将高度集权的功能导向转变为高度分权的业务导向管理，将售后服务更名为“用户服务部”，推行售前、售中、售后“全方位专业化服务”。

*摘自1999年5月7日《粤港信息日报》

三、市场的低位次者策略

市场低位次者不具备正面攻击的实力，自然要避其锋芒，或找个靠山，在夹缝中求生。为此，市场低位次者常采用：

- 市场补缺策略；
- 市场追随策略。

大企业虽实力雄厚，但资源毕竟有限，不可能全方位地占领市场，它们的空隙常常是低位次者的目标市场。显然，运用这种策略时，必须低调以掩人耳目，避免引来火力攻击。而运用市场追随者策略，则是模仿大企业基调，当大企业的追随者，从而赢得时间喘息、成长壮大。

第四节　机电产品市场营销的科学管理

对市场营销进行科学管理是十分必要的。市场营销管理的主要内容包括市场营销计划、组织与控制。其中，市场营销组织涉及市场营销人员的配置和考核，市场营销控制包括成本控制、营销组合控制、利润控制、产品控制等等，内容繁多，涉及面十分广泛。

一、市场营销计划

市场营销计划是指对实现一定营销目标的行动方案进行系统、详细的描述。它包括：

- 企业计划，即机电企业总体发展计划，如投资政策等。
- 部门计划，它包括企业各部门的发展目标、任务、工作程序等等。
- 产品计划，包括产品目标、新产品开发、产品线目标、产品价格等，它们与整个机电行业的市场状况、用户发展状况密切关联。
- 市场计划，包括促销、市场推广、公共关系以及广告计划等。

做任何事情都必须计划先行。缺乏计划会走许多弯路，从而使实现目标的过程失去效率，更谈不上控制。一些企业对计划产生误解，他们认为制定计划是在浪费时间，或者以为计划可以消除变化。但事实是制定计划将迫使企业营销管理人员认真思考干什么、怎么干、谁干、什么时候、以什么方式、在什么地点干的问题，这个过程本身就极具价值。实践证明，凡是认真进行营销计划工作的机电企业都有明确的、具体的营销目标，都会将偏离营销目标的损失控制在最低的限度；而对于后者，虽然计划周密，也无法控制外部环境、内部环境的变化和变化导致的计划更改、行动调整计划只是提供营销人员总体上稳定的行动方针，以及及时预测变化、迅速寻求对策的基础。每个企业、营销人员必须端正对营销计划的认识。

如图 7-6 所示为编制市场营销计划的程序。

二、市场营销组织

市场营销组织是指企业利用各种资源尤其是销售人力资源，实现企业的市场营销目标。为实现这一目标，营销组织应采用以任务为导向的团队组织机构。即为了建立和提高销售业绩，提高机电产品的市场占有率、销售量、利润和品牌地位，招聘销售人员，并把他们安排在不同的营销岗位以使他们能充分地发挥个人所长，使整个团队有最佳的表现。目标不同，招聘的人员素质、数量自然不同。在招聘时，要运用能力互补、年龄互补、知识结构互补、性别互补、性格互补原理、综合考虑年龄、性别、专业、性格等有关因素，把人力当做资源对待，这样才能人尽其才、爱才惜才，从而提高营销人力资源的配置率和利用率。同时建立合理的薪酬体系，激励销售人员努力工作，才能使企业以最小的投入获得最大的回报。由于机电产品的用户多为企业，采购者应当是业内的专业人士，因此，招聘销售员时一定要考虑他们专业、专长是否能适应机电产品营销的需要。

三、市场营销控制

计划是控制的基础。建立市场营销控制系统就是将实施营销计划的结果与营销目标相比较，若有偏差则修正方案，直至目标实现。其控制的内容包括利润的统计与核算、销售状况分析、市场占有率分析、流通费用分析、策略分析、市场竞争状况分析及对策分析等，其中，定期检查与评价工作由市场营销稽核来完成。

四、建立机电产品市场营销管理信息系统

市场营销的顺利进行，有赖于对人力资源和信息资源的开发管理。市场现状如何、市场需求是什么、市场的切入点、竞争对手状况等，都是营销人员时刻必须面对的问题。为使市场营销目标切实可行，正确选择营销策略，为了给科学的市场预测和营销决策提供信息支持，必须拥有充分的信息资源，加强对信息资源的管理。因此，建立以信息技术（IT）为基础的机电产品市场营销信息系统已刻不容缓、迫在眉睫了。

根据服务对象的不同，企业主要有六种不同类型的营销信息系统，如图 7-7 所示。其中，高层营销管理支持系统一般用于 5 年或 5 年以上的营销规划和预测；营销决策支持系统可用于中期（1～3 年）销售分析，以支

图 7-6　编制市场营销计划的步骤

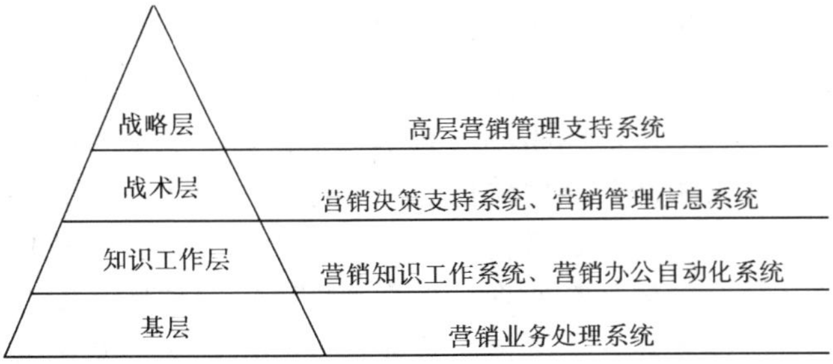

图 7-7　对应不同营销层次的六种信息系统

持相关决策；营销管理信息系统主要服务于中期销售管理；营销知识工作系统用于新产品开发和设计；营销办公自动化系统用于与营销相关的订单等文档的收发与管理；营销业务处理系统用于基层订购处理。若建立机电产品市场营销 MIS，其体系结构可参照图 7-8 所示。其中，感受内外部环境的变化十分重要，如我国进入 WTO 给企业带来的营销机会与挑战等等，而不良用户库是指在计算机网络上或行业内有不良记录的用户名单，这些用户最好排除在企业客户之外，即也要选择客户。虽然要尽力招揽顾客，但一些客户从根本上缺乏诚意，不讲信誉，缺乏合作精神，不懂互利原则，与这些客户合作将是极其困难的、甚至可能后患无穷。完善客户服务（也称为顾客服务）越来越重要。

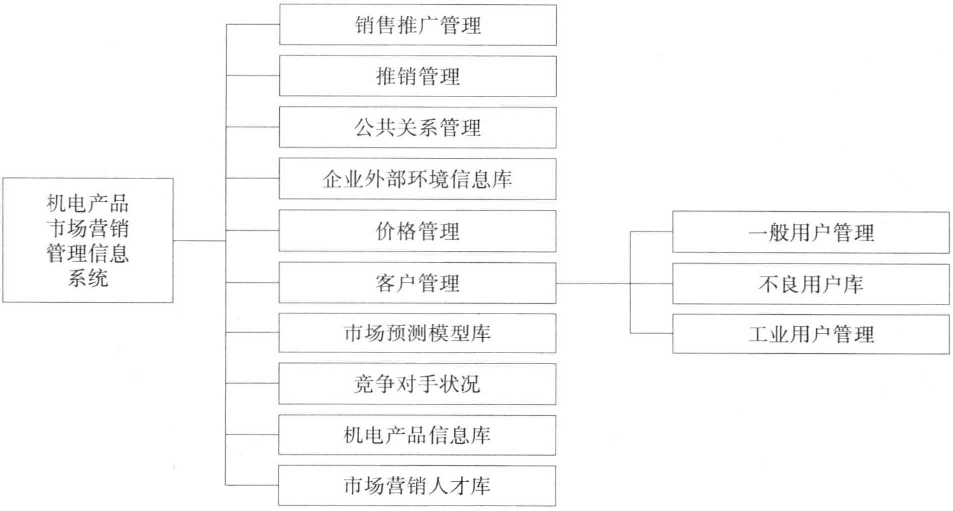

图 7-8　机电产品市场营销管理信息系统 MIS 的体系结构

五、营销决策支持系统的简介

1. 决策支持系统（DSS）的发展

初期的 DSS 是使用关系型数据库（RDB）。虽然 RDB 有许多优点，但 DSS 直接使用下层信息系统所建立的数据库极不方便。综合数据均要经过一定加工和通过一定的查询途径才能得到，速度慢，实用性差。为解决这个问题，中期的 DSS 多采用在原基层数据库的基础上增加 DSS 专用数据库的方法。该专用数据库是由原内源基础数据库和外源数据库抽取数据，经加工后得到的综合数据所组成。它可满足快速查询和显示要求，系统性能大大改善，但仍未解决 DSS 的根本性问题，即获得的数据是非现实的，而不是面向主题、面向分析和面向支持管理层的决策制定过程的。因此，系统复杂，操作使用麻烦，发展缓慢。数据仓库（DW）技术的出现给 DSS 数据的提取和分析，特别是多维数据的分析与处理创造了很好的条件。DW 为 DSS 发展开辟了新的途径，基于 DW 的 DSS 应运而生。

2. 数据仓库技术（DW）

Inmon. W. H 给 DW 所下的定义是：DW 是面向主题的、集成的、稳定的和不同时间的数据集合，用于支持经营管理中决策的制定过程。主题是数据归类的标准，每个主题基本上对应一个宏观分析领域。如保险公司的 DW 主题是：客户、政策、保险金和索赔等。集成是指对不同数据来源的数据在进入 DW 之前必须经处理、加工与集成。如对不同的数据来源要统一数据结构和编码，这是将原始数据结构从面向应用过程到面向主题、面向支持决策的转变。数据经集成进入DW后是极少或根本不更新的。DW包括了大量的历史数据，其数据的键码包含时间项，且标明数据的历史时期，适合决策支持系统进行时间趋势的分析。

DW的结构是在原有RDB的基础上发展形成的，但它的组织结构完全不同于数据库。DW中的数据分为四级。原始数据经集成后，首先进入当前基本数据级，并根据需要进一步进行综合，进入轻度综合数据级乃至高度综合数据级，老化的数据则进入历史基本数据级。整个DW的组织结构是由元数据(meta data)组织的，其结构如图7-9所示。

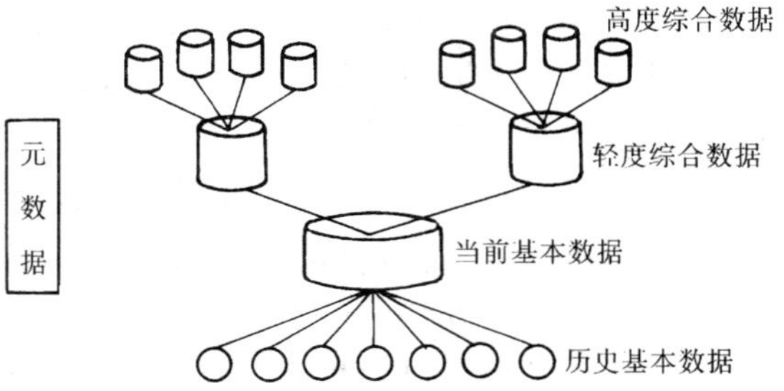

图7-9　数据仓库结构图

3. 联机分析处理与数据挖掘

联机分析处理（OLAP）是一种软件技术，它使分析人员能够迅速、一致、交互地从各个方面观察信息，以达到深入理解数据的目的。简言之，OLAP是共享多维信息的一种有效快速分析方法。

1）OLAP的第一个显著特征是对数据提供多维概念视图，使用户能够从多角度（维是人们观察数据的特定角度）、多侧面、多层次地理解包含在数据中的信息及其潜在的内涵。它的第二个显著特征是快速响应用户的分析请求（一般在几秒钟之内）。它的第三个显著特征是具有很强的分析功能，能给用户提供强大的统计、分析（如对时间序列分析、非过程化建模、多维结构的随机变化分析等）、报表处理功能。它还具有回答what-if问题的功能和进行趋势预测的能力。此外，它还具有信息性、共享性等特征。

2）OLAP是一种多用户的三层客户机/服务器的结构（如图7-10所示）。它的优点在于能将应用逻辑、图形用户接口软件（GUI）及数据库管理系统（DBMS）严格区分开来，使复杂的应用逻辑不用分布于网络站点上的各用户的PC机上，而是集中存放在OLAP服务器上，由服务器提供高效的数据存取、安排后台处理以及报表预处理。其三层客户机/服务器逻辑结构图如图7-10所示。

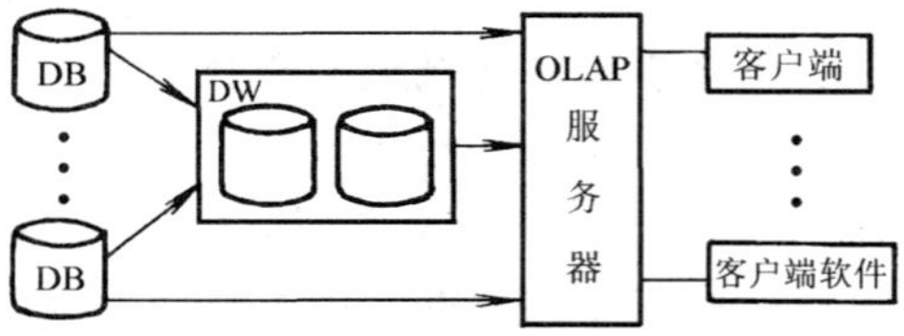

图7-10　OLAP服务器的三层客户机/服务器逻辑结构图

3）数据挖掘（DM）就是从大型数据库或数据仓库海量的数据中提取人们感兴趣的信息或模式的过程。这些信息是隐含的，事先未知和潜在有用的。由于数据挖掘本身就是一种从事实或从被观察的数据集合中寻找合适模式的决策支持过程，因此它与DSS是密不可分的。

4）联机分析处理和数据挖掘是相辅相成的，但两者的侧重点不同。前者侧重于与用户的交互、快速响应以及提供数据的多维视图；而后者则注重自动发现隐藏在大量数据中潜在的有用的信息与模式。OLAP的分析结果可以给DM提供分析信息，以作为挖掘的依据，而DM可以拓展OLAP分析的深度，可以发现OLAP不能发现的更复杂、更细致的潜在有用信息。两者从不同角度辅助决策。它是一个以数据仓库为基础，以联机分析处理和数据挖掘两种不同的分析工具为手段，三者结合而组成的一个新型、高效的决策支持系统。

4．基于 DW 企业营销决策支持系统框架结构模型

如图 7-11 所示是一个基于数据仓库的企业营销决策支持系统。整个框架结构是建立在基于 Web 技术的企业 Intranet 应用于集成框架之上，其应用模型是浏览器/服务器（B/S）三层结构形式，即客户端、应用（数据采集、处理、分析与挖掘）服务器和数据源（数据仓库、数据库与知识库）服务器。数据仓库的采集单元（pump）负责定期的通过企业内部网通信干线分布在网络各站点上的有关数据库收集最新的数据，并完成数据的净化与变换。考虑到 DW 中数据对象较为复杂且数量巨大，决策支持系统其它单元对 DW 的访问是通过 OLAP服务器来完成的。使用 OLAP 服务器的目的是为了得到完善的多维数据管理，并使之能提供简便快速且性能有保证的多维数据查询和分析。这样大大地降低了系统的数据传输量，提高了数据挖掘和决策分析效率。

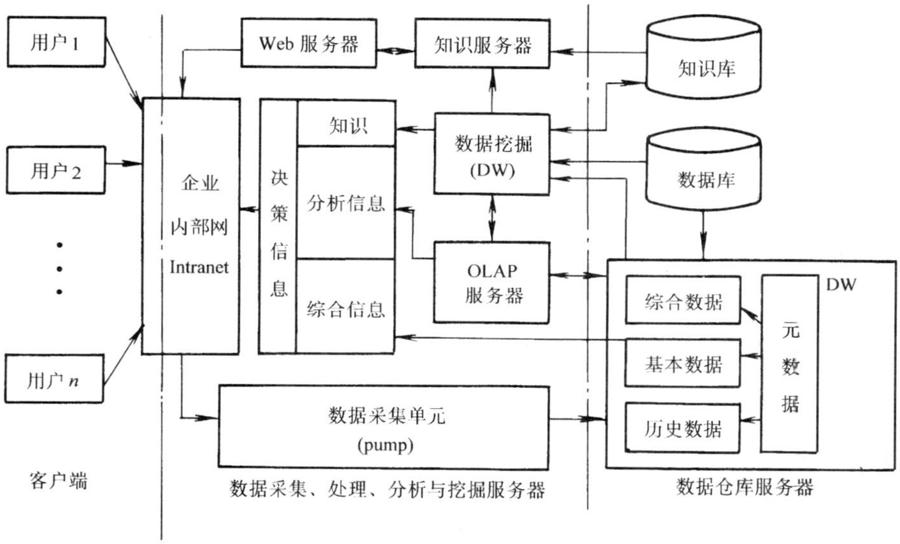

图 7-11　基于 DW 企业营销 DSS 框架结构模型

与传统的 DSS 体系结构不同的是：知识库中的知识除了在系统建立之初输入之外，还由系统的数据挖掘单元不断地进行补充。其操作过程是：通过 OLAP 服务器查询 DW 中的数据，利用各种数据挖掘工具和挖掘算法，将挖掘所得到的知识放入知识库中。它所得到的知识有可能是一些定期固定的统计分析和关联度分析，也可能是一些未预料到的意外收获。在数据挖掘单元中，我们尽量使用已有的一些数据挖掘软件工具，如 SAS、IBM Intelligent Mines 等。在中间层设置 Web 服务器和知识服务器，用户通过 HTTP 协议访问 Web 服务器上的 HTML 格式的页面，而 Web 服务器则根据页面设置与用户要求向知识服务器提出决策需求。知识服务器是处理用户决策需求的综合服务单元，它根据用户需求向知识库和数据库要求相应的知识和数据，经处理后以 Web 页面的形式提供给用户。

在客户端，用户通过 Web 浏览器访问 Intranet 上的 Web 服务器来进行决策咨询。本系统的用户分为两类：一类是一般经营人员，他们只需要了解一下企业总体经营情况以及决策支持系统对具体经营的一般性建议，服务器上的静态 Web 页面就可以满足他们要求。另一类是企业高层管理决策人员，他们除需了解各部门经营情况与销售业绩统计以外，还想知道

发展趋势分析与预测，进行某些专门分析与知识咨询等，这就需要与系统进行动态交互。系统可以通过Web页面上嵌套Java Applet小程序来实现这种用户和系统的动态交互，使用户能动态地通过知识库服务器访问数据仓库和知识库，以取得所需要的特殊信息。

教学案例七

汽车销售法宝

单位：一汽贸易总公司广东分公司
产品：中、重型卡车
业绩：广东市场销售量：1997年：700辆
1998年：1500辆
1999年：3800辆
2001年：5117辆
2002年：10000辆

一、理念先行

理念先行：以“用户第一”指导营销，并有切实可行的操作方法，在销售服务体系中推行“4W”活动，即

1）我们的用户是谁（who）。

2）用户需要什么（need what）。

3）我们能为用户做什么（do what）。

4）我们还能为用户做什么（do what more）。

二、整合营销网络

公司下面是一级代理商，一汽解放中重型卡车开始进入广东市场时，由于扩张快，经销网点也较混乱，2000年开始对营销网络进行整合，对一级代理商重新进行考核，考核标准是：1）销售实力。2）融资能力。3）品牌忠诚度。符合条件的保留，不符合条件的剔除出去，同时引进新的经销商，经过整合，原来18家一级代理商减少到13家，但销售量却成倍增长。

单靠13个一级代理商还不能满足广东这样一个大市场需求时，在搭建好销售骨干网络后，开始着力建设二级销售网点，扩大市场覆盖面，占领市场每一个空白点。

三、差异化营销策略

广东地区经济发达，各地区都投巨资进行交通、道路等基础设施的建设，这为各大汽车制造厂提供了市场机会，国内几大汽车厂、国外的五十铃、VOLVO、现代等品牌都在必争这个市场，竞争将在产品、价格、服务、品牌等多个层面展开。面对激烈的市场竞争，广东分公司选择了差异化营销策略，以大批量牵引车（拖头）供货广东市场，满足各施工单位的急需。

针对广东市场需求，广东分公司对产品作了适应性改进，推出“四大加强”型系列产品，在发动机离合器、变速箱、后桥等关键部位都作出了重大改进，使功率更大，油耗更

低，性能明显提高，而价格只作了稍微上升，立即受到各施工单位欢迎。

以深圳盐田港为例，该公司一年买车 2500 辆，占了采购总量的 80%以上，而采购进口车总量不到 20%，使一汽国产车成功地挡住了进口品牌车的攻势。一汽解放已成为广东用户的首选品牌。

四、融资体制创新

由于汽车销售需要的流动资金庞大，代理商资金短缺时就提不到货，为解决资金问题，创新融资体制，由汽车厂、代理商和银行签定三方协议：代理商先向银行交纳 30%的保证金，汽车厂同时把 70%的车辆合格证抵押给银行，银行给汽车厂开出承兑汇票，代理商将车卖出去后，把钱还给银行，从银行拿回车辆合格证，再为买家上牌。这样，三方的矛盾都解决了，三方的风险也降到最低，取得三赢的局面，资金充裕，伴随而来的结果是汽车销售量大幅度提高。

教学案例八

区域性销售公司营销模式

——珠海格力电器股份有限公司

珠海格力电器股份有限公司是我国规模最大、技术实力最强的空调专业化生产企业，也是世界单产规模最大的空调器专业生产企业。该公司近年来在业内独创了区域性销售公司的营销模式，对企业生产经营和发展产生了积极的影响，也对行业的销售有积极的促进作用，不仅使企业自 1997 年以来保持良好的发展势头，而且在空调行业起到了很好的规范竞争的表率作用。

一、选项理由

家电行业作为我国经济领域的一支重要支柱，目前已经进入完全竞争的阶段，这一阶段的基本特点就是家电产品过剩，供过于求，造成厂家之间、商家之间的竞争非常激烈。其竞争手段也是层出不穷，尤其是价格战，往往被厂家、商家当作最主要的竞争手段。价格战虽然可以为消费者带来实惠，具有促进行业企业优胜劣汰的功能，但在中国这种特定的市场竞争环境下，这一手段的功能目前并没有发挥出来，反而暴露了许许多多的问题。如彩电行业的价格战，就造成了不少企业的全面亏损，效益大幅度滑坡，生产陷于困境。这样不仅企业元气大损，上交国家的税收也大幅度下降，经销商的经营利润也无法得到保证，消费者也没有得到多大的好处。

空调行业也是如此。特别是近年来，随着行业生产规模的不断扩大，产量远大于销量，已成为行业发展的一个瓶颈，以致于空调价格战愈演愈烈，并使不少空调企业身陷其中不能自拔。珠海格力电器股份有限公司是一个特例，该公司近年来凭借其独创性的区域销售公司营销模式，不仅一举超越了低层次的价格竞争，而且在业内率先规范了商家之间的竞争，规范了整个销售市场，保证了经销商和消费者的利益，使企业取得了良好的经济效益和社会效益，同时保持了稳步健康的发展，并连续多年来处于行业的领头羊地位。作为一种成功的营销模式，应视为一项企业管理创新的成果，在业内推广应用，这将对行业产生积极的影响。

二、项目应用的基本原理

格力空调区域性销售公司营销模式是按照市场营销学的有关原理并结合中国市场实际情况建立起来的，其核心内容是：以资产为纽带，以品牌为旗帜，由厂方牵头指引，把一个区域内的多家经销大户捏合在一起，共同出资成立一家专营格力这一单一品牌的股份制销售公司，统一渠道，统一网络，统一管理，厂方在该区域的一切市场开拓、管理和服务工作均通过该销售公司来实现，销售公司通过服务经销商和消费者取得合理的收入，各股东按出资比例分红，最后达到企业、商家双赢的目的。

这种营销模式与国外流通渠道中长期流行的总代理制不同，它是一种有中国特色的营销模式，可称之为“联合代理制”，即是联合区域内原有竞争关系的几家商家组成的利益联合体。

三、方法步骤

这种营销模式首先在湖北进行试点的。1997 年年底前，当时珠海格力电器股份有限公司在湖北地区共有四个一级批发大户，俗称“四大家族”。由于市场竞争的异常残酷激烈，价格战频频上演，他们之间出于利益关系，为争抢客户和网络，不断相互压价竞争，并向其它区域实行侵蚀窜货销售，不仅使自身元气大伤，同时使二三级经销商的利益无法保证，而且严重地扰乱了其它市场的经营秩序，破坏了格力空调的市场发展。在这样严峻的形势下，当时主管销售的副总经理董明珠和公司总经理朱江洪经过深思熟虑后，以大胆创新的精神，做出了“把大家捆绑在一起”的英明决定，探索一条商家参股、规范市场、厂商共赢、稳步发展的路子。

1997 年 12 月，由湖北四大格力空调经销大户出资组建的湖北格力空调销售有限公司在武汉正式成立，标志着格力空调区域性销售公司的营销模式迈出了探索的第一步。在董明珠的大力工作下，四个经销大户抛弃前嫌，经过几个月的调整磨合期，整合网络、渠道、管理与服务，逐渐使湖北省格力空调的销售走上了正规，并逐渐显示了这一模式的优越性，当年该公司便实现了赢利，第二年该公司的销售量和销售额均翻了一番，而且湖北空调销售市场空前稳定，商家的利益得到了切实的保证。

至此，该销售模式的优越性被全国各地经销商纷纷看好，各地纷纷要求移植这一营销模式，成立类似的销售公司。自 1998 年起，重庆、湖南、江西等地在格力公司的全面领导下，纷纷成立了类似湖北模式的格力销售公司，并取得了极大的成功。到 2000 年下半年，全国各省市均成立了销售公司，格力这一区域性营销模式在全国范围得到了推广应用。目前，格力公司在全国共有区域性销售公司 28 个。

四、经济技术效果

格力这种营销模式的效果是显而易见的：

首先，它成功地解决了一个区域内大户之间和不同区域的大户之间随时可能暴发的价格乃至渠道“战争”的混乱局面。这种解决方法是通过参股形式把大家各自的利益捆绑在一起，成为一个利益共同体来实现规范销售的，避免了经销商之间恶性的价格竞争，保护了厂商双方的利益和消费者的利益。

其次，由于成功捆绑，原先各大户的网络得到了有效的保护和利用，不仅如此，以公司的形式对各大股东原先的网络进行整合利用后，充分发挥区域性规范管理作用，实际上等于巩固了已有的营销网络，提升了区域性营销网络管理的质量，增强了销售公司的实力，促进了市场的全面发展。

第三，区域销售公司成立以后，由于各股东的目标在本质上是完全一致的，加上专营格力这一品牌以及“格力品牌”对各股东具有较长期的价值（获利潜力），使得区域销售公司做到在专心致志做格力的同时，敢于为这一品牌的未来进行投资，即当它确认了格力在本区域内属于自己的专利时，销售公司便自觉与不自觉地在广告宣传和售后服务方面立足于打持久战。仅此一点便是前一模式所不可能具备的，因为在“大户模式”中，经销商普遍不能确认自己今年做格力，明年是不是还做格力，基于此心理，大家各自抱着投机心理也就是很自然的现象了。这种新营销模式就是避免了经销商的这种投机心理，促进市场健康、稳健的发展。

第四，由于区域销售公司是其所属区域内唯一的货源出口及政策的制定和控制者，并且确认自己只要努力经销，取得更大的成果，那块利益便会长期属于自己。于是各区域销售公司想尽办法（包括吸纳一些二级经销商为股东）扩充网络、扩大销售，这就有利于提升格力品牌在当地的销售量。

第五，有利于促进行业的规范、良性竞争。作为空调行业的领头羊，格力公司这一营销模式对行业的发展无疑具有示范和表率作用，在引导商家进行规范有序竞争的同时，对行业也产生了积极的影响，为行业的发展探索出了一条健康的营销之路。

尤其是2001年度，在空调市场竞争激烈、价格战此起彼伏、许多家电企业纷纷陷入困境、不少一线空调品牌销量下滑的恶劣形势下，格力空调依靠这种独创的营销模式，不仅市场没有受到影响，反而保持了稳步的增长，2001年全年销售236万台空调，比上年增长22.7%，实现销售收入72.9亿元，比上年增长14.93%，实现净利润3.15亿元，比上年增长8.28%，净资产收益率达16.65%，取得了良好的经济效益，继续保持行业的领先地位。

五、成果的创新特点

格力公司这种区域性销售模式的最大特点是：格力公司在每个省（或几个省）召集当地主要经销商一同以参股性质合资建立了区域性销售公司，使各经销商之间化敌为友，并通过格力公司的全面监控和强化管理，区域性销售公司实行“以控价为主线，坚持区域自治原则，确保各级经销商合理利润”的管理模式，规范了整个销售市场。同时，由各地市级的经销商成立了合资销售分公司，由这些合资销售分公司负责格力空调的销售工作。厂家以统一价格对各区域销售公司发货，当地所有一级经销商只能从区域性销售公司进货，严禁跨省市或区域窜货销售。格力总部给产品价格划定一条标准线，各销售公司在批发给下一级经销商时结合当地实际情况“有节制地上下浮动”。

这种模式根本性的变化在于：由格力公司牵头召集各地经销商自己来建立一个地区性的合资销售公司，以这个公司来充当格力空调的分公司管理当地市场。各区域销售公司董事长、总经理按参股经销商的出资数目共同推举产生，各股东年终按股本结构分红，入股经销商形成一个利益联盟。对入股经销商的基本要求是，对于当地空调大户，其格力产品应占其经营业务的90%以上。

在这种模式的分销网络中，原来互为竞争对手的大批发商都作为股东加入合资公司，各自的销售网络也合并在一起执行统一的价格政策，批发商的利润来源不再是批零差价，而是合资公司税后利润分红，入股的经销商会全力推广，促使销售量迅速上升。

格力公司这种营销模式是垂直营销系统概念同中国销售市场实际情况相结合的具体应

用。格力公司认为，这种分销模式从根本上解决了批发商销售渠道、管理混乱、相互压价和市场不规范等问题，称之为“格力模式的营销系统”。所以，格力这种以经销商入股性质成立的区域性销售公司，成为家电行业争相效仿的销售模式，并以创新的销售观念带领家电业跨入21世纪，因此广受行业的极大关注，以及专家、学者的高度评价。

六、成果的推广价值

这种模式的推广价值在于：

1）同自建销售渠道网络相比，节省了大量资金。格力公司这种模式用股份制形式将厂家和商家捆绑在一起，节约了格力自建营销网络带来的庞大开支，使格力的营销成本大幅降低，并使销售风险得以分散。格力公司由原来的近100多人的庞大销售队伍减少为不到5人的销售队伍，从而使人工成本、管理成本和销售成本大大降低。

2）消除了经销商之间的价格大战，保证各级经销商的合理利益。经销商成为股东，利润来源于合资销售公司年终红利，没有必要再为地盘和价格争斗不休，即使有问题也可以在公司内部会议上解决，有利于保护当地各种层次的经销商和消费者的利益。

3）解决了经销商在品牌经营上的短期行为。以前由于经销商担心制造商政策变化，往往追求当年利润最大化而做出损害品牌价值的行为。在格力这种模式中，经销商由于资本上的合作而对制造商的信任程度大大加强，会把该品牌的销售放在长远来看。

4）创立了商家、厂家双赢的局面。通过参股性质成立的区域性销售公司，使商家、厂家拧成一股绳，全面规范销售市场，培育市场，通过强化管理，开创了厂商双赢的局面，使销售市场不断地拓展。

七、今后发展的打算

随着市场的发展和变化，格力这种模式的也需要不断地调整和变化。特别是随着市场的日益繁杂和竞争的日趋激烈，如何规范股份制销售公司的管理，统一股东的发展方向，成为销售公司发展和完善急需解决的问题。规范的管理制度是公司长期发展的保证。2001年以来，格力电器加大了对销售公司的规范化、法制化管理的力度，建立健全各种制度，逐渐使销售公司的管理、文化、思维跟上格力电器的发展步伐，并借此促进格力空调的销售在各地稳步上升。

今后，格力将继续坚持和完善这一模式，充分发挥其在空调营销上的独特作用，使之继续成为格力制胜市场的法宝。同时，这种模式将随着空调市场的发展和变化进行相应的调整与变化，使之不断适应市场，适应更加激烈的竞争，并通过对市场的精耕细作，确保格力继续保持在空调行业的领头羊地位。

第八章　走向国际市场

十一届三中全会以来，我国实行改革开放的经济政策，从此中国向世界打开了大门。国家鼓励和支持有条件的企业到国外进行加工贸易和其他经济合作，不断拓展国际市场，并以此作为促进国民经济和外贸发展的重要战略之一。现在，中国的产品和服务已在国际市场上占有重要的地位，数以千计的企业在海外办起了公司、工厂、办事处，从事着加工、贸易、金融、劳务等活动。特别是在国家深化外贸体制改革，实行外贸企业自主经营、自负盈亏、外贸出口实行代理制并让一部分符合条件的生产、科研企业享有外贸自主权后，企业外向型活动大大加强。随着全球经济一体化趋势日益增强，择优采购的全球采购模式的进一步普及，这就为企业的产品提供了更多走向世界市场的机会。

中国加入了 WTO 后，将会进一步促进中国经济发展和改革开放，建立一个完整开放的国际贸易体系。

第一节　国际市场营销环境

一、世界经济全球化与多极化

自进入 20 世纪 80 年代以来，世界经济出现许多新现象、新问题。随着苏联的解体，结束了长达 40 余年的东西方冷战局面，世界经济发展的总体趋势也随之进入了一个全新的时期。

（一）世界经济全球化的发展趋势

建立在生产力国际化基础上的跨国公司是国际性生产的主要组织者。自 20 世纪 80 年代以来，跨国公司已遍及世界各地。联合国公布的最新研究报告称，世界上共有 3.5 万家跨国公司，下辖 15 万家子公司。跨国公司在世界各国的销售额为 4.4 万亿美元，超过了世界出口总额（3.4 万亿美元）。目前，全世界跨国公司一年的生产总值已相当于整个资本主义国家生产总值的 50%。由于大规模的跨国经济活动，各国政府对跨国公司的控制不断放松，全球性跨国公司还逐渐发展为“无国籍公司”。这类公司很难辨明其国籍，其产品更是多国籍化。伴随着跨国公司的扩大，全球性市场正在形成，全球性跨国公司很少考虑世界其他问题，制定经营战略首先从全球市场的需要出发，以整个世界为自己的市场，谋求全球范围的经济利益。全球性市场的形成是一个世界经济全球化的必然结果。

进入 20 世纪 90 年代以来，一种真正的全球经济正在形成。目前它由四股力量推动着。第一股力量主要来自发达国家的跨国公司和跨国银行，正是它们在推动实现跨越国界的经济发展。第二股力量主要是由发达国家政府出面牵头的地区经济集团。无论是欧洲联盟、亚太经合组织，还是美洲国家首脑会议，如果没有各国政府直接出头，这些经济集团实际上是难以成为现实和起重要作用的。第三股推动力量是许多发展中国家转向自由市场经济。第四股推动力量是社会主义国家，首先是中国实行以市场为取向的经济改革。所有这一切结果是：一种真正的全球性经济正在形成。

（二）区域性经济集团化向纵深发展

世界性经济全球化趋势的经济合作开始进入更广泛、更紧密和更高层的新阶段。早在20世纪60～70年代，世界各大洲的区域性经济集团几乎遍布全球，并出现了一些新特点：

1）通过调整合并，区域性经济集团的规模不断扩大。

2）突破区域性经济集团根据各国的经济发展水平组成的传统观点。

3）区域性经济集团中的意识形态色彩越来越深化；采取实际步骤向建立共同市场方向过渡。

（三）世界经济格局向多极化演变

全球经济的形成对世界经济格局产生了巨大的影响。目前，世界经济格局正向多极化演变。自20世纪70年代以来，在世界经济的大动荡、大调整过程中，各主要经济大国在世界经济中的地位发生了引人瞩目的变化。两极格局的终结，美国的相对衰落，日本的迅速崛起，西欧的繁荣，是当今世界经济的格局多极化的重要表现。一种真正的全球经济的形成，不仅是通过跨国公司和跨国银行的跨国界的经济活动，而且还要通过政府（包括国际组织）和积极参与来实现，而后者的直接结果之一是加速形成地区经济集团，从而促进多极化格局的出现。目前，美、欧洲、日三足鼎立的世界经济格局是世界经济多极化的重要标志。美、欧洲、日正成为世界上势均力敌的三大经济实力中心。全球经济的形成，也促进了“新兴力量”的崛起。在全球经济形成的过程中，挑战与机遇并存。各个国家和地区对此作出的反应不同，致使他们所获得的进展也差异颇大。

二、国际营销环境和机会认定

企业的国际市场经营环境是不断变化的。这些变化既能给企业带来新的市场营销机会，也能对企业当前或未来的营销构成威胁。因此，企业进行国际市场营销时，首先必须分析国际市场营销环境，评估国际市场营销机会。

（一）国际营销环境分析

国际市场营销环境主要包括政治与法律、经济与技术、社会文化等因素。具体分析如下：

1．政治因素

1）整个世界政治形势的重大变化及其影响　如1989年以来苏联和东欧一些国家发生了重大政治变化，1991年底，在世界政治、经济、军事等各领域具有重大影响的苏联已不复存在；又如1990年秋，伊拉克侵吞科威特引起的海湾局势变化，导致1991年初的海湾战争。这些重大变化必然对整个世界的贸易和经济合作产生极广泛的影响，引起深刻的变化。企业必须注意事态的发展，研究它的影响，并采取相应的对策。

2）拟进入的国家和地区的政治形势和发展趋势的分析　对这些国家和地区的政治形势分析主要包括下述内容：

1）政治形态。政治形态可以根据人民表达他们意志的过程，以及人们控制政府的能力与政府政策的程度等进行划分。

试图进入国际市场的企业须考虑的是：当地政府是何种形态？是奉行保守路线、中间路线还是激进路线？目前的政治气候是否允许企业自由发展？将来是否可能变成专制政体，没收外资企业或通过冻结通货阻止国际市场营销等。

2）政党。一般来说，政党政治可以分成三种形态，即多党政治、两党政治和一党政治。

不同的政党有不同的政治主张，政府的政策也受到执政党的左右。以英国为例，保守党政府主张放松对外资企业的控制，而工党政府则主张加以若干限制。意大利的情况正好相反，没有任何政党能独立组阁，取得绝对的控制权，政府的对外政策是多党协商结果。企业在衡量两党或多党政治的国家时，除考虑当地政府政策外，还应包括在野党的意见。一党政治以墨西哥为代表，该国无在野的大党，执政党根据国家经济发展需要制定比较长期，稳定的政策，因此是国际市场营销的良好地区。

各国执政党的变更，应当是国际市场营销企业所关心的对象。美国 1988 年大选的两位总统候选人布什和杜里斯基在竞选期间，不仅各国政府频频关注，各国的有关企业也早就在收集两位候选人的各项经济观点了。

3）政局。一国政局的稳定与否，直接影响企业在该国的市场营销活动。如果这个国家地区处在战争状态，或有可能发生叛乱、内战和各种骚乱，都属于政局不稳定。此外，如群众因对政府不满意，经常发生大规模示威和骚动，政府经济出现危机，或民族间发生武装冲突，爆发游击战争，政治谋杀事件频繁，不正常的政府领导的更迭等等，这些情况都是政局不稳定的表现。有这些情况的国家和地区自然不能正常开展营销活动。

4）政策方针。不同国家或地区的对外贸易政策和对外国投资的政策有很大差别，就是同一国家不同时期的政策也可能发生变化。有些国家出于发展本国经济的目的，需利用其他先进国家的资金、设备、技术以及管理经验，因而采取对外开放的政策。例如，墨西哥政府积极给外商创造有利的经营条件，提供投资奖励，提供选址服务，以吸收国外投资。相反，有些国家由于某种需要，可能采取保守的政策方针，如印度政府对国外进口规定配额，并要求所有外国公司在印度的分公司的管理人员大部分应当是印度人，还规定其货币不能同外币自由兑换。因此企业必须详细了解拟进入国的有关政策方针，才能采取相应策略。

2．法律因素

与政治环境密切相关的是法律环境。其中对国际市场营销产生最直接影响的，是与外贸有关的法律规定，如各种税法、海商法、合同法、仲裁规则、商标法、专利法、投资法、票据法、广告法、保护消费者法、环境保护法以及其他单行法规等。因此，企业应当对拟进入国的各种有关法规进行了解和分析。下面，从关税、非关税壁垒和法律限制几方面来进行分析。

（1）关税　关税是一个国家海关对进出其关境的物品所征收的一种税。征收关税主要有两个目的：一是增加国家的财政收入（财政关税），二是保护本国的工农业生产（保护关税）。各国政府通过各种关税政策来鼓励或限制进口。近年来，资本主义国家常推行贸易保护主义政策，用提高关税的办法，来限制商品的进口，削弱进口商品的竞争力，使本国商品的价格在市场上具有竞争优势。高额关税像高墙一样，把国内市场保护起来，常称之为“关税壁垒”。

目前，各国对进出口商品主要征收的关税有进口税、出口税等。

1）进口税。是进口国家的海关在外国商品输入时，对本国进口商所征收的正常关税。其税率的高低，取决于进口商本国的利益。如工业发达国家，对本国能生产的工业制品征收高额进口税，以保护本国商品的发展，而对国内缺乏的原料征收低税或免税。发展中国家对目前不能生产的商品如先进技术装备，征收低税，而对国内能生产的产品及奢侈品等征收高税。

2）出口税。是为出口国家的海关在本国商品出口输往国外时，对出口商所征收的关税。目前，主要是发展中国家征收此税，以增加财政收入。我国为了鼓励出口，发展对外贸易，对出口商品，除少数几种产品征出口税外，大部分产品免税。发达的资本主义国家为加强其产品的国际市场竞争能力，一般不征收出口税。

3）特惠税。又称优惠税。它是对从某个国家或地区进口的全部商品或部分商品，给予特别优惠的低关税或免税待遇。其他国家或地区不得根据最惠国待遇原则要求享受这种优惠待遇。特惠关税有的是互惠的，有的是非互惠的。

4）普遍优惠制。简称普惠制。它是发展中国家经过长期斗争，在1968年通过建立普惠制决议后取得的。在该决议中发达国家承诺，对从发展中国家或地区输入的商品，特别是制成品和半制成品，普遍给予优惠关税待遇，故又称普惠税。普惠制对促进和扩大发展中国家或地区的出口起到一定的积极作用。但是，由于给惠国在普惠制方案中规定了一系列的限制性措施，致使有些发展中国家实际上得不到优惠，多数产品不给优惠，只有少数产品如纺织品、石油制品、鞋类、皮革制品等才能获优惠。

（2）非关税壁垒　非关税壁垒是指关税以外的一切限制进口的种种措施。它可分为直接的和间接的两大类。前者是由进口国直接对进口商品的数量或金额加以限制或迫使出口国家直接限制商品出口，如进口配额制，间接地限制商品进口，如进口押金制、进口最低限价、苛刻的技术标准、卫生安全检验和包装、标签规定等。据统计，目前世界上使用的非关税壁垒措施已达1000多条。现将主要的几种简述如下。

1）进口配额制。进口配额又称进口限制，是一国政府在一定时期内，对于某些商品的进口数量或金额加以直接的限制。在规定的期限内，配额以内的货物可以进口，超过配额不准进口，或者征收较高的关税或罚款。它是资本主义国家实行进口数量限制的重要手段之一。

2）“自动”出口配额制。又称“自动”限制出口，它是出口国家或地区在进口国的要求或压力下，“自动”规定某一时期内，某些商品对该国的出口限制，在限定的配额内控制出口，超过配额即禁止出口。这是20世纪60年代以来非关税壁垒中很流行的一种形式。几乎所有工业发达国家在各种长期贸易项目中采用了这种形式。

3）进口许可证制。这是各国政府用来管理本国对外贸易的重要手段。它是指商品的进口，事先要由进口商本国有关机构提出申请，经过审查并发进口许可证后，方才可以进口，没有许可证，一律不准进口。实行许可证严格限制贸易数额，节约外汇支出，保持进口国家的国际贸易收支平衡。同时，还可保护本国新产业，防止过多的外国产品涌进国内市场，而削弱本国产品的竞争力。

（3）法律限制　企业在国际市场营销活动中，不可避免地要遇到各种各样的法律问题。例如：签订买卖合同，要涉及到合同法和买卖法的问题；组织国际海上运输，会涉及海商法和海上保险法的问题；处理货款的结算，会涉及信用证和票据方面的法律问题；进行技术转让，要涉及知识产权和技术转让方面的法律问题；发生争议和索赔，又会涉及仲裁法、民事诉讼法方面的问题；企业要为自己的商品在国外办理商标注册，又需按照当地商标法的规定进行；企业要在各国进行广告宣传，又将涉及到各国的广告法等等。

世界各国的法律限制，对国际市场营销的影响程度，差异甚大。例如，广告和标签方面的法律就因国而异。加拿大的产品标签要求用英法两种文字标明；而法国却只使用法文产品标签。许多国家禁止电视广告，或者对广告播放时间和广告内容进行限制。对工业产权的保护，各国所依据的原则也不同，普通法国家，是按“使用在先”的原则确定对工业产权的所有权，而大陆法国家，则是按“注册在先”的原则确定其所有权。江苏的芭蕾牌珍珠霜，在香港、印尼、新加坡等地就被外商抢先注册，后由中方花了20万美元才把商标权买了回来。又如有些国家将行贿看成是经营过程中的正常现象，在加拿大，超级市场向供应商提供酬金是一种完全合法的行为，而美国则视为一种丑闻。

3．经济因素

考察国外市场，最重要的是研究各国的经济状况。它主要包括经济体制、经济发展水平、人口情况、人均国民收入水平。这些因素决定着该国消费者的需求与购买力，从而影响市场营销。

（1）经济体制　各国的经济体制是国际市场营销者首先必须了解的一个重要经济因素。它决定了各国经济活动的各个方面。世界上的经济体制大致可以分为两大类：计划经济体制和市场经济体制。对于国际经贸活动的管理以及对于本国经济的管理，这两种经济体制有很大的差别，在不同经济体制的国家从事国际市场营销有很大的差别。

（2）经济发展水平　从产业结构来看，世界各国经济发展水平可分四种类型：

1）自给自足经济。这种经济状况的国家，大多数属于生产力水平很低、技术落后的原始农业国。在这些国家，自给自足经济占统治地位，商品经济很不发达，产品多为生产者自己消费，市场中交换的商品数量有限，进口能力很低，外汇严重短缺。企业如果是以出口创汇为目的，这类国家就不是理想的目标市场。

2）原料出口经济。这种经济状况的国家通常有一种或几种比较丰富的自然资源，而其他资源却往往比较缺乏。由于这些国家的加工能力有限，其国民收入的大部分只能来自于这些资源的出口。在大量出口其初级产品的同时，往往从国外市场进口大量工业制成品。因此，这些国家是采掘设备、生活日用品、原料加工设备、运输工具等的良好市场。由于只依赖于少数几种产品的生产和出口，所以这些国家的国民经济发展和市场状况易受到国际市场上这类产品的供求和价格变化的影响。对中国轻纺产品和机电设备产品来说，这一类国家是潜力较大的市场。

3）工业化中经济。在这种经济状况的国家和地区里，制造业的地位日趋重要，约占国民生产总值的20%～45%，轻纺工业、家用电器工业、机电工业发展很快。例如亚洲“四小龙”（中国香港、新加波、韩国和中国台湾），新的亚洲“四小虎”（菲律宾、印度尼西亚、泰国、马来西亚）以及巴西、阿根廷、印度、埃及等。在制造业迅速增长的同时，这些国家和地区逐渐依赖进口原材料，如纺织原料、钢铁等。而对纺织品、纸制品、汽车制成品的进口需求日渐减少，其中有些国家和地区目前已成为国际市场上这类商品的主要供应者。

4）已工业化经济。处于这种经济状况的国家，都已建立起相当雄厚的工业基础，如美国、日本、西欧各国等。这类国家是工业品的重要输出国，进口原料与半成品。近年来随着世界经济的发展与科技革命的推进，这些国家将劳动密集型产业和污染严重的工业转移到第三世界国家，集中精力发展资金和技术密集型的产业。因此，他们向国际市场大量输出高科技产品和合成材料，而从国际市场进口大量的轻纺产品、日常消费品、耐用消费品和部分机电产品，这是我国目前最大的国外市场。

（3）人口因素　从国际市场营销的角度考察，最重要的人口因素是人口数量和人口密度。有些国家人口众多，如中国、印度，有些国家人口稀少，如阿扎布、冰岛；日本的人口密度很大，而澳大利亚的人口密度很小。各国人口因素的差异造成了各国市场潜力的差异。现代市场构成的三要素之一是人口，在其他条件都相同的情况下，一个国家的人口越多，市场就越大，很多产品的消费都与人口数字相联系。人口因素的差异还会产生各国不同的消费模式，影响企业在国际市场上的营销策略。例如，日本企业针对中国人口多、分布广，分布程度疏密不匀的实际情况，就采取了以电视广告为主的促销策略，结果使“日立牌彩色电视机”在中国几乎家喻户晓；反之，由于新加坡人口少，分布集中，日本企业就采取了以人员推销为主的促销策略，从而使日本的产品从纷繁的各国商品广告中摆脱出来，吸引当地人购买。

(4) 人均国民收入　人均国民收入的高低，反映着一国经济实力的强弱，决定着市场规模的大小及消费者购买力的高低。

人均收入水平的差异必然使各国市场具有不同的特点。

对企业来说，还得注意影响人均收入实际水平的通货膨胀。通货膨胀会影响消费者支出的数额和所购买商品的类型。例如，急剧的通货膨胀使人们购买住宅等不动产，私有住房的增加又引起人们对各种与住宅有关的产品的需求。急剧的通货膨胀也会抑制需求，那些只有固定收入的人们自然会更加注意到自己有限的购买力的降低。因此，收入及其变化就直接关系到企业的产品在某国市场上销售状况。

在确定特殊收入阶层是否在某种产品方面具有市场潜力的时候，收入分布也值得考虑。例如，人均收入相当高的瑞典是一个几乎没有贫富差别的“中层”社会国家，但是，在瑞典，真正的高档消费品可能没有市场；反之，不少人均收入很低的拉美国家却存在着收入分布上的较大差异，这些国家的中层社会阶层相对较少，但存在着小批高收入家庭，以致企业可以有效地向这些国家出口真正的高档消费品。

4. 技术因素

各国各地区科技发展水平有高有低，差异很大，各国科技发展也各有侧重，各有特点。进入国际市场的企业，应当重视发扬本国科技特长，争取竞争优势。准确认识各国的科技水平不仅有助于引进适合本国国情的科学、技术、设备和商品，加速国家经济建设，提高人民生活水平；同时，经营出口业务的企业，也只有在准确认识拟进入国际市场的科技水平，才能加强自己经营业务的适应性。这个问题应当从两方面考虑。因为，科技水平高的国家，集中发展技术密集、投资利润高的企业，有一部分需要一定科技水平又是劳动密集的产品，则需要进口来补充，这就给一些国家提供了出口机会。我国近年来能向工业发达国家出口船舶、精密磨床、紧固件、电动机以及西药原料等等就属于这种类型。另外，如我国的纺织机械、拖拉机、印刷机等在东南亚国家有广大市场，究其原因，并不在于我国这几个行业科技发展水平高，关键却在于我们的发展水平正好符合这些市场的需求。由此可见，我国科技发展水平目前虽与发达国家尚有较大差距，但并不是没有营销机会。问题在于企业必须以商品类别为依据逐项进行调查，找到具有适应性的市场。

5. 社会文化因素

影响企业国际市场营销的社会文化因素很多，但主要有物质文化、语言、教育、风俗习惯、宗教信仰等。

(1) 物质文化发展水平　物质文化水平指的是经济发展程度和人们的生活水平。世界各国经济发展处于不同阶段，人们的物质文化水平高低悬殊，企业必须对准备进入的国际市场的物质文化水平有准确的认识。在贫富悬殊的社会里，同一个国家不同地区和不同阶层的消费者也会有不同的物质文化水平。例如，在绝大多数发展中国家，人们总是把纺织品与衣着原料联系在一起，可是工业发达国家的纺织品，用途有衣着、装饰和工业三大类，几乎各占总销量1/3。所以，我国发展纺织品出口，要根据不同情况调整我们出口纺织品的商品结构。再如，对于原料输出国家，豪富阶层的生活比一般工业发达国家还要奢华，就是当地居民，也是工资高、福利好。但是外来劳工，人数很多，生活水平则一般。所以我们不能只看到人均国民收入高，还得分析那里的实际分配情况，以采取相应的营销策略。

（2）语言与教育　语言是国际市场营销文化环境里最具有意义的一项，成功的国际市场营销企业，往往能灵活地运用当地的语言。世界各国的语言文字非常复杂，据统计：世界上，使用者超过5千万人的语言文字就有13种。有些国家流行几种语言文字。像加拿大有英法两种语言，瑞士有三种语言，南美国家虽通用西班牙语，但土著语言不下十几种。英语应当算是当代流行的国际商业文字了，但法国和德国都提倡法文与德文以示其民族尊严。凡此种种，企业都得注意，方能有利于国际市场营销。

一个国家的受教育水平对企业的国际市场营销的影响体现在：首先，教育水平影响人们的消费行为。其次，教育水平影响企业在这个国家进行市场营销活动。例如，在教育水平低的国家进行市场调查时，寻找合格的当地调研人员，或与消费者交流意见都比较困难。第三，教育水平不同，决定了当地用户对产品的要求不同，这往往是企业在实施产品多样化战略的原因之一。日本传统上非常重视教育，儿童入学率100%，93%的初中毕业生升高中，40%的人升大学；同时，日本人广泛接触大量的宣传工具，一般文化水平的日本成年人每天与这些宣传工具接触约4至5小时。自然，日本的消费者对于商品的知识比较丰富，因此，选择要求高，使得日本市场上只有高质量的产品才有人购买。

（3）风俗习惯　由于风俗习惯的影响，各国消费者往往有其独特的购买方式与消费嗜好，这也是国际市场营销中最棘手的问题之一。传统风俗习惯包括人们的衣食住行、审美观念等各个方面。若企业不注意这些差异，则往往会碰壁。

各国的商业习惯也有很大差异。如拉丁美洲人洽谈生产时，把面对面靠近视为很亲切，而美国人则要保持一定距离；跟沙特阿拉伯商人谈生意时，禁忌问及对方太太，但对墨西哥商人却不可少；法国批发商不负责产品的促销工作，若企业将其促销活动寄希望于法国批发商，那就注定要落空。

（4）宗教信仰　世界上有许多宗教和宗教团体。不同的宗教往往有不同的文化倾向和戒律，宗教的文化倾向和戒律影响人们认识事物的方式、行为准则和价值观念，因而也影响人们的消费行为。因此，在国际市场营销中必须考虑宗教因素。

（二）海外市场机会分析与开拓

企业从事国际营销的一个很大原因在于，对这个企业国际市场提供了比国内市场更多的机会。国际市场是个买方市场，谁抓住了机会，谁就有了比别人更好发展的保障。如果询问负责国际营销的企业主管们，什么是他们最为关注的事情，十有八九的回答是：发现和捕捉海外市场机会。但是，很遗憾的是，没有一个通用且卓有成效的程序或方法能帮助营销人员捕捉到海外市场机会。特别是对中、小企业，由于受资金、规模、地域等多方限制，如何在国际市场上发现和开拓机会似乎更有难处。

1．海外市场机会分析

成功的企业是与良好的机遇分不开的。索尼的产品能行销全世界，格力空调机能打进欧美市场，大众公司在沪的合资企业每年能获利数亿马克，关键之一是这些企业善于捕捉海外市场机会。在我国，随着市场竞争机制的引进，“机会”这个词的使用频率越来越高。许多营销人员苦苦寻找，想获得一个良好的机会。但市场对他们似乎特别苛刻，面对另外一些人，则似乎特别偏爱，机会不断，其实机会是一种对企业有利的，通过企业的努力有可能达到的客观条件。它确实存在，有时候读一篇报道，听一次演讲，与朋友的一次闲聊会使人闪现机会的火花，有时却需要深入市场跑企业，访客户，通过大量的统计分析才会对潜在的市场机会恍然大悟。但机会又不是孤立存在的，它与企业的能力、优点、长处、不足和企业所处的环境有利或不利的因素有关。新技术的出现与来自竞争者的威胁等紧密地联系在一起。这就是为什么对有些企业看来不值一提的现象，对另外一些企业正是海外开拓的良机，他们会抓住机会全力以赴，从而将市场机会转化为企业发展的机会。

根据获得海外市场营销机会的难易程度，我们将其分为四个层次：找上门来的机会，主动去寻找获得的机会，深入了解分析后发现的市场机会和创造的市场机会。

（1）找上门来的海外营销机会　随着国际间产业结构的调整，国际分工的深化和各国市场的开放，国外许多企业放弃了一些传统的，但仍然有一定需求甚至较大需求的产品或零部件的生产，转而求向国际市场。另外也有许多国家则因劳动力素质、技术等原因到国际市场购买他们所需要的产品。他们有的通过各类外贸公司向各国的外贸公司发盘询问能否提供所需的商品，有的则自己出来寻找。如美国一家公司的采购员就来到上海，要求上海供应4000万只灯泡，马来西亚一家公司来到宝钢，要求供应数万吨特种钢。世界规模最大的德国汉诺威展览公司1993年到中国举行了十次介绍会，举办了两个工业和技术展览会，为1994年汉诺威工业博览会招商，希望中国企业踊跃参加。这个世界最大的工业博览会将吸收全球数以万计的客商带着订单飞到汉诺威。1979年以来，我国许多外贸、工贸公司组织过大批厂家参加历届汉诺威博览会。参展企业普遍反映，到汉诺威可大开眼界，获得极丰富的世界市场信息和大量的成交机会。许多企业就是这样开始接触国际市场，发展出口机会，并且生意越做越大。如今博览会来华招商，也是一种送上门来的机会，不要轻易丢失。

但有时机会找上门来，企业也未必知道。许多外国客商对中国的企业及其产品不了解，因此往往一开始以小批量的加工或特殊的订单进行试探，以了解企业的技术水平、服务态度、产品质量，此乃投石问路。如果你只看眼前盈亏，就会觉得无利可图而拒绝，那就把可能到手的机会送给了你的竞争对手。因此对客商投来之石，应认真对待，冷静分析，对那些具有潜在市场的小生产不能嫌其量少利低而推掉。有位外商，首次向我一家轴承厂订做一种特殊规格的轴承，数量只有七套！厂长不怕吃眼前亏，当即组织生产，使外商满意而归。不久，外商来电订购了一万套这种产品。此后，小生意引来了大生意，给这家厂的产品出口开拓了新的局面。中国电线电缆出口联营公司也并没有因为是大公司而放弃了可能是大机会的小生意。以小求大的方针使他们不断找到新的客户、新的市场。

（2）主动去寻找获得的机会　国际市场上的竞争者都把巩固或提高市场占有率作为重要的或者首要的目标，没有人会拱手把市场让出来，但是市场也非铁板一块，无机可乘无隙可钻。从某种意义上来说，机会是属于那些时刻留心、时刻准备着的人。1985年，大连石化公司从一则新闻报道中获悉加拿大一家炼油厂由于失火致使为美国费城提供食品蜡发生困难，他们认为这是一个将产品打入美国市场的极好机会。公司立即与美国有关公司取得联系，并立即试产食品蜡，仅用三个月就生产出了合格的产品，成为我国出口散装食品蜡的最早厂家。年创汇一千万美元的沈阳毛巾厂的不少出口机会也是这样捕捉到的。一次厂领导在同来厂推销设备的客商交谈中得知阿拉伯国家伊斯兰教徒戒衣需求量很大的信息，经与外贸部门共同努力，仅从伊拉克一次就得到订货 48 万条。当他们从对手中听说前苏联对毛巾制品的需求情况后，使马上派人去北京与前苏联有关人员联系，使毛巾、浴巾源源不断地进入了前苏联市场。

我国不少企业的产品在海外有需求，但没有合适的渠道。对他们来说，抓住海外市场机会的重点就是要找到愿意经销的进口商或代理商。由于被封闭多年，没有自营出口权，不得不靠外贸公司的热心帮助，连出口考察也难以做到，这对许多中小企业来讲，的确是一道难题。上海某厂生产的优质油泵嘴想打进国际市场，但外贸公司无暇顾及这类小产品，积极性不高，很长一段时间，出口市场打不开。该厂领导最后决定发动全厂 1500 名职工通过亲属、同事、同学找外商，结果发现有 6 名职工的亲属在国外做“老板”，他们利用这些关系，终于打开了国外渠道。顽强、执着地寻找机会是一个成功的企业家所必须具备的素质。1972 年，邓小平访问美国时，美国西方石油公司的董事长哈默博士想会见邓小平，但卡特政府担心哈默与前苏联的关系会影响其与中国的关系，故宴请会没列入哈默的名字。这位老人一点也不示弱，他不顾家人的反对，也不怕丢面子，在没有请帖的情况下，连哄带骗闯过二道门，进入国宴大厅并与邓小平见面。两个月后，接受了访问邀请的哈默先生的专机降落在北京。他一周内签订了数个协议，以排头兵的姿态打入了中国这个巨大的市场。

有些机会不是那么一目了然、随手可得的，需要营销人员有敏锐的洞察力和等待的耐心。日本轿车打入美国市场，利用的却是国际石油危机提供的机会，就是一个很好的例子。日本的小型、省油车早就想打入美国市场，无奈美国人习惯了坐大型舒适的豪华车，加之油价便宜，日本车几乎没有市场机会。20 世纪 70 年代初，年销售量仅为 1700 辆。1973 年的第一次石油危机，使美国人意识到石油作为一种资源的有限性与宝贵性，日本人抓住这一机会，大做广告，强调日产车的经济、省油、省维修，结果小轿车进入了美国市场，当年的销售量就达 15 万辆。但当时并未危及美国汽车的霸主地位。1979 年的第二次石油危机，日商再次抓住机会发动销售攻势，并准出新型节能车广为宣传。这一年，日产车在美国市场的占有率从 17% 猛增到 24%，并开始获取利润。日本汽车公司终以坚韧不拔的毅力和决心，利用第二次石油危机带来的机会，花了近十年的功夫，攻下了美国汽车市场。1991 年 8 月伊拉克人侵科威特，使世界石油市场再度陷于混乱，一些公司纷纷退出石化行业。但是在泰国正大集团董事长谢国民先生看来，这正是一个机会。他在正大集团在华企业总经理研讨会上说：“危机产生机会，明年我们将进军国际石化市场。”对一个国际营销人员来说，注意从各种渠道捕捉信息，并善于从信息中提炼出直接的或间接的、眼前的或将来的机会，是十分重要的。

（3）对市场深入了解、分析后得到的海外营销机会　对大多数企业来讲，可能并没有找上门来的外国客户或订单，也没有垂手可得的出口机会，对他们来说，最现实的可能乃在于深入了解，认真分析市场，包括产品需求、市场结构、竞争者状况、发展趋势等，找出直接的或间接的市场缺口、空档、薄弱环节，适当调整或补充自己的实力，然后打入市场。

上海汽车工业总公司生产轿车、卡车、摩托车及各种汽车零配件。为了提高公司的产品在国内、国际两个市场的竞争力，尤其是吸引外国资金、技术，发挥规模效益，公司很重视将产品打入国际市场。但国际汽车市场是寡头垄断市场，被美、日、德国、法国、瑞典、意大利和后来居上的韩国数十家大企业所垄断。我们的车子无论在价格、成本、质量和式样上与这些企业的汽车存在着巨大的、短期内不可克服的差距，产品出口似乎是可望而不可及。但是公司领导并没有气馁。他们经过深入的市场调查发现，尽管欧美、澳大利亚、东南亚街头到处行驶着丰田、尼桑、奔驰、大众、福特、菲亚特等各种牌子的汽车，电视、电台、报纸上各种汽车的广告铺天盖地，但车行一般不出售零部件，而专门出售汽车零配件的商店却不多，且零配件时常缺货。因为80%以上的汽车零部件都是劳动密集型产品，或料重工重的产品，成本高，售价却相对较低，一般企业都不愿意做，因此竞争者不多。但是只要汽车市场存在，零配件市场也就存在。公司领导认定了这个机会，整车出不去，就先出零部件，通过零部件的出口带动公司将来的整车出口。公司先后投资数十亿人民币进行技术改造和扩建项目，并与多家外商合资或合作生产，使产品的质量与生产效率大大提高。零部件的出口从1985年的35万美元迅速增长到1992年的3000多万美元，在国际市场上站稳了脚跟。

大中型企业在国际营销中，更多的是依赖于这种通过对市场的深入分析而打开机会的方法。海外市场机会分析的一般过程如下：

1）根据本企业的产品、能力和条件，在国际市场上找出适合自己的预选市场。没有一家企业能向消费者提供他们所需的全部东西，也没有一家企业能把产品卖给所有的消费者。因此面对巨大而复杂的国际市场，企业首先要找到适合自己产品、能够发挥自己优势的市场区域。

2）对预选市场进行环境分析，以确定进入的市场。根据自己的能力和条件挑选的预选市场，是否存在对这特定的营销努力有巨大障碍的因素，比如动荡的政局，常常诉诸反倾销法，当地过严的政府干预与控制等等。实际上，这是要确定市场是否具备足够的吸引力。

3）对市场进行细分，以确定目标市场。在产品激烈竞争的时代，企业想要在市场上占有一席之地并有所发展，那他就要先放弃想让市场上所有的人都买他的产品的念头。因为这是不可能的。他必须找出自己的位置。也就是说要找出特别愿意接受他的产品的消费群。不论是推出已有的产品或者改进、设计新的产品，都应以满足这一目标市场的需求为目的。只要他们喜欢，这个机会就会变成现实。

我们再举个例子来说明企业如何利用这种分析过程寻找海外市场机会。上海机床厂是个磨床专业生产厂，产品SMTW在国内是金字招牌，畅销全国。从20世纪60年代起，该厂就开始出口，但主要作为援外产品出去的。20世纪80年代初被机电部定为出口生产企业，企业开始了以盈利为最终目的的主动寻找海外市场销售机会的过程。他们对各市场进行了深入调查。

SMTW在东南地区已有多年历史，但不少是作为援外产品出去的，产品在那里享有盛誉，也有一定的需求量，但主要需要小型机床、简单机床，一般的多，维修型的多。上海机床厂虽也生产这种机床，但重点是生产相对来说高、精、尖的产品。因此东南亚作为预选市场之一，但该市场前途不大；日本是个机床大国，但却是一个几乎只有出口的市场且对质量要求特射严格，当时几乎无法进入；西欧是个很大的市场，各类机床都有需求，但是德国产品的高质量使它在这个大市场占绝对优势；美国是世界上最大的机床进口国，年进口10多亿美元，其中磨床占20%，而且大批量进口的是中低档机床。第一步分析下来，东南亚和美国是两个比较合适的预选市场。

东南亚应该说是占尽天时、地利、人和之优势的。但是企业也有难言的苦衷。正因为是传统市场，渠道已经建成，在主要销售地都设立了终生代理商，大部分是华侨。企业若想扩展但又超越这些代理商的范围就会招致他们的抗议，价格也无法提高。而且他们的经销能力又主要集中在小型、简单机床。所以企业在此市场无多少利润可图。而美国市场，除了需求量大，对进口管理制也比较松，配额限制少，关税低，且信息反馈极快。另外，一旦在美国市场获得成功，由此而得的声誉和经验将使企业较易打入西欧市场。最重要的是，美国大量需要的中低档产品正是上海机床厂最有能力提供的。因此第二步分析下来，该厂将美国作为主要的出口国。

美国磨床市场有相当多的竞争者，西欧、日本、韩国和中国台湾等国家和地区多家企业都已在美经营多年。怎样在这个竞争市场上找到自己的位置呢？公司将自己的能力与各路竞争者的优势作了比较：高档磨床现在被欧洲、日本的产品所控制，上海的产品力学性能不差，但一些关键元件和电气部分绝对比不过他们，无优势可谈；低档产品主要被韩国及中国台湾地区的产品所占据。他们也实行低档价格策略，而且他们的销售手段十分灵活，我们不及，也无优势可谈；中档磨床，西欧、日本也供应，但售价太高，而韩国及中国台湾地区尚达不到 SMTW 的技术水平，这是一个机会！于是公司决定将目标定在中档低价市场上，充分发挥自己在中档磨床市场上质量好、价格低、交货及时、服务良好的优势，顺利地打入了美国磨床市场。

（4）创造市场的机会　在现有的市场上寻找空缺或发现易于发挥自己优势的区域是找到机会的重要途径。但是第一，有些产品市场具有数以百计的品种，要找到一个尚未填满的空缺，可能性很小；第二，由于竞争激烈，即便企业发现了很好的市场机会也可能难于如愿以偿。因此如有可能，最好的办法是另辟途径，用新产品、新服务激发起客户的购买欲望。简而言之，创造出新的市场机会。世界著名的日本索尼公司是创造市场的典范。它成功的最大秘密就在于他有满足未来希望的能力。他们预测甚至凭直觉得出消费品变化的趋势，新的要求，就去生产。产品成功之后，便将产品介绍给公众，开创出市场机会。这样做，似乎是有悖于营销原则：有市场需求再生产。其实它是一种建立在市场基础上的超前意识，有其独到之处。正如索尼公司董事长盛田邵夫所说：“我们不仅根据市场调查来生产产品，而且要我们的产品去开辟世界。”索尼具有这种传统。从 20 世纪 50 年代在日本制造出第一台磁带录音机，并将其成功地推向市场，到 20 世纪 80 年代初，制造出便携式立体声收录机（walkman），索尼成功地创造了一个个市场机会。

20 世纪 80 年代初，索尼公司的一些工程师在调整和改装便携式听写机时，好奇地将它改装为四声道立体声收录机，然后接上耳机，意外地感到音质很好。公司最高领导得知后，敏锐地感觉到可以生产这样的录音机，并将笨重的耳机轻型化。样机一改再改，不久便试制出了只有 204 个零件、重量只有 400 克的 walkman。公司领导认准这个产品的市场对象是全世界的青少年！因此当最后样机定型时，公司已经在生产厂准备好了一切设备和人员，安装起生产线，讨论通过了广告和商标。walkman 从开始发明到推上市场，仅仅用了 5 个月的时间！没有市场调查，也没有新产品预测，一炮打响！全世界的青少年为之振奋，一种强烈的购买欲望被激发出来。

创造市场机会的关键在于挖掘出顾客潜在的需求意识。随着市场的日益饱和，产品竞争的激烈，懂得如何发现尚未清晰的市场需求，并将这种发现转化为成功的新产品超前开发，驾驭和引导市场变化，以新取胜将越发显出其重要性。我国一些家电企业在对国际市场调研后，发现随着旅游热和保健热的兴起，电子旅游用品和保健器具将风靡西方发达国家市场，于是超前开发了一系列有关产品投入国际市场，销路很好，卖价也高，取得了良好的效益。

第二节　国际营销条件

企业进入国际市场的前提是必须有一个统一的国际大市场，这就要求我国经济运行机制遵循世界市场经济的法则，加快中国市场与世界市场对接。

一、观念的国际化要求

企业要打入国际市场，首先必须做到观念国际化，要以现代商品经济的全新观念冲破封建的小商品生产的陈旧观念。目前必须建立或强化以下经营观念：一是按国际惯例办事的观念。对于企业来说，遵守国际惯例不仅是进入国际市场的前提，是同国外企业进行公平竞争的基础，而且是规范企业自身行为，从而充分获得国际市场利益的保证。因此进入国际市场，要求企业必须牢固树立按国际惯例办事的观念，将国际惯例作为约束与指导企业行为的重要依据。二是公平竞争观念。进入国际市场后，国内经济体制会加快向市场经济体制过渡，同时市场规则与市场运行机制也逐渐向国际惯例靠拢，这将逐步形成一个公平的竞争环境。国外产品除了要交纳关税以外，其他一切方面享受与国内同类产品一样的待遇。就国内企业而言，不同地区、不同所有制企业也将面临同等的竞争条件，处在同一起跑线上。所有这些，要求企业树立公平竞争观念，包括保证自身市场行为的公正合理性，遵守公平竞争规则等。三是外向经营观念。进入国际市场意味着更多生产型跨国公司，会在我国境内建厂生产和营销其产品，直接和我国企业进行面对面的竞争，与此同时，也给我国企业开拓国际市场提供了广阔的天地。企业应主动出击，作战略性转移，不失时机地走出国门，搞国际化经营。企业应该将一些生产要素转移到世界上生产成本最低、外部市场条件较为有利的地区和国家，采取合作、合资或独资的形式，扩大海外投资，逐渐建立全球性商品生产和销售基地，实行全球性经营，并在此过程中形成我们自己的跨国公司，更大程度地参与国际竞争。

二、企业制度的国际化要求

市场的主体是企业，要使中国市场与国际市场接轨，必须大力改革传统的企业体制。企业制度的接轨包含三个方面的内容：一是实行企业改制。即改目前的企业“全民所有制”为“有限责任制”。有限责任制企业与股份有限公司是现代公司制度的两大支柱，而有限责任制则是这种企业组织共同的、基础的、也是最主要的运行特征。使企业成为自主经营、自负盈亏、自我约束、自我发展的商品经济生产者和经营者。二是实现国有企业资产结构的多元化。实现国有企业资产结构的多元化，其目的在于通过扩大政府行政机构以外的法人组织（如企业、事业单位、各类金融中介机构和基金会等）股份和个人持股来分散国有企业的产权，实现政企分开。将目前大多数国有企业的单一资产结构转变成多元结构，具体可从两方面着手：一个方面是，在目前的国有企业中引进集体的和个人的资产。另一个方面是，在企业应保留的国有资产中，将单一部门或单一地区的资产改成多部门、多地区的资产结构。三是建立企业董事会。董事会是典型的企业所有权代表机构。国际经验证明，董事会是所有者监督企业经理的有效工具。董事会具有三项基本职能：一是对企业的发展提供战略指导，审查、批准总经理提出的战略决策和年度预算报告；二是评价企业经营实践，对企业管理部门实行有效监督；三是任免、奖励企业高级管理人员。企业董事会上述三项基本职能体现了资产所有权的基本内涵，建立企业董事会有助于在国有企业内建立所有权代表机构，并形成所有权的约束、监督机构。

三、企业组织的国际化要求

企业进入国际市场后，企业的生存能力和发展能力主要取决于企业的竞争能力。目前，我们除一小部分企业基本具备参与国际市场的竞争能力以外，大部分企业还不能与外国同类企业相抗衡。尤其是在资本技术密集型产业方面，我们的许多产业尚处在“幼稚”发展阶段，而且这种状况的改变在短期内是不可能的。如何在进入国际市场后相对提高我国企业的国际竞争能力呢？走集团化的道路是一条可供选择的对策。通过建立纵向一体化、横向一体化或同心一体化的企业集团，充分发挥每个企业的相对优势，利用集团内部的分工协作，既提高生产率，又获得规模经济效益。参照日本、韩国等国发展产品出口的经验，应当大力扶植、组建一批贸工结合的跨国综合商社，实行“一业为主、多种经营”，可以经营国内商业，自有外汇进口商品内销和自属企业产品的批发零售，以及房地产、旅游、运输、广告等业务。可以预见，进入国际市场后我国企业的组织形态也加紧顺应世界经济发展的大趋势。一方面越来越向大型企业集团、综合商社的方向发展，而另一方面则越来越趋向于企业的小型化、超小型化，作为国民经济超级单元的企业集团，以其对成百上千的成员企业进行组合管理的功能，将成为我国经济纵向管理和横向联系的交叉点，成为国际市场竞争中率先冲锋陷阵的“集团军”。

四、产品的国际化要求

为了进入国际市场，企业必须形成适应国内外一体化市场需求的产品结构。我国商品外贸出口依存度不高，据有关资料统计，1991 年中国外贸出口总额为 719 亿美元，约合 4 千亿人民币，相当于当年 GNP 的 20%。其主要原因就在于产品结构不合理，在出口产品中，高附加价值商品比例小，初级产品占 30% 左右，其余部门主要是中低档工业加工品。又据对我国机电行业的 26000 种产品调查，达到 20 世纪 70 年代水平的仅占 3%。这种产品结构很难适应国际市场的激烈竞争。要根本改变这种局面，就必须面对国际国内一体化市场，根据国内和国际的不同地区、不同消费层次不断变化的需求结构，调整现有的产品结构，充分利用比较成本优势，进入产品生产的国际分工格局，发展系列、成套产品，派生新的花色品种，并逐步提高商品的附加价值，使产品结构在市场需求的前提下，进入高附加价值化的良性化发展阶段，把国内过剩的生产能力转向国际市场。

产品国际化体现于质量国际化，这就要求企业在产品生产中积极采用国际标准。现在世界上普遍开展了三大认证活动，即产品质量认证、工厂质量管理体系评定和测试试验室认可。其中尤以国际标准化组织于 1987 年发布 ISO 9000“质量管理和质量保证”系列标准为关键。欧洲共同体率先实行了质量体系认证制度，并规定自 1993 年 1 月 1 日起，不执行 ISO 9000 体系标准证书的产品不得进入欧洲市场。美国等 30 多个国家和地区制定了相同性质的准则，认证制度已日趋全球化。取得 ISO 9000 体系标准证书，就是取得了产品的“国际通行证”。执证产品可以免检进入海关，可以直接采用电子报关，从而进入国际商贸快速反应系统。

五、贸易国际化

贸易国际化是中国市场和国际市场接轨的最前沿，其核心问题则是外贸体制。尽管近二年我国外贸体制已经有了重大的变革，但与国际要求相比，仍有相当差距。从出口体制看，尽管目前的体制已接近于国际规范，但仍需大力完善，要逐步取消出口创汇的行政指标，并改变按商品大类统一外汇留成的办法。从进口体制看，更大幅度减让进口关税率外，还要大量减小行政性审批手续，取消绝大部分商品的进口许可证，统一全国外贸政策法规，抓紧清理外贸接轨要求，调整现有的外贸政策，政府要以鼓励出口市场多元化、出口产品多样化、高级化、竞争手段现代化、投资外向化为原则，制定具体的鼓励措施，进行科学、合理的导向。

此外，外贸接轨还表现为改变传统的小作坊式的外贸方式，实施大贸易、大海外战略，主动出击，将外贸重心移向海外。鼓励外贸专业公司在海外组建大跨国公司或贸易中心、调拨中心，逐步形成一个强有力的销售网络，并带动有实力、有条件的大型生产企业到海外去投资办厂，利用当地资源，就地加工生产，占领当地市场，同时发展工程承包、劳务合作和售后服务。对进入海外的企业，视同外国企业，允许他们以外商的身份，直接采购国内自营出口的企业、三资企业的产品，将他们与国内企业争货源的竞争关系，变为带动他们产品出口的合作伙伴关系。

六、管理的国际化要求

管理国际化包括微观管理和宏观管理两个层次。就微观层次而言，企业要以建立现代企业法人制度为目标，从有利于加强宏观管理、国民经济统一核算和按国际惯例办事的原则出发，在理顺的基础上逐步规范包括折旧制度、成本管理制度、审计制度、资产评估制度在内的企业财务会计制度。此外，在企业劳动人事制度、分配制度、领导制度等方面，有必要吸取国外先进的管理技术和方法。

宏观管理上的国际化，除了通过加快总体经济体制改革步伐，逐步强化市场在经济发展中的主导作用外，还应大力构造自主经营、自负盈亏的企业机制，努力使我国的经济体制与国际规范靠拢。为了帮助企业尽快进入国际市场大循环，迫切需要在立法、价格、金融、市场中介等方面进行配套改革。首先，必须尽快制定《外贸法》、《反倾销法》等法规，在健全法制和制订、修改、废除法规过程中，应参照关贸总协定框架协议的合理部分，用足用好对发展中国家有特殊优惠的一些条款。再次，要加快价格改革，逐步实施市场性价格体制。如果不形成市场性价格体制，关税杠杆就失去实际意义。其次，在金融、市场中介等领域，要大力建立新的经营机构，使其直接参与国际业务，实现股票、外汇、信贷、信息等各类专门市场的国际联网，为企业的国际化经营提供切实有效的服务。

中国经济与世界经济的接轨是一项复杂的系统工程，因而其过程也就是深化改革扩大开放的过程，而现代化企业制度的建立和企业进行国际化经销，则是加速此过程的关键所在。

第三节　进入国际市场的策略

一、间接出口与直接出口

1. 间接出口

间接出口是企业将生产出来的产品卖给出口中间商（国内出口企业或设在国内的外国贸易机构），通过出口中间商将产品销往国际市场。间接出口的特点是企业只负责产品的生产，而未介入产品的国际销售业务。因此，严格来说，间接出口方式下，企业还未真正从事国际市场的经营。

在我国，间接出口有两种基本做法。一是收购制，即企业将生产出来的产品，以卖断的方式，售给出口中间商，由出口中间商销往国际市场。另一种是代理制，即生产企业委托外贸公司出口本企业生产的产品，但生产企业在产品订货、报价及对外谈判过程中，可具体参与某些出口业务。收购制与代理制的一个主要区别是，在收购制方式下，生产企业将产品卖给出口中间商以后，出口盈亏的责任就由出口中间商承担；而在代理制下，产品出口盈亏的责任仍由生产企业承担，外贸公司只是负责办理有关出口业务，并收取代理费。

间接出口具有以下主要优点：

1）所需销售费用较少。在间接出口方式下，企业可在不增加营销费用的条件下使产品销往国外。例如，企业无须设立办理出口业务的专门机构，不必培训和增加从事国际市场经营的人员，也不需要亲自去搞市场调研及在国外设立销售网点，这些都可大大节省额外的投资和费用。

2）产品进入国际市场快捷。企业可以利用国内出口贸易机构或利用贸易伙伴现有的业务机构、销售渠道、商业信誉及其国际营销经验，使自己的产品方便、快捷地进入国际市场。

3）企业承担的经营风险较小。企业从事国际经营，其风险往往较国内为大。在间接出口情况下，企业可采取卖断的方式，将这种风险转由出口贸易机构承担；即便是在实行代理制时，由于出口贸易机构长期从事出口业务，积累了丰富的经验，具有广泛的市场信息来源，从而也可使风险大为减少。

4）经营方式具有较大的灵活性。间接出口方式下，企业在选择出口贸易商，确定与出口贸易商的合作期限以及转而采用其他进入方式时，都有着较大的灵活性。

但是，间接出口方式也有其明显的局限性，主要表现在：

1）企业缺少国际市场的信息反馈，难以及时了解国际市场环境、市场行情、竞争形势以及产品发展趋势等方面的信息，也无法了解国外用户对产品的使用意见，使企业难以适时作出决策以便更好地适应国际市场的需求。

2）企业对中间商的依赖性较大，获利程度往往有限，产品销售也不易稳定。由于企业产品在国际市场的销售需依靠中间商来进行，中间商往往会利用这一点，压低产品的购买价格，使企业的获利程度受到限制；而且，一旦国际市场发生变化，如竞争加剧导致营销费用增加或是获利减少，市场上出现了新产品，或是某些企业能提供更为价廉物美的产品时，中间商可能会抛弃伙伴而另寻新主。

3）企业对国际市场营销的控制能力很弱，甚至根本无法控制国际市场经营。这是因为，企业生产的产品在国际市场销售是由中间商来完成的，生产企业几乎不涉及产品的国际市场经营，因此，当市场形势发生变化需要对产品的市场营销作出相应改变时，企业往往无从下手。

鉴于间接出口所具有的上述优势与局限性，一般而言，它较为适应以下两种情况：一是对于一个刚刚从事国际市场的企业来说，由于企业缺少直接从事出口的条件和经验，间接出口不失为企业介入国际市场的富有价值的第一步；二是对于一些实力雄厚、经验丰富的大企业来说，它可以作为一种辅助性方式，主要针对那些潜力不大的市场。

但是，当企业产品在国际市场上的销售迅速增长，或是产品的销售前景极为广阔时，企业便会寻求采取直接出口的方式。

2．直接出口

直接出口是指企业不是通过国内中间商，而是自身在国际上直接从事营销活动。直接出口与间接出口的主要区别在于，企业自身直接从事各种出口营销活动，而不是委托于别人。

直接出口具有以下三种主要方式：一种是企业接受国外客商的订货，按合同要求组织生产、出口产品；另一种是企业在国际市场上设立自己的营销机构，在国际市场上独立开展营销活动；第三种是将产品直接出售给市场上的经销商或委托于国外代理商。

直接出口的主要优势是：

1）企业对国际市场营销的控制权比较大。这是因为，采取直接出口方式时，企业直接从事各种国际市场营销活动，诸如市场调研、目标市场选择、产品定价、产品运输与保险、销售渠道选择、产品促销等。这些活动，企业均可根据需要而作出决定。

2）企业可直接获取国际市场上的各种有关信息，使企业能直接面对国际市场，及时、全面地了解国际市场上的各种信息，诸如市场环境及其变化、产品竞争情况、消费者的需求与爱好、产品发展趋势等。

3）企业风险有限，经营的灵活性较大。直接出口的风险虽比间接出口大；但比起其他进入方式来，其风险还是要小得多。同时，采用直接出口的方式，企业与国外客商或经销商所签订的合同期限往往比较短，且一般无太大固定资产方面的投资，因此，企业要想改换其他进入方式或市场时，灵活性就比较大。

直接出口所具有的弱点主要表现在以下几个方面：

1）成本要比间接出口高，工作量比间接出口大。企业采取直接出口方式，需要增设一套出口的销售机构，增加专门从事国际营销的专业人员，其费用必然增加；同时，企业要亲自处理各种出口业务，在国际市场上展开营销活动，工作量也必然增大。

2）经营成果受自己营销机构的完善程度和推销人员水平的限制。在间接出口方式下，企业可借助出口中间商现成的销售渠道及其丰富的国际市场经营经验；而采取直接出口的方式，在经营初期，企业的经营成果常常会因自己营销机构的不完善、销售渠道的不充分及自身推销人员经验不足等因素而受到限制和影响。

3）风险比间接出口大。与投资进入等方式相比，直接出口的风险要小得多，这是它的一个优点；但与间接出口比较，其风险却要大得多，这又成了它的一个缺点。

企业采取直接出口方式，一个重要的问题是选择好国外市场的经销商与代理商。

二、许可证贸易

许可证贸易是指许可方（即国内公司）与被许可方（即国外企业）通过签订许可证协议，允放被许可方使用其无形资产（专利、商标和技术决窍等），并藉以取得报酬的一种技术贸易方式。在许可证贸易方式下，许可方通常有义务向被许可方提供技术说明书、样品、施工图样等技术资料，或直接派人传授技术、经验，帮助组织生产等；被许可方则应当向许可方支付技术费用，并承担保守秘密等义务。

许可证贸易的具体形式有独占许可、排他许可、普通许可、可转让许可、不可转让许可和交换许可等，其中前三种为主要形式。独占许可是指许可方在向被许可方提供技术许可后，被许可方即独占该项技术，在许可协议规定的地区和期限内，许可方和其他任何第三方都不得再使用该技术。排他许可是指许可方在向被许可方提供技术许可后，自己仍保留技术使用权，但不允许第三方再使用和购买该项技术。普通许可即许可方在向被许可方提供技术许可后，自己仍保留技术使用权，同时还可以将该项技术再转让出去。

作为一种介入国际市场的方式，许可证贸易的主要优点是：

1）在国外目标市场存在着进口限制（如关税、配额等）的情况下，许可证方式可以顺利地绕过进口壁垒。这是许可证方式一个较为明显的优势。

2）投资少而费用低。采用许可证方式，企业无需进行生产和市场营销方面的特别投资。

3）政治风险及其他风险比较小。由于许可方在目标市场国家一般不拥有有形资产，因而不存在财产被东道国剥夺的政治风险。即使发生什么风险，企业所损失的也仅仅是许可收入。

4）当产品运输费用及其他费用较高而使产品在目标市场失去竞争力时，许可证方式成为一种可供选择的有利方式。

5）在某些情况下，企业由于受进口投资限制而不能进入国外目标市场时，许可证方式可能是惟一可行的进入方式。

6）对于以最终产品为服务的企业来说，与在国外设立分支机构比较，许可证方式也可能是一种更好的选择。

7）当产品进入目标市场国家需进行重大改变而导致成本大量增加时，许可证方式可将这一改制成本转嫁给国外被许可方。

8）许可证方式作为一种投入资金较少的方式，对于小型企业更为适用，从而具有更强的吸引力。

许可证方式的主要缺点是：

1）采用许可证方式，企业必须拥有国外潜在用户感兴趣的专利、商标或专有技术，缺乏这些无形资产，企业采用这一方式便无从谈起。这是许可证方式的一大局限性。

2）容易培养出竞争对手。当许可证协议最后终止时，许可方可能会发现他已经为自己培养出一个或一批新的竞争对手。

3）缺乏对市场营销的规划和控制。采用许可证方式，许可方完全依赖于被许可方的市场经营，他无法迫使被许可方如何更好地经营，在这种情况下，许可方无法对市场经营进行规划，市场可能得不到很好的开发与利用，竞争对手随时可能乘虚而入，对许可方今后的市场占领造成不利；同时，许可方对产品质量等也往往难以有效控制。

4）排他性较强。许可证方式常常因被许可方的需求而给予其独占权，以致在许可协议有效时期和地区内，当市场环境出现明显有利变化时，连许可方也不能以任何形式进入被许可方的独立销售区域。

5）许可证方式的另一缺陷是收益比较低。许可费通常只在营业额中占很小的比重，如2%到7%，一般远远低于企业自己从事制造所得到的收益。

最后，采用许可证方式，还有可能发生专有技术或技术诀窍泄密的风险。

尽管许可证方式存在着上述缺陷，但对于无形资产优势较为显著的企业来说，应当是一种较为有利的选择。但是，采用许可证方式的一个前提条件是，目标市场国家必须能够对企业的无形资产提供法律保护，否则，企业的无形资产得不到保护，便不能选择这一方式。

三、合资经营、合作经营、独资经营

1. 合资经营

合资经营是一国企业与国外企业共同投资、共同经营、共担风险、共负盈亏的经营方式。以这种方式建立起来的企业称为合资经营企业。其利润的分成比例按双方的投资额计算。一般来说，是由国际企业提供先进的技术与设备、工业产权、外汇现金等，而当地企业提供土地使用权、厂房、动力、辅助设施、原材料及劳动力等，按协议价格计算投资份额。合资经营企业的合资另一方通常为目标市场国家的当地企业，但也可能是第三国在目标市场国家的企业。合资经营企业在法律上通常分为股份有限公司和有限责任公司两种形式。

合资经营是二次大战后海外直接投资的一种最为普遍的形式，对国际营销企业而言，其主要优点是：

1）有助于降低或避免政治风险及其他风险。合资企业的另一方通常是当地企业，具有本国企业的形象。当所在国实行国有化政策或民族主义情绪增强时，独资企业往往首当其冲，易于遭受灭顶之灾；而合资企业则能够避免这种风险，或减少这种风险造成的损失。此外，由于当地合资者熟悉本地各方面的情况，也有助于减少其他经营风险。

2）通常情况下，合资企业除可享受对外资的待遇外，还可享受所在国对本国企业的优惠待遇；并且，通过当地合资者的关系，还有助于取得当地财政贷款、资金融通、物资供应、产品销售等优惠，从而提高企业的经济效益。

3）如果国际营销企业是以机器设备、工业产权、管理知识等作为股本投资，则企业实际上是输出了“产品”，如果合资企业生产中使用的原材料等需要进口的话，则国际营销企业又可以获得原料性商品的优先供应权，有助于扩大产品销售。

4）有助于企业产品适应当地市场的需求。目标市场上的需求总量、需求结构和倾向，往往受到当地的自然条件、社会文化、法律制度和竞争状况等环境因素的影响和制约。如果企业对这些环境因素及其作用不够了解，就会陷于管理上的误区，使企业产品和服务难以被当地消费者所接受。而与当地投资者合资经营，就可以借助他们对当地环境因素的透彻了解，调整企业的经营管理方式，改进产品的设计、包装、价格和其他推销手段，从而使企业的生产经营活动和产品更能适应当地市场的需求，增强企业的竞争能力。

5）如果合资的另一方是发达国家的企业或拥有先进的产品、技术与管理，则国际企业也可以通过合资，从对方那里学到先进的技术与管理，提高企业的产品质量和管理水平。据报道，美国通用汽车公司在与日本丰田汽车公司合资经营的过程中，认真研究了丰田汽车公司的流水线操作方式、无库存供销系统和人事管理经验，在其有关部门和单位加以吸收和运用，从而收到了良好的效果。目前，在许多发展中国家的国际企业积极向发达国家投资以建立合资企业，其主要动机就是，想借助于东道国的优势，学习东道主的长处。

与独立经营方式一样，合资经营也有着一系列缺陷：

1）不利于企业的统一协调与控制。在全球战略管理和营销控制上，合资企业显然不如独资企业。在合资经营方式下，当地合资方出于自身利益，通常会抵制国际企业的统一协调与管理，反对把合资企业完全纳入外国企业的生产经营网络。这样，合资双方在日常的决策与管理中就会产生分歧。如果当地合资方占了上风，企业的计划和意图就可能得不到贯彻落实。

2）合资双方因利益不同易于产生摩擦与冲突。独资企业的利益与母公司的整体利益基本上是一致的，而合资企业的利益则不尽然。利益主体的多元化，很容易造成合资企业内部各方之间的冲突。如果母公司向其合资子公司提供技术和中间产品，它会希望把所得的收入和利润返回总部，或调往在第三国的子公司（通常是独资子公司），这很可能引起当地合作方的强烈不满。在分配利润时，国际营销企业（母公司）出于财务上的考虑，主张提高股息率，而当地合作方则为了扩大规模，会主张把较多的利润用于再投资。在出口市场的选择、转移价格的制定、主要管理人员的任命等方面，双方间都可能出现矛盾与摩擦。这种利益上的冲突会影响合资企业的生产效率，甚至导致合资企业的解体。

3）容易泄漏企业的技术秘密和财务情报。如果国际营销企业拥有先进与独特的垄断技术，那么，它就可以这种技术优势在全球范围内获取超额利润；同时，为逃避或减少在目标市场国家的税收负担，防止目标市场国家的外汇管制和限制利润返回可能造成的损失，企业也不愿公开其子公司的财务情报。但是，在合资企业中，当地合资方凭借其所拥有的股权，直接参与企业的决策与管理，能够了解或有权了解企业的技术秘密和财务情报。在民族主义依然根深蒂固的今天，企业的技术秘密和财务情报就难免不被当地合资方泄漏出去，从而使国际营销企业丧失其竞争优势。

4）更容易培养出自己的竞争对手。与独资企业相比较，合资企业更容易培养起自己的竞争对手。这是因为，在合资企业中，当地合资方直接参与生产经营与管理活动，他们可直接从合资外方那里学到先进的技术与管理经验，迅速提高其在国际市场上的竞争能力。

2. 合作经营

合作经营，又称契约式合营，它通常是由国际营销企业和目标市场国家的投资者根据目标市场国家的法律，以各自的法人身份共同签订合作经营合同，规定合作各方的投资形式与规模、风险责任、经营方式、收益分配等权利和义务的经营方式。

契约式合营通常有两种基本方式，即“法人式”合作经营和“非法人式”合作经营。前者指合作各方通过契约组成统一的合营经济实体，具有目标市场国家的法人资格，并拥有独立的财产处置权（即合作各方的投资归独立的法人所有），法律上有起诉和被诉权。“非法人式”的合作经营是合作各方通过契约仅组成一个松散的合作经营联合体，不具有法人资格，这种合作经营组织没有自己独立的财产所有权和处置权，资产所有权仍然归合作各方自己所有。

合作经营与合资经营是合营的两种基本形式，前者为非股权式合营，后者为股权式合营，两者在基本面上是相同或相似的，也即它们都是由各方共同投资、共同经营管理、共享收益和共担风险。但是，二者也有一定的区别，其中一个最主要的区别是，合资经营的投资各方不论以什么方式投资，都必须以货币计算各方的股权比例，并按股权比例分享权益，承担责任和风险。而合作经营中各方的投资和服务，则不计算股权，合作各方的投资内容、经营管理权、责任、风险和收益分配等不是根据股权，而是通过签订合同来规定，也就是说，合资经营的基础是股权，而合作经营的基础是合同。此外，与合资经营相比较，合作经营还具有出资比例和方式比较灵活、组织管理形式不拘一格、经营管理多样化、收益分配和资本回收方式多种多样、经营期限较短等特点。有关合作经营的其他长处与弱点，则与前述合资经营方式的优缺点基本相似。

3．独资经营

独资经营是国际营销企业直接在国外投资经营企业，设立子公司或分公司，拥有子公司或分公司的全部股权。

独资经营具有两种主要形式：收购和创建。

（1）收购当地企业　收购是指国际营销企业通过购买国外现有企业的股权从而接管该企业的一种方式。根据收购者与被收购者的经营范围的差异，收购可分为四种类型：①横向型——收购企业与被收购企业具有相同或相似的产品线和市场；②纵向型——收购企业与被收购企业具有产前、产中或产后的联系，如被收购企业是收购企业的供货商或客户；③集中型——收购企业与被收购企业具有相同的市场，但各有不同的技术；④混合型——这是一种收购企业跨行业的投资收购行为，也即被收购企业与收购企业处于不同的行业。

收购方式被认为是企业介入国际市场的一种现代方式，也是目前国际上普遍采用的一种方式。第二次世界大战以前，世界上主要国际企业的国外生产性子公司中，有37%是通过收购而建立的；1946～1958年，这个数字上升到44%。在20世纪60年代，其比例又高达55%。到了20世纪80年代末期，西方国家又一次掀起了收购企业的高潮。

收购方式之所以有这么大的吸引力，在于它有着一系列明显的优点：

1）时间短、见效快。收购方式的最大特点，是能够使企业以较快的速度实现投资意愿，尤其是当企业只有通过投资方式才能迅速摆脱政府干预，或迅速进入国外市场时，收购方式就成为企业的最佳选择。

2）通过跨行业的收购活动，可以迅速扩大企业的经营范围，增加企业的产品种类，节省企业自行研制新产品所需要的时间和成本。尤其当企业实行多样化经营战略时，如果缺乏有关新产品生产和营销方面的技术和经验时，采取收购方式显然比创办新企业更为稳妥。

3）可以利用被收购企业的销售渠道打入目标市场，或扩大在目标市场的占有率。甚至可以利用被收购企业的商标知名度，扩大产品销售。例如，瑞典著名家电公司Electrolux曾以180亿美元买下了意大利的大型家电厂商Zanussi，获得了Zanussi在西班牙、葡萄牙、意大利和德国的销售网络，从而使其在欧洲地区的市场占有率从14%增加到30%，成为欧洲最大的家电公司。

4）可以利用国外当地企业现有的生产设备、技术人员和熟练工人，甚至可以利用被收购企业先进的技术和管理经验。特别是收购发达国家的先进企业，更有利于提高企业的技术水平。

5）可以以低廉的价格支出，形成更大的生产规模，从而节省资本投入。收购比创建便宜，主要基于以下三种情况：一是被收购企业低估某些资产的现期重置价值，使得收购者廉价地买下了这家企业；二是低价购买不盈利或亏损的企业，利用对方的困境压低价格；三是利用股票价格暴跌，乘机收购企业。

当然，收购方式也有其不足之处，主要表现在：

1）价值评估比较困难。在收购时碰到的最复杂的问题，莫过于对目标企业的资产价值的评估。影响投资者正确评估的主要因素有：有关外国市场的信息常常难以充分收集，或可靠性较差；不同国家拥有不同的会计制度；虚假或错误的财务报表；一些企业的资产往往还包括商誉等无形资产，增加了评估的难度。

2）失败率较高。统计资料表明，通过收购而建立的子公司的失败率大大高于创建新公司的失败率。其主要原因，一是由于原被收购企业某些隐藏的经营机密及不宜公开的企业内部关键问题，在收购后暴露出来并难以解决，而导致失败；另一个是在管理“接口”上存在问题，被收购企业的原有管理体制往往不适应新体制的要求而又很难加以有效地转变，从而导致企业失败。

3）企业选址和规模上的困难。采用收购方式，往往难以找到一个在定位和规模上完全符合自己意愿的目标企业。

4）目标市场国家的法律限制因素。不少东道国，往往对外来资本加以限制，如对外来资本的股权限制、反托拉斯法、被收购企业的行业限制。

（2）独资创建新企业　创建和收购是国际企业对外直接投资的两种可相互替代的方式。创建是指国际营销企业为了扩大在目标市场国家的生产销售，进行投资建立新的公司。

当国际营销企业实力雄厚，国际经营与管理的经验丰富，对目标市场情况比较了解，当地政府不反对独资形式，且当地消费者又无明显的地方偏好时，企业就会倾向于选择创建的方式进入目标市场。

独资创办新企业具有以下优势：

1）创建方式使母公司拥有对国外子公司或分公司的绝对的经营控制权，从而可以保证国外子公司或分公司按照母公司的战略意图行动，实现母公司的整体战略目标。

2）母公司与子公司（或分公司）、子公司与子公司之间可根据实际情况实现灵活的资金调度和财务安排，从而有利于实现整个公司利润的最大化。

3）可以使企业在技术、管理、商标等无形资产方面保持垄断地位，避免技术等扩散，从而维持公司的特有优势。

4）可以不受原有的契约或传统关系的束缚，也不存在价值评估、企业规模和选址上的问题，成功率也比较高。

但是，独资创建新企业也存在许多局限，主要有：

1）周期长、营销成本大。独资创建新企业一切都须从头开始，如选址、修建厂房、安装设备、安排管理人员、培训企业员工等，都需要相当的时间，此外，还须建立和开辟新的销售渠道和销售网络，这些都导致成本增加。

2）创建方式要求企业具有一定的投资经验、具有较强的生产和经营能力、对目标市场的营销环境较为熟悉，以适应激烈的市场竞争。

3）目标国家的有关政策法律规定，也增加了创建方式的难度，甚至使创建新企业成为不可能。如一些国家对独资进入作了许多限制甚至禁止。迫使投资者不得不采用合资等方式来进行直接投资，以介入目标市场。

四、对外加工装配

对外加工装配业务是对来料加工和来件加工的总称，是生产和销售结合起来的一种国际贸易方式。对外加工装配业务是由国外厂商提供原材料或零部件、元器件和技术等，国内企业按对方要求进行加工装配，成品交由对方处置，国内厂商按规定收取加工费。

对外加工装配业务有来料加工和来件装配两种形式。来料加工（Processing with Customer's Materials）是指国内企业对国外厂商提供的原材料和包装物料，必要时还由对方附带提供某些设备或技术，按照对方要求的产品质量规格进行加工生产，其成品按规定时间交给对方。来件装配（Assembling with Customer's Parts）是由国外厂商提供元器件、零部件，必要时也提供某些设备或技术，由国内企业按照对方的设计工艺等要求进行装配后，将成品交给对方。无论是来料加工，还是来件装配，国内企业都从中收取加工费，不负责销售盈亏。

来料加工和装配业务的作用是：可以增加一国的外汇收入，较快地改进生产技术，提高出口产品质量，提高企业管理水平，提供更多的就业机会，发展和繁荣本国经济。

五、国际补偿贸易

补偿贸易（Compersation Trade）又称产品返销（Product Buyback），它是在信贷基础上进行的。进口设备、引进技术或进口货物的一方以直接产品或相关产品偿付进口货物的价款。如果用进口的设备或其他物质所生产出来的产品（直接产品）偿付货款，则称为直接补偿贸易。如果不是用直接产品而是用其他商品或劳务（间接产品）偿付货款，则称为间接补偿贸易。一般说来，这种方式比较简单，涉及面不那么广，而且有利于企业核算，因此使用比较广泛。

补偿贸易有如下特点：

1）补偿贸易是贸易和信贷相结合的贸易方式。银行一般采用两种做法：一种是由输出方银行给输出方提供信贷后由输出方向引进方提供商业信贷，即所谓卖方信贷；另一种是由对方银行直接给引进方或引进方银行提供信贷，待引进投产后，将其产品出售给输出方以偿付银行货款，即所谓买方信贷。因此，补偿贸易与信贷相关，信贷是贸易顺利进行的必要条件。

2）补偿贸易是贸易与生产相联系的一种贸易方式，尤其是在直接补偿贸易的情况下，生产与贸易直接相联系，因为机器设备的货款是用其直接产品偿付，所以输出方十分关注设备安装工程的进展和产品的生产情况。为保证工程项目顺利投产和产品质量与数量达到一定的标准，输出方往往还要承担提供零件、技术和培训人员等义务。

3）参与补偿贸易的双方是商业买卖关系。对设备引进方来说，不仅对进口设备和原材料拥有完全的所有权，而且对建成的工程和生产的产品，亦拥有完全的所有权。对设备输出方来说，则负有接受补偿产品的责任。

第四节　建立海外研发中心

20世纪90年代以来，随着知识经济和信息化社会的日益临近，跨国公司逐渐认识到技术对于企业保持国际竞争优势的重要意义。因此，很多跨国公司开始调整其国际化经营战略的重心，由向海外全方位拓展市场、在全球范围内实现生产的优化配置向以全球技术战略为核心构建跨国投资经营战略转变。通过直接建立海外研究与开发分支机构、兼并或收购东道国当地同行业竞争者等方式将部分研发活动从母国转移到海外子公司或分公司，同时以建立战略联盟、合资企业等形式开展跨国技术研究与开发方面的合作。研究与开发国际化开始成为一种趋势。其中建立海外研发机构是跨国公司 R&D（Recearch and Development）国际化最主要和最直接的形式。

跨国公司在海外设立研发机构的原因是多方面的：首先，这是跨国公司全球化运作的一个重要步骤。实际上这个步骤最开始是销售，第二步是到海外投资设厂，然后到现在发展到进行研发方面的投资。所以，总体上来讲，这是它们全球化运作的步骤之一。其次，是从 R&D 需求方面说，它要为当地市场服务。跨国公司要在当地销售产品，就要更好的适应当地的需求，这就需要研究当地客户的使用特性等方面的情况。再次，是从 R&D 供给方面来说，目前 R&D 能力的分布正逐渐走向多极化，除了美国以外，欧盟、亚太都已经有了很强的能力。尤其目前高级 R&D 人才的缺乏，因此需要到一些发展中国家网罗高科技人才。第四，做 R&D 研究需要有很多的信息，必须要到当地实地获取。从这个角度讲，也是需要到海外设立研发机构。此外，如果建立起一个全球的研发网络，研发的效率就会大大提高。最后一点是，跨国公司到海外设立研发机构，也是为了创造良好的公共形象，尤其在发展中国家更是这样。从海外 R&D 活动的类型来看，有以下几种：第一是收集信息；第二是产品工艺改良；第三是新产品开发；最后是参与本公司的全球创新网络。

跨国公司在海外建立 R&D 机构已有许多年的历史。但是，跨国公司海外 R&D 机构的加速发展是出现在 20 世纪 80 年代后期和 90 年代。1986 年，荷兰、瑞士跨国公司的国外实验室数量已经超过国内。Pearce 和 Singh 对当年《财富》排列的世界 500 强跨国公司的母公司及海外分支机构的 914 家实验室进行调查（见表 8-1），结果发现位于加拿大、英国、意大利、荷兰和其他欧洲国家的实验室，有超过 50% 的实验室属于外国所有（日本例外，日本跨国公司在其他国家的实验室仅占 8%）。

表 8-1　最大 500 家跨国公司拥有的实验室

所有权	母国 R&D 机构	海外 R&D 机构
美国/加拿大	303	126
英国	55	81
欧盟	64	98
欧洲其他国家	28	40
日本	96	8
澳大利亚	4	0
世界其他国家	11	0
总计	561	353

资料来源：Pearce and Singh（1992）：Globalizing Research and Development. St. Martin Press，New York

跨国公司在中国进行 R&D 投资始于 20 世纪 80 年代，但设立 R&D 机构的现象始于 20 世纪 90 年代中期，特别最近四、五年来，跨国公司在中国的 R&D 投资成迅速扩张的趋势，主要表现在跨国公司在中国设立的 R&D 机构不断增加，投资规模不断扩大。

从跨国公司在中国设立的 R&D 机构来看，据外经贸部 2000 年统计显示（见图 8-1），跨国公司在中国兴办的独立型、合作型 R&D 机构已接近 100 家。事实上，如果把跨国公司内设型的 R&D 机构也算上，则远非此数。根据 1999 年统计，已经有 573 家外资企业在华建立 755 家各种类型的 R&D 机构，R&D 支出 85 亿元，过去五年内落户上海的外资 R&D 机构就有 100 多家。许多跨国公司还设立了不止一个 R&D 中心，如爱立信和诺基亚在中国都设立了两家研发中心，且均为全球研发中心。摩托罗拉则在中国设立了 18 个研发中心，并于 1999 年成立了摩托罗拉中国研究院，对在华所属 18 个研发中心进行统一协调管理。

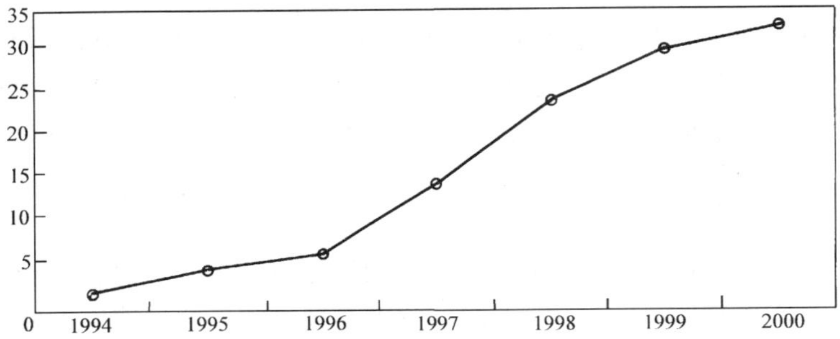

图 8-1　跨国公司在中国设立的独立研发机构发展状况

从跨国公司在中国的 R&D 投资规模来看，1998 年长城企业战略研究所对跨国公司在北京的 R&D 投资的调查表明，跨国公司在华 R&D 投资处于起步阶段，规模较小。但目前的情况表明，跨国公司在华 R&D 投资项目越来越多，规模也在迅速增大。例如，广东北电研发中心 2001 年扩建，研发人员从 20 多人发展到了近 120 人，并计划在未来三年内向广东北电研发中心增加 2500 万美元的投资；松下电器研究开发（中国）有限公司成立于 2001 年 2 月，初期有 100 名研究人员，投资 600 万美元，计划 2005 年扩大到 1500 人，总投资约达 4 亿美元；1998 年，北京宝洁技术有限公司成立，2001 年 7 月，宝洁注资 3000 万元人民币在北京宝洁技术有限公司内部成立“织物及家居护理工艺研发中心”；2001 年 11 月，摩托罗拉全球董事会宣布，把北京作为其公司核心技术的研发地点，未来 5 年，摩托罗拉在中国的研发人员将达到 5000 人，并增加 10 亿美元的研发投资；1998 年初，朗讯在青岛投资 750 万美元建立了第四家全球设计中心，并计划在 5 年内增资 2400 万美元推动研发工作。

由此可以预见，随着中国加入 WTO 后中国市场重要性的进一步提高，跨国公司在华 R&D 投资将不断扩大。

随着中国改革开放的深入和发展及国际市场竞争的日趋加剧，经济全球化和地区经济一体化的趋势也迫切要求中国企业实施国际化战略，提高企业的国际竞争力。但是，中国企业的国际化与其他国家企业国际化相比，有其特殊的条件：1）作为发展中国家企业，属于后发展型跨国公司，在竞争优势、外国市场的进入方式方面与发展型跨国公司有明显的不同。2）中国企业与世界 500 强企业的差距很大，主要表现在：经济规模、市场占有率、企业增长速度、企业制度等各个方面。3）我国的综合经济实力虽然已步入了世界前列，但是真正具有国际竞争力的企业凤毛麟角。所以，中国企业无论在实力上还是能力上，距离企业全球化运作的第三个阶段——建立海外研发中心，还有相当的距离。中国企业实行国际化战略，可以借鉴由海尔提供的成功范例。海尔的国际化战略是通过本土化的三部曲来推进国际化品牌的运营的。第一个阶段是播种阶段——通过出口创牌，创海尔国际市场知名度。企业先把目标定位在欧美等最具竞争力的国际市场，然后再运用品牌的影响力占领其他市场。第二个阶段是扎根阶段——通过“三位一体”本土化实现扎根，创海尔国际市场信誉度。所谓“三位一体”，就是指产品的设计、制造、营销都做到当地化。只有这样，产品才会具备真正的竞争力。以美国市场为例，海尔在美国南卡州建立的海尔制造中心，在纽约建立的海尔营销中心，在洛杉矶设立的海尔设计中心已经组合成为设计、生产、销售三位一体的本土化经营格局。结果阶段——通过“三融一创”，创海尔国际市场美誉度。“三融一创”，即通过融资、融智、融文化，创本土化名牌，这是国际化海尔的最终体现。惟有如此，才能做到超前满足当地消费者不断变化的个性化需求，提高海尔在国际市场的品牌美誉度，创本土化名牌。海尔从1998年进入国际化战略阶段，发展至今，无疑是非常成功的。2001年，海尔全球营业额602亿人民币，海外营业额占到14%，其中海外机构实现营业额7.3亿美元，从中国直接出口创汇4.2亿美元，一年的海外市场贡献率达到11.5亿美元。

技术全球化是继经济全球化以后的又一国际化趋势。在海外建立研发机构是实现技术全球化的主要途径，也是跨国公司实现全球化技术开发职能的战略选择。这一战略在20世纪90年代以来，得到快速发展。

第五节　执行技术标准

技术标准是产品走上世界市场的通行证。

在我国企业实施国际化战略的进程中，不同程度地遭遇到国外的技术壁垒。有调查显示，近几年，我国有60%的出口企业遭遇到国外的技术壁垒，技术壁垒给我国带来的影响每年超过450亿美元，占年出口总额的25%以上。同时，由于我国缺少自己的技术标准，在加入WTO后，将很难阻止别国的一些产品进入自己的市场。技术标准问题已作为一个重大课题提到科技部门的议事日程上来。我国必须实施一套完整的标准战略以适应未来的国际激烈竞争。

技术标准是指人们为有效地进行生产和建设，使有关事物在技术上相互协调、配合，而对科技、经济领域中重复使用的事物和概念作出的统一规定。它以实践经验和科学技术为基础，经过优选、论证，各方面协调一致，由主管机构批准，以特定的形式出版、发布，作为共同遵守和使用的准则和依据。有关专门术语、符号、包装、标志或标签要求也是标准的组成部分。目前存在大量的技术标准，有行业标准、国家标准，也有很多国际标准。技术标准的实质是制定竞争规则，把握对市场的控制权。

目前，世界上参与制定国际标准的国际组织主要有：国际标准化组织（ISO），国际电工委员会（IEC），国际电信联盟（ITU），国际法定计量组织（OIML），美国机械工程师学会（ASME），美国材料与试验学会（ASTM），以及美国机动车工程师学会（SAE）和美国宇航工业协会（AIA）等。

加强对技术标准以及技术壁垒的研究，对全球贸易化进程有重要的促进作用，特别是对发展中国家企业国际化战略的进程具有重要的现实意义，主要表现在以下几个方面：

1）破除贸易壁垒。随着贸易全球化进程的不断发展，各种贸易壁垒，如关税、数额限制、进口许可证、地区保护要求等正在日渐解除，WTO在其中起着关键作用；但是各种地方标准、国家标准乃至地区标准，恰恰转而成为国际贸易的主要障碍之一，形成另一种非关税壁垒。

国际标准是破除这种贸易壁垒的有力武器。依靠国际标准，用一整套经过相互协调的通行标准取代那些起障碍作用的标准，这种由地方标准、国家标准等构筑的贸易壁垒就会冰消瓦解，全球贸易中由于技术标准造成的贸易壁垒就会减少。

2）统一世界市场规则。国际标准在世界范围内统一了技术要求，也就统一了世界市场的游戏规则，为各国企业提供了同等的贸易机遇。

3）推动全球化生产。国际标准是全球化贸易和全球化生产之间强有力的纽带，只有依靠国际标准，全球化生产才能真正实现。有了国际标准，各国就有了共同的技术语言，制造商们就可以在全球各地寻找供应商。

4）带动发展中国家标准化事业发展，帮助它们汇入贸易全球化洪流。发展中国家的标准化工作一般比较薄弱，标准的技术水平也极其有限，这些国家的标准可能对本国工业起到某种保护作用，但是这种保护作用不能持久，因为它实质上是保护落后。而国际标准不仅可以保证这些国家进口产品的质量、安全性和环境适用性，还可以帮助它们本国产品的出口。向国际标准靠拢，他们国家的标准化工作水平会迅速提高，进入世界市场的机遇会日益增多。

进入新的世纪，随着经济全球化进程的加快和新科技革命的兴起，国际上技术标准又出现了一系列值得注意的新动向。

1）技术标准在国际贸易中的作用越来越大。将技术标准与贸易挂钩，这种新的非关税壁垒——技术壁垒的出现，是国际上的一个新动向。世界贸易组织及其前身关贸总协定组织，在20世纪90年代分别推出了与贸易有关的技术壁垒协议（TBT）。西方发达国家千方百计地控制国际标准化工作，并通过标准建立贸易技术壁垒，阻止其他国家产品进入本国市场。

2）市场经济越发达的国家对标准化越重视。众所周知，知识产权作为一种无形资产，是衡量一个国家、一个企业财富和竞争能力的重要标志。由于标准与专利之间的联系越来越密切，发达国家和跨国公司都力求将专利变为标准，以获取最大经济利益，标准化成了专利技术追求的最高体现形式。在CDMA标准领域拥有1400多项专利的美国高通公司，就是一家经营知识产权和标准的高手。

3）技术标准成为国家创新体系的重要组成部分。标准的本质是一种产业游戏规则，创新成果的产业化离不开标准化。同时，标准还是政府对市场实施宏观调控的有效杠杆。在全球市场竞争日趋激烈的情况下，标准在国家创新体系中的地位不断上升。

改革开放以来，我国的技术标准有了一定的进展。截止到2000年10月，我国发布的国家标准已达19000多项，备案行业标准3万多项，全国标准化专业技术委员会达245个。我国有4个认证机构，分别负责四个领域的认可活动：中国质量体系认证机构国家认可委员会（CNACR），中国产品质量认证机构认可委员会（ANBP），中国实验室国家认可委员会（CNACL），中国认证人员国家注册委员长（CRBA）。

4）在质量标准方面，ISO9000族标准被认作是国际经济贸易合作中相互认可的技术基础。

教学案例九

走向国际市场

单　位：中国国际海运集装箱（集团）股份有限公司

产　品：集装箱

规　模：从1996年起产量和销售量雄居世界第一位

一、准确把握国际市场走向

集团确立了市场先导的经营思想，从1987年开始走出国门，自主开发市场，建立全球客户营销网络。

集装箱制造业对国际经济依存度较高，国际形势的变化，特别是国际贸易形势的变化都直接影响集装箱的市场环境。集团高层决策者、技术开发部门、营销部门都在密切关注国际市场集装箱行业的技术发展、市场动向、竞争对手状况，积极建立起系统的信息搜集网络，通过信息分析，为生产经营决策提供科学、准确的依据。在知己知彼的基础上制定切实可行、积极稳健的营销策略，并根据市场的变化及时调整，把握了竞争的主动权，从而在国际市场上大有作为。

二、高素质的营销队伍与良好的客户结构

集团确立了自主开发市场的方针，建立起直接销售渠道，努力培养自己的专业营销队伍。由集团总裁亲自挂帅，组建了一支经验丰富、熟悉国际市场运作、有着良好的国际商务技能的专业营销队伍。经过10年的努力，这支不足10人的精干队伍，承接了全球30%的集装箱订单，在参与国际市场的竞争中占有明显的市场优势。

从开拓市场之初，集团就以“建立长期信誉、优化客户结构”为市场工作长期目标。为保证市场拓展的稳定发展，公司注重发展具有一定规模、素质优良的主力客户，使全球十大集装箱航运公司和集装箱租赁公司都成为集团公司的长期客户。良好的客户结构，不仅保证了集团生产的均衡及稳定，同时也有利于资金回收的安全性，避免了客户集中可能造成的市场风险。由于国际市场的千变万化，客户情况十分复杂，客户间的重组乃至破产倒闭时有发生，这些都会直接影响公司的经营活动。因此，营销人员不仅是接订单，还需要充分了解客户内部经营状况，并对可能发生的变动作出准确的预见和及时的反应。近几年集团曾及时预见了行业内的几项大兼并行动，不仅没有丢失客户，反而把握了时机争取了更多的客户。

三、建立快速反应的生产体系，适应市场多变的需求

随着集装箱行业竞争的加剧，拓展市场的难度及不确定的因素不断增加，客户对交货期的要求也越来越苛刻，为了适应市场的需求，集团建立起一个快速反应的生产体系，通过优化战略布局，收购兼并国内企业，使生产基地覆盖中国沿海港口，从大连、天津、青岛、南通、上海、深圳、新会建立了全方位的生产服务格局。快速反应、高效灵活的生产组织体系，一切以市场为导向。以往客户下订单后要三个月交货，现在最快从接单到交货15天，特别订单随时安排生产随时交货。

四、加大新产品开发力度，增加产品附加值

由于集装箱行业生产过剩，通用产品一般量大利薄。为了获得更好的经济效益，集团十分注重自身的产品结构。特别是在开发特种箱领域，占领了绝大部分的市场份额。集团设有技术开发中心，根据市场需求，每年设计开发出5～6个新产品，现已成功开发出开顶箱、超长箱、折叠箱、轻型箱、罐箱、侧开箱、通风箱、衣架箱、宽体箱等，不仅满足了客户日益增长的箱型多样化要求，也增加了产品的附加值，从而使集团一直保持较好的收益水平。

在技术开发方面，为了掌握国际上最先进的技术，集团高薪聘请了德国、澳大利亚等国家的集装箱技术专家，充分发挥专家的作用，以带动公司技术水平提高，从而在新产品开发方面一直走在国内同行的前列。

五、运用国际通行的融资手段，提高企业竞争实力

由于产品国际化，经营管理必须主动融入国际环境。集装箱制造行业具有资金密集型的特点，流动资金占用很大，集团一年约需2亿美元。因此资金的管理对于降低成本，提高竞争力具有重要的影响。集团十分注重对国际国内资金市场状况及融资手段的研究，利用公司良好的企业形象和资信信誉来筹集低成本的资金，筹资方式包括融资授信、银团货款、发行债券、国内证券市场发行股票等。1996年集团开中国上市公司先河，在美国债券市场发行5700万美元商业票据，以后每年进行债券续发和增发，总额达到7000万美元，集团还与国际上10多家一流的商业银行直接建立良好的合作关系，充分利用了国际、国内的资金市场。当国内利率降低时，积极在国内市场筹集资金，1998年同中国进出口银行签订了当年数额最大的8亿人民币出口卖方信贷。现代融资手段的运用，相对低成本的资金，提高了集团综合竞争实力，使企业能高速发展，成为以集装箱制造为主导产业的综合性现代企业集团，在国际市场上享有声誉。

教学案例十

打造跨国品牌

单　位：美的集团
产　品：电饭锅、空调机、微波炉等家电产品
业　绩：2002年销售额150亿元，其中出口3.3亿美元

20年前，美的从一家5000元起家的镇办工厂，发展到今天成为年销售额150亿元的世界家电著名企业。正稳健务实打造国际品牌。

一、国际化发展进程

依靠强大的研发制造和配套生产能力，美的现已建立起遍布全球五大洲80多个国家和地区的全球营销网络。海外市场份额66%分布在欧洲和北美，其余在亚太地区。市场结构以欧美高端市场为主，美的产品在欧美等高端市场很大部分是采取“贴牌”生产，也就是为世界名牌厂商、经销商做产品，自有品牌只占1/3左右。因为建立国际名牌是一个漫长的过程，至少要10年。通过做“贴牌”生产，目的是走出去，积累实力，适应国际市场的要求，并在这个过程中适时适地地推广自己的品牌。现在，美的已有500多个产品通过了各项国际认证。

1）第一步做世界工厂。

2）第二步参股或控股一家国际品牌。

3）第三步最终成为国际品牌的运营商。

二、把握产业链中核心技术

企业的竞争力，关键在于掌握核心技术，近几年来美的一步步从下游往上游延伸，抢占产业链中核心技术的环节。

美的是生产空调机，而空调机的核心部件是压缩机。1998 年美的入主原东芝万家乐压缩机公司，次年美的压缩机销售 140 万台，2002 年达 400 万台，使美的成为国内惟一一家拥有压缩机生产能力的空调制造商。

1999 年美的新上微波炉生产线，为掌握微波炉的核心部件——磁控管，2001 年美的从日本引进磁控管生产项目，成为国内首家拥有磁控管生产技术企业。

三、以本地化策略发展海外市场

决胜市场的法宝是技术和人才。美的与日本东芝、三洋、松下和意大利梅洛尼等跨国公司建立深层次的技术合作关系。

1）销售网络本地化：逐步建立美的海外各个区域市场销售网络，分别在德国、美国、日本成立三家分公司，通过公司组织好当地的网络建设，包括与当地销售组织联盟等方式。

2）销售人才本地化：利用全世界的人才来促进海外市场开拓、发展。美国分公司总裁是一个在美国家电业工作了 32 年的本地人才。美的近年来招聘了大量的海外留学人才，2/3 在海外做销售。

3）品牌本地化：适时适地逐步增加自有品牌的销售量。新产品研发尽量适应不同地区的不同需要，使产品本地化，因此能迅速打开海外市场。

教学案例十一

如何获取国外铸件订单

随着中国加入世界贸易组织和中国铸件质量的不断提高，国外采购集团对从中国进口铸件表现出很高的热情，中国铸件出口量增长迅速。对广大铸造企业而言，如何获取国外订单实现铸件出口对于提高企业自身的技术和管理水平以及提高企业经济效益具有重要的意义。

国外采购集团对铸件采购有一套严格的工作程序，了解并适应采购集团的上述工作程序可以有效促成双方的合作，有助于中国的企业参与国际市场竞争。

一、进入视野

进入国外采购商视野的途径有：

(1) 展览　特别是国外著名展览，采购商对著名展览非常关注，中国铸造企业参加国际展览是有实力的体现。

(2) 行业标兵　在同行中享有很高的威望，并在规模、质量、服务等方面均位居前列。

(3) 推荐　包括客户推荐、行业组织推荐和同行推荐。

(4) 企业广告　包括电子广告和印刷广告。值得注意的是，借助互联网，国外采购商可以搜索到很多供应商与制造商的信息，从而促成生意。

采购商对进入视野的制造商进行初步筛选，合格者进入评估程序。初步筛选的依据主要有：企业网站、产品目录、电话了解和他人介绍等。现阶段实施全球采购的采购集团主要通过企业网站对制造商作初步了解和筛选。

二、评估

评估分问卷调查和现场调查两种。

问卷调查是双方的试探性接触。采购商通过一整套问题而形成对供应商与制造商的一个初步但比较全面的印象。问卷调查的费用低，采购商能方便、经济地同时对多家供应商与制造商实施调查。问卷调查又分为一般调查和能力调查。

一般调查问卷常包括如下六个主题：组织、设施、认证/核准/成员资格、工作制度、财务状况、客户/供应商。各主题的评估内容分述如下：

1）组织。包括组织官员、组织架构图、工会组织信息、各部门员工数、主要部门经理（工程、制造、质量、可靠性、财务、采购/市场）及在本公司工作年等。

2）设施。包括公司成立日期、从事商务活动年限、目前设施已使用年限、分部门的建筑面积及总面积、是否有迁移或扩张计划等等。

3）认证/核准/成员资格。包括军方认证（认证号、认证类型、认证日期）、ISO 认证（认证号、认证日期）、QS9000 认证等等。

4）工作时间。包括每周标准工作时间、工作班次（轮班）、停工/休假计划、目前产量占总产能的百分数、总生产能力等等。

5）财务。包括公司性质（国有、私有、子公司）、付款期限、货运期限、银行/信用保证人等等。

6）客户/供应商情况。包括列举 3 个主要的商业客户（公司名、联系人、电话）、列举 3 个主要的军方客户（或某一行业客户）、列举 3 个主要的供应商（经销商或制造商）等等。

能力调查是采购商对制造商的进一步评估。能力调查问卷是采购组织用来判断供应商提交无差错产品的可能性。能力调查主要关心产品质量，但供应商必须保证影响产品质量的技术、管理和人力资源等方面的各种因素必须受控。除了回答问卷，一般还要求提交企业质量方针手册的复印件和 ISO 认证证书的复印件。能力调查的问题很多也很细，举例如下：

1）请描述贵公司的生产能力和业务专长。

2）请描述你们的措施以保证质量管理体系是清楚的、可贯彻的、能维持的和有效的。

3）列出或附上你们质量管理体系的质量目标。请描述你们的质量目标是怎么度量的。

现场调查是采购商对通过问卷调查制造商实施的第二阶段评估。采购商派自己的商务人员对制造商实地考察，根据预先拟订的考察提纲，逐项打分，从而得出完整的评估意见。现场评估的内容主要有：

（1）公司稳定性　是否愿意进一步投资？是否有发展（扩张）计划？扩张计划是否传达到劳动者？是否优先考虑了员工培训和发展？近几年来公司扩大或萎缩了多少？员工流动比例是多少？

（2）后勤　公司位置是否有益于运输我们的产品到指定地点？库存货物是否受控和有明显标签？货物承运商是否知名？是否悉心照顾货物？

（3）服务　公司明示的交货期和实际履行情况怎样？典型的报价响应时间？公司明示的付款期限？平均应付款怎样？是否有能力通过电子手段沟通？销售队伍看起来是怎样的服务水平？为得到我们的订单公司是否愿意做出额外的努力？

（4）质量　是否遵守其明示的质量程序？不良品是否得到适当的处理？批控制怎样？是否有日期？员工对质量程序的受教育情况怎样？作业指导书是否清楚、可见和及时更新？

（5）速度　开始一个新产品一般需要多长时间？是否有开发新产品的正式化程序？有无能力承接我们的产品或项目？是否渴望承接我们的业务？

三、硬件能力

硬件一般指完成订单所需要的生产设备、检测设备以及必要的辅助设备。采购商特别提醒制造商：切忌设备能力不足而去接单。

（1）生产设备　如压铸机、熔炼炉、加工中心、造型机、热处理设备等。

（2）检测设备　如光谱仪、三坐标测量仪、投影仪、力学性能实验机、硬度测量仪等。

（3）辅助设备　如真空系统、热油机等。

四、软件水平

软件一般指企业的服务水平，包括技术、管理、员工队伍等方面的水平或素质，列举如下：

（1）高素质的员工队伍　比如要有懂英语、懂外国铸件规范和标准的工程技术人员。

（2）经过认证的质量管理体系（ISO9000、QS9000、ISO14000 等等）。

（3）稳健的财务体系。

（4）较高的企业信息化程度（企业网站、电子邮件系统、必备的应用软件如 PRO-E，Auto CAD、Acrobat 等）。

（5）良好的解决方案及迅速的服务。

五、努力方向

1）加大宣传力度，重视企业形象塑造，提高企业的知名度和美誉度。

2）吸引并留住高素质人才，包括专业技术人才和管理人才，保持中高层队伍的稳定性和延续性。

3）提高快速反应能力（应变能力），提供迅捷的服务。

4）进一步加强硬件建设、完善质量管理体系、产品质量持续稳定等。

第九章　网络技术在机电产品营销中的应用

第一节　网络的产生与发展

互联网络（Internet）于1969年起源于美国，经过短短30年时间的发展，形成了今天数以百万计网点规模的全球互联网络。互联网络的形成并非来自于全球性的系统规划，它之所以有今天的规模，实际上得力于本身的特质：开放、分享与价格低廉。在互联网上任何人都可以享有创作发挥的自由，所有信息的流动皆不受限制，再加上各网络服务供应商（ISP）皆采取低价策略，因此，造就了网络使用的蓬勃发展。在信息时代的今天，世界经济充满着竞争和挑战，作为经济发展的主力军，各企业更是首当其冲，机电产品的生产企业也不例外。它们受到来自各方面的压力，诸如如何缩短产品开发周期和生产周期，降低产品生产成本，提高产品质量和服务质量，不断开发新产品满足客户的要求等等。因此，要求企业必须进行全面策划，加强与扩大企业内部、企业与合作伙伴之间以及企业与市场之间的联系，以求提高工作效率。在这种情况下，许多企业已经意识到把信息技术的应用作为在激烈市场竞争中取得竞争优势的关键因素之一。于是，一种基于Internet技术，使用方便、价格便宜的企业内部网，即企业局域网也发展起来了。

Internet是由遍布全世界大大小小的网络、计算机组成的一个松散的整体，在Internet上的计算机服务器、路由器都被分配了一个唯一的网间协议（Internet Protocol，IP）地址，对应这个IP地址有一个分配给计算机的、便于记忆的、申请注册的独立域名。公司或企业可以在Internet上建立自己的WWW服务器。并且申请自己的域名。

WWW是World Wide Web的简称，即环球网或全球网，它不是物理层面上的网络，而是在超级文本（Hypertex）基础上形成的信息网，WWW服务器都有一个主控菜单，相当于书的封面或目录，指明其主问题，称为主页或首页（Homepage）。主页上有一个叫做通用资源定位器（Usually Resource Location，URL）的方框，显示前文档是通过哪条路径得来的。也就是只要往连人Internet的计算机上的URL方框内输入某WWW站点的地址，并使用Mosaic或Netscape或Internet Explore（IE）等浏览器，该计算机屏幕上就会显示其内容。WWW浏览器能浏览的文件类型包括文本文件、各种图象文件、还有声音文件（Sound文件）、活动图象专家组文件（MPEG文件）、音像交替文件（AVI文件）。通过该种方式，Internet可以提供数据、电话、广播、出版、软件分发、商业交易、视频会议、视频点播等等。

Internet面对的是目的性很强的主动访问者。由于不受时间和显示屏的页面限制，广告制作可以充分提供客户要求的关于公司、最新的商品、全部而又完整的权威资料，包括产品的价格、数量、体积、产品图象，一段展示产品使用方法的功能说明书或音像资料，各项技术指标，售后服务等。访问者可以得到有关技术细节，应用实例，并可以通过电子邮件（Email）提问题，查阅问与答（Question Answer，QA）档案，Web站点可以汇集公司的简介、历史、职员情况、产品体系、用户介绍。这里既有声音，又有动态图象。

第二节 机电产品网络营销的概念

一、机电产品网络营销

网络上信息的安全交换，再加上以 WWW 为基础的定货信息与现有付款模式的集成，使得 Internet 能够作为一种有效的商贸交易渠道应用于机电产品的购销领域。这种以电子信息技术为基础，以计算机网络为媒介和手段而进行的各种营销活动（包括网络调研、网络新产品开发、网络促销、网络分销和网络服务等的总称），叫网络营销。同时，电子网络全球化与跨国公司全球营销，已经成为现实了，也就是所谓的电子商务（E-Business）。

1. 电子付款

为了适应网络交易的发展，各银行金融机构、信用卡发放者、软件厂商纷纷提出了在网上购物后的付款方法，即所谓的电子付款。就电子付款的主流而言，有信用卡、电子现金、智能卡等。

（1）信用卡　在网上购物的客户，可以采用信用卡付帐的方式。例如，某顾客购买某种机电产品，他可以通过网上的表格将个人的信用卡资料传递给供应商。也可以通过传真将自己的信用卡资料及个人签名传给供应商。如果购买者对于网络传输的安全有疑问，也可以用电话来告知供应商自己的信用卡资料。

（2）电子现金(Electronic-Cash)　电子现金作为一种新型的货币，目前已经被越来越多的网上购物者认可。它象客户放在 Internet 上的一个钱包，客户可以用它来购买网上的任何产品，钱马上就会通过网络支付给厂商。对于那些不想马上支付的款项，可以签发网络支票(Cyber-Notes)，尚未用完的现金余额，可以通过承办的银行机构换回一般的现金。

（3）智能卡　是在被称为 Smart Card 的 IC 卡的上面，附有一个如指甲大小的微处理器，它可以记录数兆字节的数据信息。持卡人可以利用它更方便地购物和从事其他交易活动。

2. 电子商场

Internet 发展到今天，使电子商场成为现实。机电产品的商家或生产厂家通过扫描仪，将机电产品的外观扫描成图像文件、将使用说明书等资料录入到电脑中，做成文本文件，还可以将有助于产品营销的其它资料做成其它形式的文件，最后将他们做成机电产品目录的 Homepage，放在 Internet 网络上，供购买者通过 Internet 进行浏览选购。顾客在 Internet 上浏览和选购的方式与自己亲自去商场或厂家挑选产品的效果是一样的，和函购的方式更是一样。顾客在网络上浏览产品目录 Homepage 和顾客亲自逛商场的效果是一样的，只不过该“商场”不是现实中实实在在的商场，而是网络上的商品展示，但是，又不同于简单的商品展示，它是一个虚拟的电子商场，通过这个虚拟的电子商场确确实实可以实现实实在在的购物。

3. 机电产品的网络营销

欲购买机电产品的客户如果想通过网络购买某公司或生产厂家的某种机电产品，该客户可以通过网络直接进入该公司或厂家的站点，浏览他们产品介绍的 Homepage；如果是想购买某一类机电产品，也可以直接上网浏览查询，在找到了该类产品的 Homepage 后，可以阅读这些产品的产品性能介绍，使用、保养及其他方面的资料介绍。如果觉得产品比较合适，可以通过网上的表格填写购买申请，通过电子邮件的形式发回至厂家或公司，厂家或公司确认后通知购买者用信用卡、电子现金或者是智能卡等方式付款。厂家或公司对客户的付款确认后，客户就可以在家里或单位等着送货上门了。这样，客户足不出户就可以完成网上购物了。

二、网络营销在线解决方案的实施方法

网络营销在一般情况下可以通过以下的七个步骤构建其商业站点并开展商务活动。

（1）创建企业网站框架　用户通过解决方案中提供的“式样模板”或“主页创建向导”完成诸如企业的基本信息、业务简介、前景颜色、背景图形等企业基本信息的构建。

（2）产品及相关信息的输入　使用模板、向导或从数据库导入的方式完成产品信息的输入。

（3）交易处理　对客户的订单进行实时或离线交易处理。

（4）费用计算　对运费、税收等有关费用的自动或手工处理。

（5）商品检索　对有关的产品进行分类索引，并提供产品检索，方便客户快速方便地寻找感兴趣的产品。

（6）销售管理　在网上商店运行一段时间后，用户可以根据运营情况对部分产品进行让利销售或对忠实的顾客实行折扣等优惠措施。

（7）统计分析　这项功能可以为用户提供网站访问的情况、销售情况的统计分析，便于用户了解顾客的需求，以调整经营策略。

在目前基于浏览器的在线解决方案中，IBM 的 HomePage Creator for e-business、HipHip 软件公司的 MerchandiZer 和 Yahoo！的 Yahoo！Store 就是其中较为出色的几个解决方案。

IBM 的网上之家“蓝色巨人”IBM 是电子商务活动的极力鼓吹和积极倡导者，该公司的 Homepage Creator for e-business（www.ibm.com/hpc）为小型企业提供了一种廉价、简单可行的电子商务解决方案。这个方案基于 IBM 的 RS/6000 服务器，为用户提供了 40MB 的带宽、5 页 12 个产品目录和 3M 的存储空间，用户网站在正式运营后，用户的网站信息可以自动地注册到 20 个搜索引擎中，为用户的业务宣传提供了极大的方便。另外，通过附加额外的费用，用户可以创建www.用户名.com类型的公司主页。

HipHip 的网上商人　HipHip 软件公司的 MerchandiZer（www.MerchandiZer.com）也是一种颇为出色的小型企业电子商务平台。这个解决方案在为用户提供了一种简单、廉价的解决方案的同时，还提供了方便的扩展功能。这个方案为用户提供了一种较强的产品分类方案，可以将产品分成不同的类和子类，并提供了不同种类产品之间的链接，并且可以链接到用户的其它网页中。用户将产品分类完成，就可以非常简单地将各类产品加入到不同的分组中。对产品种类较少的用户来说，可以采取手工在线的方式将不同的产品及相关的信息输入到网站中；而对产品数量较多的用户来说，系统还提供了一个预先设计好的微软 Access 数据库文件，用户可以将数据库在本地输入后，再上传到网站，系统的相关软件将产品的数据添加到服务器中。系统还配置了产品的检索功能，允许用户自行定义索引字段，并且在产品目录更新后，通过系统链接可以自动更新产品检索引擎。为了方便初级用户，这个解决方案还提供了用户无须帐户进行交易的方式，用户可以在离线交易取得一定的经验后，再设立帐户进行信用卡等实时交易处理。这个解决方案还为用户提供了运费、税收等费用的自动和手工处理方式，进一步方便了用户。

它为用户提供了两个主要的页面，一个是用户产品主页www.用户名.com，一个是管理页面www.用户名.com/mamager，用户可以通过管理界面对网页进行各种管理。MerchandiZer还为用户自动记录顾客信息，可让用户方便地了解顾客群体，并提供给用户一个独立的管理区域，可让用户为特定的商品制订不同的销售价格。

Yahoo！的网上商店　作为网络时代的神话之一，Yahoo！是伴随着Internet成长起来的公司，同时也是Internet的最大受益者之一，Yahoo！Store（store.yahoo.com）正是其为中小型企业提供的一个解决方案。与其它解决方案不同的是Yahoo！Store没有初始费用，并且没有带宽、存储空间及网页层次的限制。另外，它还为用户提供了10天的使用期，并可以为用户提供www.用户名.com等独立的域名或者使用store.yahoo.com/用户名域名。

Yahoo！Shopping涉及的管理工具在简单易用的同时，功能也颇为强大，用户可以通过它创建出极具专业水准的网站，同时它还提供了较为方便的图片上传功能，用户只要点击项目旁边的Image按钮，就可以在用户的本地驱动器上选择图片并上传到相应的项目中，系统同时提供图形缩略功能，以适应相应的图形大小。

用户可以登录到自己的管理网页更新网站取得客户订单，另外，客户订单页可以转发到用户的传真机。这个方案还提供了数据文件的导入功能，产品数量较多的用户可以将产品的数据文件上传后，导入到用户的网站产品目录中，方便了用户产品信息的输入。

三、机电产品网络营销的特点

机电产品采用网络营销的方式，生产企业不一定要直接和用户打交道，而是可以通过网络的方式间接与用户打交道，这一营销方式的改变也导致了传统营销方式其它方面相应的变化。

（1）流通渠道的缩短　传统营销依赖层层密密的渠道，并以大量的人力与宣传投入争夺市场的做法，在网络营销的时代将不再存在。在传统的营销方法上，消费者所购买的产品有时要经过几个层次的交易后才转到消费者的手里，当然价格在经过了这样一个渠道后，肯定会水涨船高。例如：有可能原本是1000元的机电产品，在经过所谓中间人或中间市场后，可能会卖到1300元，这对消费者来说是不公平的，因为这等于是被迫买贵货。通过网上交易，对机电产品的生产商来说，由于减少了中间人或中间商的环节，即减少了经销代理，缩短了渠道。而业务人员和直销人员的减少，不但可以节省不必要的人事管理费用的支出，而且营销渠道的缩短使厂商组织结构扁平化，精简机构。由于营销渠道缩短使厂商以薄利多销的方式刺激业务的增长，赚取更多的盈利。对于消费者来说，由于直接与生产商交易，减少了流通费用，因而理论上可以以更低廉的价格购买到想要的产品。

（2）营销时空的拓展　网络上的服务是每天24小时，一年365天不间断的。选择在网上营销，通过虚拟的电子商场，产品的售卖完全不会受到工作时间的限制，在营销时间上进行了最大限度的拓展，连提供给客户的服务也是一样的，这无疑是传统营销方式的一个重大改革。

新产品推出的传统做法要考虑很多方面：推出什么（What）、何时推出（When）、何地推出（Where）、向何人推出（Who）、如何推出（Why/Which）。一个新产品的推出要花费大量的人力、物力、财力，同时还要花费很长的时间才能全面推向市场。现在，在网络上如果有一项新产品要推出，只需要花几个小时的时间就可以把有关产品的资料和影像放入网页

(Homepage)，省却印刷宣传海报和行销小册子的时间和金钱，也打破了地域上的限制。世界上任何一个地方上网的浏览者都可以通过该网页了解该产品，使传统的营销方式在空间上得到了极大限度的拓展。

(3) 营销风格的改变　由于网络提供了一个多媒体平台，通信费用亦便宜，对于机构或公司进行产品介绍及宣传非常有吸引力，成本比传统的宣传工具更加便宜。以马来西亚为例，在报刊刊登整版广告一天的费用高达1千万零吉，但若在网络上做广告，每个月仅付出约3千5百零吉，即可享有整套的广告服务。而且由于媒介语不同，季刊、杂志广告对象局限于特定的读者群，虽然可以尽情地观赏，但其画画、文字是静止的，信息量也是有限的。电视广告虽然可以充分利用声音、图象给客户强烈的刺激，但受到30s时间的限制；反观在网上打广告，世界各地的人士每天都可留意到。

网络营销能适应市场的需求，及时更新产品或调整价格；无店面租金，节约水电与人工成本；减少印刷与邮递成本；可经由信息提供与互动交谈，与消费者建立长期良好的关系。在未来，人员营销、广告营销，经销代理等传统营销的方法，将会随着网络营销的发展而风貌大改。未来的营销方式，将会依赖网络作为顾客联系与产品促销的主要渠道，因此，企业网址（URL）也会成为企业对外的重要联络代号。

(4) 提供个性化的顾客服务　网上公司通过个性化的E-mail、网页欢迎信息、顾客兴趣追踪与顾客建立亲密友好的关系，提供个性化服务。

(5) 发挥网络互动式优势，开展互动式营销　网络营销区别与传统营销最显著的特点就是网络的互动性。卖方可以随时随地与买方进行交易，买方也可以在网络上和卖方进行互动交流。

四、网络营销对机电产品生产企业组织的影响

互联网是一种利用通讯线路，将全球电脑纳入国际联网的信息传送系统，可以24小时随时随地地提供全球性的营销服务，它必将是未来市场营销最重要的渠道。互联网络是一种功能最强大的营销工具，它同时兼具营销渠道、促销、电子交易、互动顾客服务以及市场信息收集分析与提供的多种功能。网络营销的特性使它对企业组织带来了重大的影响。

(1) 管理幅度的减小　互联网上的促销是一对一对的，厂商与消费者是直接进行交易的。如今顾客只须坐在家里，通过电脑进入互联网中的虚拟购物商场，便可以尽情地选购所需的产品。同理，业务员，推销人员也可以坐在办公室里，通过电脑与顾客进行交易，而不必逐门逐户地推销商品。因此，企业的业务员与直销人员可以削减，而且可以节省许多不必要的人事管理费用支出。而虚拟的经销商，门市以及部门等企业内外部虚拟组织的盛行不仅可以使营销渠道缩短，而且可以节约人员的薪金和店面租金，所以说网络营销具有“小兵立大功”的效果。

(2) 组织层级的减少　网络营销一对一的营销使它消除了中间人的角色，从而使企业的组织层级减少，企业人员减少，起到了精简组织的作用，也许将来企业将不会存在分厂。

(3) 组织结构的重组　互联网的兴起改变了企业内部的作业方式以及员工的学习成长方式，个人工作者的独立性与专业将进一步提升。因此个人工作室，在家上班、弹性上班、委托外包、分享业务资源等等，在未来将会是十分的普通，也使企业的组织进行重整成为必要。总之，在网络营销成为主流的时代，传统营销的组织与运作方式势必要进行大幅度的转型调整。

五、顾客关系的再造

网络营销的企业竞争是一种以顾客为焦点的竞争形态，争取顾客，留住顾客，扩大顾客群、建立亲密的顾客关系，分析顾客的需求，创造顾客的需求等，都是最关键的营销课题。在互联网上打广告，把业务扩展至世界的各个角落，已不是什么新鲜事，不过，目前仍然有许多人抱着怀疑的态度，如何增强顾客对网络营销的信任感就成为首要的问题，首先要考虑网上交易的安全性。为了确保这方面的安全，网络上的付款方式应多样化，除了采用传统的付款方法以外，也可采用数码钞票或智能卡，甚至实行“电子身份证”来进行各种消费活动和保安服务。

互联网络跨越时空连贯全球，网络时代的企业不仅要熟悉跨国市场顾客的特性，争取信任与满足他们的需求，还要安排跨国生产、运输与售后服务等。网络时代的目标市场、顾客型态、产品种类与以往会有很大的差异，因此网络营销要根据跨越的地域、文化、时空的差距再造顾客关系的要求来进行。

现在网络上用户的年龄都非常年轻，年轻人差不多占了一半。同时这些用户的文化程度都比较高。销路较好的多是那些以信息产品为主的产品。从一些统计数据可以看出，Internet 上的商品主要是计算机及其有关附件，其次是书籍、CD 盘作品、家用电器和旅游服务如酒店订房等。目前电子商务的市场还十分狭小，产品种类也不多，因此，使机电产品在网络上能进行大规模的营销活动，吸引更多的顾客上网购物，还有待于网络营销市场的进一步发育。

第三节　网络营销的手段和策略

在过去分工经营的时期，企业只需专注在本企业和本地市场，外地市场则委托代理商或贸易商经营即可。但是网络购物跨越地理和时空的限制，企业不得不进入跨国经营的时代。因此，网络营销必须重新检视企业的营销策略，早日将网络营销的组合纳入规划中。

一、机电产品网络营销的经营战略

在以消费者为中心的导向下，机电产品营销管理上的产品（Products）、价格（Prices）、地点（Places）、促销（Promotions）（即 4P）应与顾客（Customers），成本（Costs），方便（Convenients），沟通（Communications）（即 4C）进行充分的有机结合。

1. 产品/服务

一般而言，适合在互联网络上销售的产品通常具有以下特性的某一项或某几项：具有高科技感或与电脑有关；以网络群族为目标市场；不太容易设店售卖的特殊商品；市场需要覆盖较大的地理范围；消费者可经由网上信息，立刻做出购买决策的产品。对于机电产品而言，比如象汽车等时尚消费品最易于为网络群族年轻人这一目标市场所接受。经由网络所提供的产品与服务主要还是在于提供信息，它除了将产品的性能、特点、品质以及顾客服务等内容充分加以显示外，更重要的是能以人性化与顾客导向的方式，针对个别需求做出一对一的营销服务。有关的功能包括：

1）利用电子布告栏（Bulletin Board Systems，BBS）或电子邮件提供线上售后服务或与消费者做双向沟通，为顾客提供与产品相关的专业知识，如汽车商提供汽车的保养常识，此举不但可以增加产品的价值，同时可以提升企业的形象。

2）提供消费者与消费者、消费者与公司在网上的共同讨论区，一则可以借此了解消费者的需求，市场趋势等，为公司改进产品，开发新产品提供参考；二则可以对消费者进行意见调查，借以了解消费者对产品的意见，协助对产品的研究与改进。

3）提供线上自动服务系统，可根据客户的需求，自动地在适当的时机经由网上提供有关产品与服务的信息，例如：汽车商在网络上提醒客户有关定期保养的通知等。

4）利用消费者在网络上设计的产品需求，提供个性化的产品与服务，例如：顾客可以在网上选择汽车的不同款式与颜色的组合。

2. 促销

网上推广与促销具有一对一和消费需求导向的特色，在网络上做广告除了具有许多优点以外，同时也是挖掘潜在顾客的最佳渠道。但是因为网上促销基本上是被动的，同时网络营销面对的是全球的顾客、各国的语言、风俗、价值观都不相同，这就存在如何做广告的问题。因此，应针对不同的国家、地区采取不同的促销方式，吸引消费者上网，并且提供具有价值诱因的机电产品。

3. 价格

网络交易消除了中间人的角色，从而使交易成本较为低廉。但是因为在网络上交易形式的多种多样，机电产品的需求具有一定的价格弹性，因此，企业应充分检视所有营销渠道的价格结构后，再设计合理的网上交易价格。

4. 地点/渠道

通过网络营销的方式，在理论上可以在世界的任何地方实现购物与售卖，但是要对销售渠道作较大的改变。传统的国际市场营销主要有3个环节，依次是国际市场营销总部、各国之间的渠道、国内渠道，经过这三个环节，产品才能到达客户的手中。现在互联网络直通消费者，剔除了中介人，商品直接展示在顾客面前，回答顾客的疑问，并接受顾客的订单。这种直接互动与超越时空的电子购物，无疑使营销渠道会作出深刻的变化。

二、机电产品网络营销的竞争战略

网络营销的优势在于能将产品说明、促销顾客意见的调查、广告、公关、顾客服务等各种营销活动整合在一起，进行一对一的沟通，从而以最新、最快、最详尽的方式获取顾客的信息，再通过网上的互动资料修订与智慧型的统计分析功能，拥有大量的主要顾客与潜在顾客的完整资料。因此，网络营销的竞争策略，就是如何利用这一优势，扩大主要顾客与潜在顾客的购买规模。

1. 机电产品网络营销的策略

（1）产品策略　随着消费需求日益显现个性化的特点，企业不应急于制定产品策略，而应通过互联网实现顾客和生产厂家的直接对话，重视顾客的个性需求，根据不同顾客的要求，进行产品生产和服务，以满足不同的需求。

（2）价格策略　在传统的市场营销活动中，由于信息不对称，厂家往往对不同地区不同层次的顾客采取不同的价格，或是根据消费者的消费心理，采取各种心理定价策略，以获取最大利润。但在网络营销中，由于互联网的全球性和互动性，市场是开放透明的，所以厂商必须放弃差别化的定价策略。厂商需要在考虑顾客信用、产品质量的基础上，根据顾客对产品服务的不同要求、协商制定相应的价格，或是通过互联网向顾客提供产品定价信息，如产品的生产成本、销售成本等，建立价格解释体系，使消费者认同价格，还可利用网上价格查询功能，公开市场相关产品的价格，并将本厂产品性能价格指数与其同类产品作网上比较，促使消费者作出购买决策。

（3）服务策略　厂家提供满意的售后服务，加强与顾客的双向互动，经由顾客资料的运用与分析，设法掌握更多的顾客特性，进而开发出更多满足顾客需求的产品，为顾客提供在线自动服务，在适当的时机提供有关产品与服务的信息，为顾客提供与产品相关的专业知识，进一步为顾客服务，提高售后服务的质量。

（4）渠道策略　这种策略将传统营销渠道与包括网络在内新型的渠道进行紧密的结合，以扩大与顾客的接触。

（5）促销策略　传统营销是一种强式营销。传统广告企图用一种信息灌输的方式，在顾客心中留下深刻的印象，而不考虑顾客需要与否，而网络营销是一种软营销，通过加强与顾客的联系与交流来达到营销目的。如何争取顾客，与顾客建立亲密关系，从而开发出更多的顾客需求，这是网络营销最为关键的。

2．机电产品网络营销战略的实施

企业在选择了正确的战略和相应的政策之后，网络营销的战略管理中心就从战略的制定转向了战略的实施。美国管理学者托马斯·波奈玛曾就企业战略实施的重要性提出了如下的看法："一个合适的战略如果没有有效的实施会导致整个战略的失败。但是有效的战略实施不仅可以保证一个合适战略的成功，而且还可以挽救一个不合适的战略或者减少它对企业造成的损害。"

1）开拓国际市场。互联网络无远不及，超越时空限制，任何人在世界上任何一个角落都可以上网去浏览他们所要看的资讯。因此，对有意进军国际市场的公司或机构来说，互联网确实提供了一个最有利的渠道，使他们能够以最低的成本上网向世界各国进行宣传，从而取得最大的功效，开拓新的国际市场随网可得。但是不要忽略互联网是一种创新性的媒体，因此，要研究提升网络营销的效果，或拓展市场潜力的方法。

2）企业战略本身是一种较为抽象的长期计划，因此它的实施要求企业战略管理者运用计划的职能来加以具体化。首先，要建立网络营销战略的实施计划体系，使各级管理人员明确自己的任务和责任，保证企业的各种营销活动都与网络营销的战略相一致；其次，要调整和改变企业的组织形式。网络营销是一种新兴的营销渠道，它与科技界、软件产业密切联系。互联网上的促销是一对一的直接营销，它消除了中间人的角色，必然会对传统的营销造成冲击。虚拟门市、虚拟部门等企业内外部虚拟组织的盛行，使得企业的业务人员与直销人员减少，从而使组织层级减少。未来，在家上班、个人工作室、弹性上班等都将会十分普遍，因此，原先的企业组织必定要重组；再次，要调换和任用新的管理人员。网络是一种利用通讯线路，将全球电脑纳入国际互联网的信息传送系统，因此，有必要提升新媒体部门的功能，引进兼具营销素养与电脑科技的人才，才能在未来具备市场竞争优势；最后，建立与新战略相适应的文化。每个国家都有各自的价值观、风俗和禁忌，企业在制定营销计划之前，必须先了解外国消费者对某些产品的看法及其使用方式。因为适于国内市场的企业文化，未必适应其他国家，因此，原有的企业文化应作相应的变化，使之与全球营销的战略相适应。

3）网络是一种创新性的媒体，要经过一段相当长的发展期，才能找到它的市场潜力。但在网络技术越来越先进的趋势下，配合合理的网上价格，网络营销必将成为下一个世纪新的购物方式。很多跨国公司、大企业已经在互联网上设立了公司的网站。目前世界最大的500家企业中，有80%以上的企业已经设立了公司的网站。国外也有许多网络商店成功的例子。

随着Internet的持续升温，网络营销风起云涌，越来越多的企业在网上设立了自己的网站，向用户提供产品和服务。电子商务将会成为下一个世纪的主导购物方式，这种趋势是不可阻挡的。

第四节　机电产品网络营销面临的问题

从目前的网络科技水准来看，电子媒体要完全取代传统的杂志、报纸、尚有一段差距。许多厂商在网络上设立主页的主要目的只是宣传与告知，对于驱动消费的效果还很低。据统计，传统渠道营销的成交率约为25%，但运用互联网进行营销，成交率低于5%。如何提升网络营销的效果应该成为致力于网络营销的人员努力的方向。

一般公司自行架设网站之后，最常遇到的困难并非技术上的问题，而是设站厂商太多，导致上站人数不足，为了让消费者知道、记得，且常常前来上自己的网站，反而需要花大量的时间和精力将网址告知大众。

网络要实行电子商务，首先要考虑到数据在网络上流通时的保障，即交易安全性。当买者使用信用卡付账时，他所键入的信用卡号码是否会中途被黑客截获，或是别人冒用他人的信用卡号码前来购物也是大家所担心的事。因此，电子贸易中首要的问题是确认身份，因为双方是不见面的。为了解决确认问题，必须有一种可靠的确认技术。

其次是网络的隐私问题。一旦建立了两个人之间的网络联系，就必须保证仅仅在这两个人之间交流信息，不能有第三者介入，更不容许有他人偷听、偷窃。现在已经有了一系列的安全保密产品可以提供这类服务。再次，网络需求系统要有可伸缩性，即能够随着需求的增加很快地增长起来，设法满足业务量的迅速增加。

最后，网络保证系统要可靠。系统提供的服务要求保持连续不断，如果在网络上的服务由于某种原因被中止，顾客连接不上，就只好去找竞争对手了，这样就失去了一个潜在的顾客。因此，系统需要十分可靠。

尽管网络营销存在着这些问题，但是随着科技的进步，这些问题必将会得到改善，网上购物必将成为下一个世纪新的购物方式，网络营销作为新兴的营销方式，也必将成为未来营销的主流。

第五节　部分网上商城

一、机电产品

1. 中国机电网 Http://www.china-mep.com
2. 中国国标招标网 Http://www.chinabidding.com
3. 中国机电信息网 Http://www.machineinfo.com.cn
4. 中国机电贸易网 Http://www.chinamet.com.cn
5. 中国电器采购网 Http://www.dq51.com

6. 中国政府（集团）采购信息网 Http://www.chinaluo.com
7. 中国广东政府采购 Http://www.ccgp-guangdong.gov.cn
8. 企业采购网 Http://www.ieshoppe.com
9. 中国机械设备进出口总公司 Http://www.cmec.com
10. 广东铸造压铸网 Http://www.GDfoundrg.com
11. 中国五金机电产品出口搜索引擎 Http://www.sinohardwares.com
12. 北京恒富威机电产品有限公司 Http://www.bj-hrd.com
13. 北京威机电产品有限公司 Http://www.bjrailway.com
14. 北京市机电设备总公司 Http://www.bjjdgs.com
15. 北京华北德力西电器有限公司 Http://www.bj-delici.com
16. 北京市西四中联电器有限责任公司 Http://www.cnxszl.com
17. 广东华普集团 Http://www.gd-cement.com
18. 广东文灿压铸有限公司 Http://www.wencan.cn
19. 广东华金合金材料实业有限公司 Http://www.matcenter.org
20. 中国南方航空动力机械公司 Http://www.nanfangchina.com
21. 湖南开利机电产品实业有限公司 Http://www.keili.com.cn
22. 无锡市五金机电产品商场有限公司 Http://www.chinajdwj.com
23. 中捷友谊厂机车销售维修公司 Http://www.machine.onchina.net
24. 河南省国信机电成套设备有限公司 Http://www.hnguoxin.com
25. 广州市今明科技有限公司 Http://www.gdcad.com
26. 深圳市丰村机电有限公司 Http://www.szfcjd.com
27. 江门市中银机电物质公司 Http://www.zhongyin.com
28. 中国铸造商情网 Http://www.foundry.com.cn
29. 中国政府采购网 Http://www.ccgp.gov.cn

二、生活消费品

1. 网上购物天堂 http://www.shoproom.com/shop1.asp
2. 深圳天虹 http://www.szrainbow.com.cn/rainbow/index.htm
3. 网上南京路 http:www.nanjingroad.sh.cn/
4. 联华网上购物中心 http://www.1hok.com/
5. 小康之家 http://www.xiaokang.com/
6. 网虫专卖店 http://www.668shop.com/
7. 天马商城 http://www.tianma.net/
8. 联合购买网 http://www.cobuy.com.cn/
9. 娃娃城 http://www.babycity.com.cn/
10. 美亚音像店 http://mall.cnmaya.com/shopweb/mayaavshop/
11. 西单购物网上商城 http://www.igo5.com/
12. 当当网上书店 http://www.dangdang.com/
13. 新浪商城 http://mall.sina.com.cn/
14. 卓越网 http://www.joyo.com/

15. 阿里巴巴网上商城 http://www.2688.com/
16. 搜狐购物 http://store.sohu.com/
17. 好又多网上超市 http://www.hoyodo.com/home/index.htm
18. 硅谷商城 http://shop.enet.com.cn/
19. 中国音像商务网 http://www.cnave.com/

参 考 文 献

1 许建生. 金融产品营销. 成都：四川大学出版社，1995

2 李升，罗惠芬. 市场营销学. 广州：中山大学出版社，1995

3 （美）彼德·安东尼奥，凯瑟琳·惠特曼著. 美国市场营销之路. 孟宪学，王振江，梁素珍译. 北京：兵器工业出版社，1997

4 薛志成. 灵活定价获厚利. 价格理论与实践，1998

5 王华春. 正确认识降价竞争. 价格理论与实践，1998

6 Kenneth C. Laudon Jane P. Laudon. Management Information System. 5 版. 北京：清华大学出版社，1998

7 周霞，夏伟，陈春花. 面向 21 世纪的技术创新模式. 华南理工大学学报（自然科学版），1997（4）

8 姜旭平. 电子商贸与网上营销. 北京：清华大学出版社，1998

9 金玉国. 价格波动成因的定量分析及其启示. 价格理论与实践. 1998

10 斯蒂芬·P·罗宾斯. 管理学. 北京：中国人民大学出版社，1997

11 周霞，左小德，范中志. 价值工程与名牌战略. 广东技术经济与现代管理，1999（5～6）：41～42

12 罗斯·雷克. 如何成为推销高手. 北京：中国书籍出版社，1997

13 罗锐韧. 哈佛管理全集. 北京：企业管理出版社，1997

14 兰苓. 现代市场营销学. 北京：中国财政经济出版社，1997

15 http://www.kelon.com.cn

16 左小德，梁云，姚蓉静. 销售策略的优化选择. 暨南大学学报（自然科学版）2000，21（21）

17 张应利，周霞. 基于数据仓库的企业营销决策支持系统的设计。华南理工大学学报（自然科学版），2001（5）：30～34

18 周霞，张海鸥. 发展专利战略，提高我国的技术创新能力. 经济师，2003（2）：21～22